Bildung nach Bologna!

Rolf Arnold

Bildung nach Bologna!

Die Anregungen der
europäischen Hochschulreform

 Springer VS

Rolf Arnold
TU Kaiserslautern
Deutschland

ISBN 978-3-658-08977-1   ISBN 978-3-658-08978-8 (eBook)
DOI 10.1007/978-3-658-08978-8

Die Deutsche Nationalbibliothek verzeichnet diese Publikation in der Deutschen Nationalbi-
bliografie; detaillierte bibliografische Daten sind im Internet über http://dnb.d-nb.de abrufbar.

Springer VS

Lektorat: Stefanie Laux, Stefanie Loyal

Gedruckt auf säurefreiem und chlorfrei gebleichtem Papier

Springer Fachmedien Wiesbaden ist Teil der Fachverlagsgruppe Springer Science+Business Media
(www.springer.com)

Inhalt

Vorwort

Es gehört an den deutschen Hochschulen und in der interessierten Öffentlichkeit mittlerweile zum guten Ton, sich grundlegend und bisweilen auch vernichtend zum Bolognaprozess zu äußern. In dem durch die Bologna-Deklaration der europäischen Bildungsminister in Gang gesetzten Umbau des deutschen Hochschulsystems wird dabei die eigentliche Ursache für alle möglichen Verfallsprozesse in den deutschen Hochschulen und Universitäten gesehen – eine vordergründige „Haltet-den-Dieb"-Strategie. Selbst dort, wo nicht plumpe Schuldzuweisung und Schelte, sondern detaillierte Auseinandersetzung und Sorge um die Zukunft der universitären Bildung anzutreffen sind, ist diese eindimensionale Ursachenzuschreibung häufig spürbar.

Das vorliegende Buch wendet sich gegen die verschiedentlich herausgegebene Parole „Bildung statt Bologna!" Es zeigt, dass diese Parole dem Ideal einer „Bildung durch Wissenschaft" verhaftet bleibt, die bereits lange vor Bologna im deutschen Universitätsalltag der Vergangenheit angehört hat. Zudem wird durch diese platte Gegenüberstellung nicht nur unterschwellig an einer Abgrenzung der Allgemein- von der Berufsbildung festgehalten, deren Hauptmotive die Regelung der sozialen Ungleichheit durch Chancenzumessung war und ist. Eine gründliche Prüfung zeigt demgegenüber, dass auch in der Bildungspolitik selbst wohlgemeinte Interventionen letztlich nur das hervorzubringen vermögen, was an Möglichkeiten bereits im System selbst historisch angebahnt gewesen ist, denn jedes System reagiert auf Veränderungsimpulse aus der Fülle seiner Wirklichkeiten. Es ist deshalb – so zeigen auch die systemischen Interventionsdebatten – dringend notwendig, sich von eindimensionalen falschen Ursachenzuschreibungen zu lösen und sich *den* universitären Systemelementen genauer zuzuwenden, die aus Bologna das haben werden lassen, was wir derzeit erleben. Es ist – so die grundlegende These – das Verdienst der Bolognareform, die Wirklichkeit des deutschen Hochschulsystems herausgefordert zu haben. Nun ist der Blick frei auf die inter-

nen Fragwürdigkeiten, skurrilen Besonderheiten und Begrenzungen des tertiären
Bildungssystems in Deutschland.

Die hier ausgebreiteten Überlegungen sind Ergebnis und Ausdruck eigener
Erfahrungen im Umgang mit gewachsenen Universitätsstrukturen und dem Bemühen um die Implementierung neuer didaktischer Formen im universitären Bereich. Diese Erfahrungen wurden insbesondere im Rahmen des sich über 20 Jahre
erstreckenden Auf- und Ausbaus des heutigen „Distance an Independent Studies Center" (DISC) an der TU Kaiserslautern (Gründungsjahr 1992) zu einer der
größten postgradualen Weiterbildungseinrichtungen im akademischen deutschen
Universitätssystem sowie im Zusammenhang mit der Gestaltung des Hochschul-
netzwerkes „Virtueller Campus Rheinland-Pfalz" (VCRP) gesammelt. Dabei zeigte
sich: Veränderungen sind möglich, sie sind aber langfristig nur dann von Erfolg
gekrönt, wenn es gelingt, die herkömmlichen Strukturen aufzugreifen, die derzei-
tigen Akteure Wert zu schätzen und in ihren Bemühungen zu unterstützen. Bei
alledem ist zudem eine klare Vision zu kommunizieren, die allen Akteuren nachvollziehbaren Nutzen zu stiften vermag. Für den Verfasser des vorliegenden Bu-
ches ist diese *Vision* die der *gelingenden akademischen Kompetenzentwicklung im
Rahmen intelligenter Lernarrangements, deren Struktur nicht in erster Linie überlieferten Gewohnheiten, sondern der evidenten Kompetenzwirkung folgt.*

In das Endmanuskript der vorliegenden Textsammlung flossen Manuskripte
ganz unterschiedlicher Art ein: universitäre Discussion-Papers, Redemanuskripte
sowie vereinzelte Artikel aus tagesaktuellen Auseinandersetzungen mit dem Bolognaprozess. Zudem gingen in die Endfassung Selbstplagiate ein, indem auch vereinzelt Passagen aus anderen Publikationen des Verfassers in ihrer ursprünglichen
oder in einer überarbeiteten und weiterentwickelten Version aufgenommen wurden. Im Interesse der Lesbarkeit des gesamten Manuskript wurde bei diesen eigenen Texten die üblichen Zitierregeln mutig ignoriert.

Mein ganz besonderer Dank gilt meinen Kolleginnen und Kollegen an der
TU Kaiserslautern, die mir über viele Jahre den Freiraum gegeben haben, neue
Frames der akademischen Lehre, wie Distance Learning und eLearning zu er-
proben und die etablierten Hochschulstrukturen dadurch gegenüber der beruflichen Praxis zu öffnen. Gleichzeitig konnten wir Wege einer gezielten Förderung
der Selbstlernkompetenzen für alle Studierenden der TU Kaiserslautern entwi-
ckeln und breit implementieren – ein grundlegender Schritt zur Anbahnung und
Stärkung ihres Lebenslangen Lernens. Besonders danken möchte ich Herrn Dr.
Konrad Faber, dem Geschäftsführer des „Virtuellen Campus Rheinland-Pfalz"
(VCRP), Herrn Dr. Markus Lermen, dem Geschäftsführer des „Distance and In-
dependent Studies Center" (DISC) an der TU Kaiserslautern sowie Herrn Prof.
Dr. Klaus Landfried, dem langjährigen Präsidenten der TU Kaiserslautern und
Vorsitzenden der Hochschulrektorenkonferenz (HRK), der im Oktober 2014 völ-

lig unerwartet und leider viel zu früh verstarb. Ihm verdanken die TU Kaiserslautern, aber auch ich persönlich wichtige Impulse zur Erweiterung der universitären
Bildungsframes um neue Formen des angeleiteten Selbststudiums in der wissenschaftlichen Aus- und Weiterbildung. Es war Klaus Landfried, der als damaliger
Präsident der Universität Kaiserslautern die Zuwendung einer Präsenzuniversität
zur Weiterbildung und zum Fernstudium bereits früh angeregt und gefördert hat.

Kaiserslautern, im Januar 2015

Worum es geht

Am 19. Juni 1999 einigten sich die europäischen Bildungsminister in Bologna darauf, einen europäischen Hochschulraum zu schaffen, der in allen Mitgliedstaaten transparent und vergleichbar strukturiert ist und die Mobilität der Studierenden, aber auch der Lehrenden, fördert und die europäische Zusammenarbeit intensiviert. Unterzeichnet wurde diese Bolognaerklärung mittlerweile von fast 50 Ländern, die zur EU zählen bzw. dieser mittlerweile beigetreten sind, sowie von EU-nahen Ländern, wie z.b. der Schweiz, die die europäische Kulturkonvention des Europarates unterzeichnet haben. Entstanden ist dadurch ein Hochschulraum mit über 10 000 Hochschulen, über 2.2 Millionen Hochschullehrenden und mehr als 32 Millionen Studierenden, der seinesgleichen auf der Welt sucht (vgl. Rosmann 2011).

Verbindendes Moment dieses „Bolognaprozesses", wie man ihn nennt, ist die Absicht einer europäischen Integration des Hochschulwesens, die in den zurückliegenden Jahren noch durch zahlreiche Kommuniques präzisiert wurde[1] – ohne dass jedoch die Leitidee der „Schaffung eines europäischen, zumindest aber transnationalen Hochschulraums" (Nagel 2006, S. 69) aufgegeben oder gar verwässert wurde. Kernelemente der entstehenden „European Higher Education Area" sind:

- die „gegenseitige Anerkennung von Studienleistungen und Studienabschlüssen",
- die „Transparenz und Vergleichbarkeit der Abschlüsse" im gestuften System von Bachelor- und Masterangeboten,

---

[1] Zu erwähnen sind das Prager Kommunique vom 19. 5. 2001, das Berliner Kommunique vom 19. 9. 2003, das Kommunique von Bergen vom 19./20. 5. 2005, das Londoner Kommunique vom 18. 5. 2007, das Kommunique von Leuven vom 28./29. 8. 2009 und die Erklärung von Budapest vom 12. 3. 2010.

- die „europäische Zusammenarbeit in der Qualitätssicherung" – vor allem durch die Implementierung und Nutzung von Akkreditierungsstandards und -verfahren,
- die „Verwendung von Transparenzinstrumenten wie dem europäischen Kreditsystem ECTS", welches zumindest eine quantitative Bewertung und Verrechnung von Studienerwartungen und Studierleistungen ermöglichen soll,
- der „Zeugniserläuterung (Diploma Supplement)" und
- des „einheitlichen Qualifikationsrahmens für Hochschulabschlüsse" (vgl. KMK 2014).

Die Frage, wie es um die Implementierung dieser wohl größten bildungspolitischen Kontextgestaltung aller Zeiten tatsächlich bestellt ist, wird wenig evidenzbasiert, dafür aber ideologisch aufgeladen debattiert. Befürworter der überlieferten Konzeption einer „Bildung durch Wissenschaft" sehen sich in ihrer Aversion bestätigt, während die Anhänger einer transatlantischen Higher-Education-Konzeption vergleichsweise leise auftreten und ihre Argumentationen selten wirklich prononciert, sondern eher implizit zum Ausdruck bringen.

Die dabei ins Spiel gebrachten Beobachtungs-Kriterien und deren Angemessenheit werden zwar bisweilen hinterfragt, stiften aber selten Anlass zur Revision oder gar Differenzierung der eigenen Standpunkte. Dies ist auffällig, da die überlieferten Formen der wissenschaftlichen Bildung vielerorts mehr als brüchig sind. Es fehlt eine wirkliche Evidenzbasis für die tragfähige Gestaltung eines Diskurses über die Zukunft der akademischen Bildung. Beständig infiltrieren Relikte und Idealisierungen einer angemaßten Bildungsbürgerlichkeit den Diskurs, ohne dass der „nüchterne Blick auf die Kompetenz" (vgl. Vereinigung 2003) wirklich darüber hinweg täuschen kann, dass

> „(…) die letzten 120 Jahre deutscher Universitätsgeschichte immer wieder Belege dafür bieten, dass Humboldt der Inbegriff einer elitären Bildungsidee und -einrichtung wurde, dem seit der Professionalisierung der Berufe ab dem späten 19. Jahrhundert und vollends seit der Entstehung der Massenuniversität Ende der 1960er Jahre jede empirische Basis fehlt. Und in der Tat – wie könnte aus einem unter den Bedingungen der frühen bürgerlichen Gesellschaft entstandenen Bildungskonzept, das vielleicht 1–2 % der jeweiligen Altersgruppe berührte, wirklich ein über symbolische Appellationen hinausgehender Gewinn für ein Bildungssystem zu ziehen sein, das am Beginn des neuen Jahrhunderts mit über 30 % eines Altersjahrgangs an Hochschulen und einem sich immer schneller verändernden Qualifikationssystem zu tun hat?" (Schulze 2005, S. 1).

Angesichts dieser *Unzeitgemäßheit der klassischen Universitätsidee* hilft es auch wenig, dieser Idee sozusagen im nachhinein erkenntnistheoretische, anthropologische sowie ethisch-humanistische Argumente zuzuordnen, mit deren Hilfe letztlich auch eine Bildungspraxis gestärkt wird, der jegliche soziale Inklusion von Anbeginn an fremd geblieben ist. „Bildung soll nicht spalten, sondern einen" (Nida-Rümelin 2013, S. 243) ruft der Philosoph Julian Nida-Rümelin den Bolognaver(w)irrten zu – wissend, dass „in einer markförmigen Konkurrenzgesellschaft Bildung eben ein Instrument des Wettbewerbs, aber nicht seine Ursache (sei)"(ebd., S. 244). Bildung spielt auch eine „aktive Rolle" bei der Schaffung einheitlicher geistiger Lebensgrundlagen, um an die Stelle überlieferter, angemaßter oder behaupteter sozialer Macht verständigungs- und konsensorientierte Formen der Intersubjektivität treten zu lassen. Auch für eine aktive Hochschulpolitik gilt deshalb als „einzig stichhaltige Rechtfertigung des Egalitarismus der Aufklärung", dass nur eine Bildungsvorstellung legitim sein kann, wenn sie vernünftig ist, wobei sie nur vernünftig sein kann, wenn sie allgemein sein kann (Weizsäcker 1981, S. 472) – eine Positionierung, mit welcher Stefan Müller-Dohm in seiner Habermas-Biographie die philosophische Ausgangsbasis dieses Zeitdiagnostikers und für die bundesrepublikanische Entwicklung wichtigen Stichwortgebers treffend charakterisiert (Müller-Dohm 2014, S. 238).

Zu einer vernünftigen Regelung des Hochschulzugangs gehören in einer demokratischen Gesellschaft deshalb auch die soziale Durchlässigkeit, d. h. die erreichte Mobilität und die gelingende Inklusion. Deshalb darf nicht übersehen werden, dass die soziale Selektivität des deutschen Bildungswesens auch heute noch „ausgesprochen hoch (ist)", wie es der Hochschulbildungsreport 2020 des Stifterverbandes für die Deutsche Wissenschaft in seinem Bericht 2014 ausdrückt: „Schüler mit Migrationshintergrund und Nichtakademikerkinder schaffen es seltener an die Hochschule und sie sind im Studium weniger erfolgreich" – so die in einer egalitären Demokratie schwer erträglichen statistischen Befunde (Stifterverband 2014, S. 11), auf deren Bedeutung für gesellschaftliche Stabilität und Entwicklung der neue OECD-Bericht „Bildung auf einen Blick" hinweist (vgl. OECD 2014). Demnach

> „(kann) Bildung Menschen einen Weg aus Armut und sozialer Ausgrenzung ermögli-
> chen, damit dies geschehen kann, muss jedoch der erreichte Bildungsstand zu sozia-
> ler Mobilität führen. Die größte Bedrohung für ein Wachstum, das allen zugute kommt,
> liegt vielleicht in der Gefahr, dass die soziale Mobilität zum Erliegen kommen könnte"
> (ebd., S. 16).

Die vorfindbare soziale Selektivität markiert gerade hinsichtlich der Nutzung der Begabungspotenziale, deren Bedeutung im demographischen Wandel dramatisch zunimmt, eine nicht nur gesellschaftspolitisch, sondern auch wirtschaftspolitisch bedenkliche Entwicklung. Diese verstößt sichtbar gegen die erwähnte Vernunft-

basis jeglicher gesellschaftlichen Legitimation. Solche und andere Befunde zeigen
sehr deutlich, dass

> „(…) das deutsche Hochschulwesen bereits seit Jahrzehnten auch ohne ‚Bologna' aus-
> reichend Schwierigkeiten mit sich selbst (hatte). Da wäre zum Beispiel die Bildungs-
> expansion: Arbeiterkinder sollen und müssen diskriminierungsfrei Zugang zu höherer
> Bildung erhalten. Allerdings führte der massive Anstieg der Studierendenzahlen zu ei-
> ner erheblichen Veränderung der Studienstruktur. Die Wissenschaftsorientierten unter
> ihnen waren fortan eher in der Minderheit. Die Mehrheit, und zwar nicht nur Arbeiter-
> kinder, erwarteten hingegen schlicht eine Berufsausbildung auf hohem akademischem
> Niveau – von der, insbesondere in Zeiten des Ausbildungsplatzmangels, auch nicht
> ganz kleinen Gruppe der Desorientierten ganz zu schweigen" (Brodkorb 2014, S. 601) –

so die Einschätzung des Ministers für Bildung, Wissenschaft und Kultur des Lan-
des Mecklenburg-Vorpommern.

Eine zeitgemäße Konzeption tertiärer Bildung bedarf jedoch nicht nur einer
nüchternen Betrachtung der Gegebenheiten und autopoietischen Ausdrucksformen der Vor-Bologna-Strukturen des Hochschulsystems und seiner tatsächlichen
Steuerbarkeit (vgl. Lenzen 2014b), sondern auch einer empirisch gehaltvollen und
theoretisch konsistenten – inneren – Begründung. Die zu klärenden Fragen sind:

- *Was ist wissenschaftliche Bildung?*
- *Über welche Kompetenzen verfügen wissenschaftlich qualifizierte Menschen im
  Unterschied zu solchen, die auf anderem Wege ihre Persönlichkeit und ihre Fähigkeiten zur verantwortlichen und selbständigen Problemlösung entwickelt
  haben?*
- *Welche Rahmenbedingungen fördern selbsttätige Auseinandersetzung mit überlieferten Konzepten angestrengten Denkens sowie die Entwicklung und Begründung eigener Problemlösungsideen, und welche behindern diese?*
- *Bedarf eine solche Auseinandersetzung der Begegnung und Begleitung oder gelingt sie informell, d. h. unabhängig von den formalisierten Bildungsangeboten?*
- *Wie halten es moderne Gesellschaften mit dem informell erworbenen Kompetenzen Erwachsener, die eine Ergänzung, aber auch Anerkennung ihres Könnens im
  Kontext der tertiären Bildung erwarten?*

Die europäische Idee der akademischen Bildung hilft bei der Beantwortung dieser Fragen nur begrenzt. Zu spürbar basiert sie bei genauerer Betrachtung auf
Wirkungsunterstellungen, deren Eintreten *behauptet*, aber kaum empirisch *belegt* werden kann. Dadurch ergibt sich eine unauflösbare Widersprüchlichkeit
zwischen dem, was evident zu sein scheint, und dem, was die Idee einer Bildung

durch Wissenschaft unterstellt. Diese Widersprüchlichkeit durchzieht auch die
Positionen ein und desselben Autors. So weist z. B. Dieter Lenzen in seiner Kritik
des Bolognaprozesses zu Recht darauf hin, dass

> „es das lernende Gehirn (ist), welches den Dingen die Logik verpasst, und das ist nie-
> mals die Logik derjenigen, die sich im Beibringen von etwas bemühen" (Lenzen 2014a,
> S. 20) –

nur, um einige Seiten später einer „Selbstbildung" das Wort zu reden, welche zwar
die Potenziale des Einzelnen zum Ausdruck kommen lässt, dabei aber selbst der
Imago-Die-Vorstellung verhaftet bleibt, welche aus der Formulierung aufscheint:

> „Jemanden zu bilden heißt also, ihn auf dieses Bild auszurichten" (ebd., S. 70).

Doch wie „richtet" man Studierende auf etwas aus, ohne dabei selbst wiederum
einer Zuschreibung zu erliegen, für die keine der in Anspruch genommenen hirn-
physiologischen Einsichten spricht? Man täte Dieter Lenzen jedoch Unrecht,
wenn man ihm unterstellte, er würde letztlich doch für ein vormundschaftliches
Konzept wissenschaftlicher Lehre eintreten – und doch ist seine Bolognakritik
von *Zuschreibungsfehlern* durchsetzt: Er weiß zwar um die neurowissenschaftliche
Erkenntnis,

> „(…) der zufolge das lernende Bewusstsein sich seine Wirklichkeit selbst konstruiert.
> Lernen ist unvermeidlich. Die Ergebnisse eines Lernprozesses sind von außen nicht zu
> determinieren" (ebd.),

kann aber selbst nicht überzeugend darlegen, wieso er mit seiner Bologna-Kritik
dann bevorzugt auf diese von außen auf den Lernenden einwirkenden Strukturen
rekurriert. Trifft seine Feststellung

> „(…) je anregender die Lernumwelt ist, zu der auch die Universität gehört, desto wahr-
> scheinlicher ist es, dass das lernende Bewusstsein sich unter dieser Irritation weiter
> ausdifferenziert" (ebd.)

wirklich *nur* auf die durch Bologna geprägte Hochschullandschaft zu, die Lenzen
als überadministrativ, titelfixiert und insgesamt wenig reflexionsanregend und
autonomiefördernd erlebt? Oder ist es nicht vielmehr so, dass die durch den Bolognaprozess bewirkte „Kontextsteuerung" (Willke 1992) lediglich eine Eigenart
der tertiären Bildung profilierter zu Tage treten ließ, welche diese bereits stets gekennzeichnet hat? Und: Müssen wir dem Bolognaprozess deshalb nicht geradezu

dankbar sein dafür, uns die Grenzen der überlieferten akademischen Lernkulturen deutlich vor Augen geführt zu haben? Bezieht sich mithin die vielfach angemahnte Justierung dieses Prozesses wirklich auf die Bolognareform, oder ermöglichen die eingetretenen Verwerfungen und Irritationen nicht vielmehr *endlich* eine beherzte und evidenzbasierte Transformation des akademischen Lehrens und Lernens, welche bereits lange vor Bologna weder den neueren Einsichten der Erwachsenenbildungsforschung noch denen einer berufs- und tätigkeitsorientierten Kompetenzreifung Rechnung zu tragen vermochten – ja geradezu ignorant waren gegenüber den Einsichten dieser Disziplinen zu den Fragen:

- Wie entwickeln sich differenzierte Formen des Denkens, Urteilens und Könnens in einer Person?
- Über welche Stufen und die erfolgreiche Bearbeitung welcher „Entwicklungsaufgaben" – sensu Havighurst – reifen diese Formen des Selbstausdrucks heran?
- Durch welche Arrangements sowie Unterstützungs- und Begleitkontexte wird diese „Kompetenzreifung" (vgl. Arnold 2012a) gefördert, durch welche eher verhindert? Und: Wie kann gelingende Kompetenzreifung überprüft und kontrolliert werden?
- Was waren und sind die ungewollten Nebenwirkungen des traditionellen Konzeptes einer Bildung durch Wissenschaft, welches derzeit mancherorts wiederbelebt und gegen die Versuche einer nachhaltigen Transformation universitärer Lernkulturen in Stellung gebracht wird?
- Wie können die anspruchsvollen Absichten und Erwartungen, die mit dem Konzept eines wissenschaftlichen Lernens „in Einsamkeit und Freiheit" (Lenzen 2014a, S. 71) in Verbindung gebracht werden – auf dem Weg zur Massenuniversität in der Cybergesellschaft – wirksamer eingelöst werden?
- Wie verändert sich das Konzept der wissenschaftlichen Bildung im Zusammenhang mit dem Wandel der akademischen Normalbiographien und dem Verlust ihrer bis dato tragenden Unterscheidung von wissenschaftlicher Ausbildung einerseits und wissenschaftlicher Weiterbildung andererseits?
- Und schließlich: Wie kann dem Sachverhalt, dass auch wissenschaftliche Bildung stets Selbstbildung war und ist (ebd., S. 70), durch akademische und hochschuldidaktische Modelle Rechnung getragen werden, die ihrerseits nicht wiederum inputorientiert, sondern outcomeorientiert gestaltet sind?

Es sind die Zuschreibungsfehler sowie die Unzeitgemäßheit und die Ignoranz gegenüber dem Stand der vorliegenden Kompetenzforschung sowie der Erwachsenen- und Berufsbildungsforschung, die der Bolognakritik viel von ihrer Spitze nehmen. Zudem bleibt der systemtheoretische Sachverhalt unberücksichtigt,

„(…) wonach Erziehung und Unterricht als Umweltphänomene Perturbationen darstellen, aus denen das kognitive System selektiert" (Lenzen 1997, S. 965).

Wie kann es demnach sein, dass es die durch den Bolognaprozess veränderten Kontexte *allein* oder doch zumindest *vornehmlich* sein sollen, die für die als bedenklich empfundenen Zustände im tertiären System verantwortlich sind – eine typische „falsche Ursachenzuschreibung" (vgl. Roth 2007), wie sie dem immer wieder linear-mechanistisch entgleisenden Denken so gerne unterläuft. Wie kann es sein, dass in der Debatte über die transitive Gestaltung eines Systems – des Hochschul- oder Bildungssystems – nachgedacht wird, dessen historisch tief verankerte Logik sich nur durch Formen der Perturbation selbst transformieren können? Die durch die Bolognareform über die deutschen Hochschulen und Universitäten hereinbrechenden Veränderungen können systemtheoretisch als solche Perturbationen gelesen werden; es kommt deshalb auf die Hochschulen und Universitäten selbst an, in welcher Form sie diese Bologna-Perturbation tatsächlich zur Transformation nach Maßgabe der Evidenz und Wirksamkeit nutzen können. Humberto Maturana und Francisco Varela haben bereits früh deutlich werden lassen, worum es bei einer solchen intransitivem Sicht des Systemwandels geht: Mit Bedacht haben sie dafür den Begriff der Perturbation („pertubación") gewählt, der nach Anmerkung von Kurt Ludewig, dem Übersetzer ihres Werkes „Der Baum der Erkenntnis" (in: Maturana/Varela 1987, S. 27) „Zustandsveränderungen"

„(…) in der Struktur eines Systems (bezeichnet), die von Zuständen in dessen Umfeld *ausgelöst* (d. h. nicht verursacht) werden. Insofern ist die Übersetzung dieses Begriffs etwa mit Störeinwirkung oder Störung problematisch, zumal diese Begriffe im Deutschen eher kausal oder gar negativ benutzt werden. Im Bereich ‚sozialer Phänomene' ist hierfür der Begriff ‚Verstörung' bereits eingeführt worden" (ebd.).

Ein solcher intransitiver Blick auf das Geschehen ist in den Debatten um die Bolognareform selten anzutreffen. Meist wird linear-mechanistisch argumentiert, d. h. Bologna wird als Ursache allen Übels ausgemacht. Durchwuchert sind solche unsystemischen Kritiken durch zählebige Bestandteile der Überlieferung. Diese kommen bei den Bolognakritikern insbesondere in ihrer Abgrenzung der Hochschulbildung von der Berufsbildung zum Ausdruck. Letzterer werden – in alter Humboldt-Manier – persönlichkeitsbildende Effekte abgesprochen; beschworen wird das Ideal einer Bildung, deren Substanz man geradezu in Abgrenzung zur Berufsbildung zu finden meint. Diese mitlaufende Abgrenzung zur Berufsbildung ist alt, in ihren Vereinfachungen und Verkürzungen aber auch ärgerlich. Sie torpediert die Versuche der Bolognareform, dem Anspruch einer *Berufsvorbereitung* oder *Berufsorientierung* stärker Rechnung tragen zu können – unter Absehung von den

durch die neuere Berufsbildungsforschung erarbeiteten Evidenzen. Diese Bolognakritik zeugt zudem von einer eklatanten Unkenntnis der modernen Berufsbildung.
Das vorliegende Buch setzt sich kritisch mit den erwähnten *Zuschreibungsfehlern* sowie der unzeitgemäßen Widerbelebung eines Ideals der akademischen Bildung und der berufspädagogischen Ignoranz der Bolognakritik auseinander. Was
dabei entsteht, ist nicht das Bild einer schöngeredeten Hochschulreform, wohl aber
ein deutlicher Hinweis darauf, dass die Zumutungen der Bolognareform lediglich
die systemischen Fragwürdigkeiten profiliert zutage treten ließen, unter denen das
deutsche Hochschulwesen bereits lange zuvor gelitten hat. In den Blick gerät dabei
insbesondere eine hochschuldidaktische Praxis, welche eine kompetenzbildende
Wirkung von Wissen und Wissenschaft lediglich unterstellt, aber nicht belegen
kann (vgl. Arnold/Erpenbeck 2014); in den Blick geraten aber auch die Konsequenzen, welche die Hochschulen in der trotzigen Haltung einer „Selbstimmunisierung"
(Lenzen 2014b, S. 974) nicht zu ziehen bereit oder in der Lage sind. Gefragt wird
zudem nach Anregungen aus anderen Bereichen des Bildungswesens – auch und
gerade aus dem Bereich der so gerne ausgegrenzten beruflichen Bildung. Der
hierbei zugrunde gelegte Slogan lautet nicht „Mit Humboldt in die Zukunft" (Lenzen 2014a, S. 40), sondern eher „Mit Spranger in die Zukunft", ist es doch Eduard
Spranger (1882–1963) gewesen, dessen bildungstheoretische Kernaussage die Feststellung gewesen ist: „Der Weg zu der höheren Allgemeinbildung führt über den
Beruf und nur über den Beruf" (Spranger 1929, S. 35). – Es wird zu zeigen sein, dass
sich diese berufs- und lernerorientierten Wende durchaus in dem Slogan „Mit Bologna in die Zukunft" (Burckhart 2014b) markieren lässt, wenn es gelingt, das zu
erreichen, was im bisherigen Bolognaprozess zu kurz gekommen ist:

▪ die Überwindung überlieferter Unterscheidungsroutinen in den Köpfen und
  Herzen der Akteure (wie z. B. die Unterscheidung zwischen Ausbildung und
  Bildung, Präsenzstudium und Fernstudium sowie Lehren und Lernen) und
▪ die Hinwendung zu einer nüchternen Kompetenzorientierung in der wissenschaftlichen Aus- und Weiterbildung.

Dabei wird zu zeigen sein, dass sich das Gelingen der Bolognareform nicht ent-
lang der Umsetzung von irgendwelchen bildungspolitischen Vorgaben angemessen beurteilen lässt. Begleitet werden muss ein solcher Umsetzungsprozess vielmehr auch durch eine daten- und konzeptbasierte Reflexion der studentischen
Aneignungsprozesse und die Profilierung eines – wenn man so will – entwick-
lungspsychologischen oder identitätstheoretischen Konzeptes gelingender Professionalisierung. „How to become a professional?" ist die eigentliche Hintergrund-
frage einer kompetenzorientierten Hochschulreform, die zu halten vermag, was
sie verspricht.

Bologna – Fluch oder Segen?

Die Bewertungen der Europäischen Studienreform könnten zu ihrem 15jährigen Jubiläum unterschiedlicher nicht sein: Während die einen in dieser Reform „ein bürokratisches Monstrum"[2] das die deutschen Hochschulen und Universitäten zu ersticken droht, sehen, kleiden andere ihre Anerkennung in die Worte:

> „Mit Bologna haben wir die größte Umstellung in Studium und Lehre seit 200 Jahren geschafft. Die deutschen Hochschulen haben seit Beginn des Bologna-Prozesses enorme Veränderungen in Form und Inhalt ihrer Studienprogramme vorgenommen und erhebliche Verbesserungen bei knappsten Ressourcen erzielt" (Burckhardt 2014a, S. 2).

Gleichzeitig stehen die Hochschulen und Universitäten in der Kritik, und es gibt berechtigte Sorgen um die Qualität und die Zukunft der akademischen Bildung. Nicht jede dieser Kritiken ist jedoch eine Bolognakritik, auch wenn sie neuerdings als solche vorgebracht werden. Es stand bereits vor dem Juni 1999 nicht gut um die Hochschulen und Universitäten in Deutschland: Der tertiäre Bereich sah sich einer massiven quantitativen Inanspruchnahme ausgesetzt, auf deren Bewältigung er nicht vorbereitete gewesen ist, und der er nur sehr begrenzt mit einer qualitativ anspruchsvollen Gestaltung seiner Angebote begegnen konnte. Folgt man dem Hochschulbildungs-Report 2020, so haben sich insbesondere die Beschäftigungsfähigkeit und der Praxisbezug des Hochschulstudiums in den letzten Jahren deutlich verschlechtert:

---

2   Mit dieser Formulierung wird Dieter Lenzen im Newsletter 4/2014 der HRK (Hochschulrektorenkonferenz) zitiert.

„Die Erhöhung der sogenannten Employability, also der Beschäftigungsfähigkeit, war erklärtes Ziel der Einführung von Bachelor- und Masterstudiengängen. Zunächst mit Erfolg: Der Anteil der Studierenden, die die Förderung der Beschäftigungsfähigkeit im Studium als gut beurteilte, stieg von nur 22 Prozent (2007) auf 33 Prozent (2010). Dann brach diese positive Entwicklung ein: 2012 fiel der Wert wieder auf 25 Prozent ab, vor allem die Ingenieure sind kritischer als je zuvor. Mehr Employability durch Bologna: nach Ansicht der Studierenden vorerst gescheitert" (Stifterverband 2014, S. 7).

Ähnlich negative Bewertungen werden auch bezüglich der angestrebten Senkung des Anteils der Dropouts in den Studiengängen sowie der beabsichtigten Studienzeitverkürzung vorgetragenen: Lag die Dropout-Quote schon vor Bologna bei 20 % bis 30 % (vgl. Heublein u. a. 2003, S. 5), so hat sich diese Quote seit der Einführung der Bacherlor- und Masterstrukturen kaum signifikant verändert. Immer noch brechen in einzelnen Studienfächern weit über 20 % der Bachelorstudierenden an Universitäten ihr Studium ab. Insbesondere in den Ingenieurwissenschaften beläuft sich ihr Anteil – trotz erheblicher Verbesserungen (von durchschnittlich 50 % auf 36 %) in einzelnen Fächern immer noch auf bis zur Hälfte aller Studierenden.[3] Folgt man den Angaben der OECD in ihrer 2010er Veröffentlichung „Highlights from Education at a Glance", so kann man feststellen:

„On everage among the 18 OECD countries for which data are available, some 31 % of students who enter tertiary education fail to graduate, making for a completion rate of 69 %" (OECD 2010, S. 3).

Zweifelsohne ist dieser Sachverhalt für die Hochschulen kein Ruhmesblatt, da solche Werte auch zeigen, dass es ihnen nicht wirklich gelingt, sich auch auf ihre Klientel und deren Lebenswelten und Fragehorizonte wirksam einzustellen. Da bleibt es wenig überzeugend, wenn einzelne Fachbereiche ihre hohe Dropoutquote als Beleg für die eigenen hohen Standards ausgeben, dies aber nicht glaubwürdig belegen können. Vieles spricht demgegenüber dafür, dass es unter den zahlreichen Gründen, die den Studienabbruch im konkreten Fall motivieren, auch solche einer didaktisch unangepassten Lehrpraxis gibt – einer Lehrpraxis, der es nicht wirklich gelingt, das Lernen und die Kompetenzentwicklung wirksam zu begleiten und Begabungspotenziale zu erschließen. In diesem Falle

„(…) könnten die Fächer möglicherweise eine Modifikation der Curricula oder der Prüfungsordnungen in Erwägung ziehen (ohne dabei die Standards zu senken, um es möglichst vielen Studierenden möglichst leicht zu machen). Ist die Entscheidung, das

---

3   Nach Zahlen des Instituts der Deutschen Wirtschaft (iwd, 40 (2014), 26, S. 1 f.).

Studium abzubrechen darauf zurückzuführen, dass das Interesse für das Studienfach erlahmt ist, sind die Eingriffsmöglichkeiten äußerst beschränkt. Das fachliche Interesse stellt eine zutiefst subjektiv gefärbte Urteilskomponente von Lehre und Studium dar, die im Sinne aller verschiedenen denkbaren individuellen Interessen zu optimieren, nahezu unmöglich ist" (Pohlenz/Tinser 2004, S. 13).

Da es gleichwohl als wenig wahrscheinlich angesehen werden kann, dass jeder der zahlreichen Studienabbrecher plötzlich sein fachliches Interesse verloren hat, haben die Hochschulen doch einigen Grund über die Möglichkeiten einer *stärkeren Lernerorientierung* ihrer Lehrformate nachzudenken und sich z. B. detaillierter die Fragen zu stellen: „Was wissen wir tatsächlich – aufgrund harter Daten – über die inneren Einstellungen, Motive und Erwartungshaltungen der heutigen Studierenden? Wie können wir mit ihren Talenten in Berührung kommen und ihre Lernbegeisterung wecken? Passen auch wir uns an die Ausgangsbedingungen und Möglichkeiten unserer Studierenden an, oder erwarten wir, dass sie sich mit dem, was *wir* können und zu tun in der Lage sind, arrangieren – getragen von einem Selbstbewusstsein, dessen Berechtigung zwar niemand in Frage stellt, dessen Begründungen allerdings meist auf recht tönernen Füßen stehen? So schrieb der Bildungsjournalist Jürgen Kaube in der FAZ:

„Von den Studenten spricht kaum jemand. Ihnen meint man Unterricht von der Stange zumuten zu können. Was anderes soll Lehrbeauftragten möglich sein, die jede Woche bis zu sechzehn Stunden Seminar halten sollen? Und nach wie vor gelten bei Berufungen lange Publikationslisten oder Drittmittelstärke hundertmal mehr als die Fähigkeit, verständig mit jungen Leuten Sachdiskussionen zu führen" (Kaube 2014, S. 1).

Diese Dimension wird in den Bolognadebatten jedoch oft nur am Rande tangiert: Die Hochschulen und Universitäten halten heute immer noch vielerorts an einem antiquierten didaktischen Modell fest, dessen Entstehung sich letztlich einer Verlegenheit verdankt: *Das Modell der Vermittlung durch Vortrag bzw. gelehrte Rede.* Ursprünglich als Modus der Verteilung des Wissens in prägutenbergschen Zeiten – in denen der Buchdruck noch nicht erfunden und verbreitet war – entstanden, konnte das Vermittlungsmodell erstaunlich lange überleben. Die Akteure hatten schlichtweg vergessen, dass auf dieses „Bildungsformat" (vgl. Schäffter 2014) ursprünglich zur Lösung eines Verteilungsproblems zurückgegriffen wurde. Und man verhielt sich so, als sei dieses Modell dereinst aufgrund der nüchternen Erwiesenheit, dass akademische Kompetenzentwicklung nur *so* gelingen könne, geschaffen worden. *Dies ist mitnichten so, es ist die Macht der Gewohnheit, die sich hier zu konservieren vermag!* Diese Zählebigkeit einer Vorkehrung, die bis in die architektonische Gestaltung der Räume hinein die Lehr-Lernpraxis einspurt

und bestimmt, zeigt vielmehr, wie menschliche Problemlösungen generell funk-
tionieren: Einmal gefundene Formen (z. B. Gottesdienst) dienen als Modell für
die Bewältigung strukturähnlicher Aufgaben (z. B. Lehre) und repräsentieren so
eine Macht des Faktischen, die auch dann wirksam ist, wenn Forschungen diese
Vorkehrungen und die von diesen erwarteten Wirkungen in Frage stellen. In diesem Sinne schrieben Gerhard Roth u. a. in der Zeitschrift Weiterbildung:

> „Warum ist das Vermitteln von Wissen oft so erfolglos? Ein wesentlicher Grund hier-
> für ist das Missverständnis, dass es bei diesem Prozess im Wesentlichen darum geht,
> Informationen vom Kopf des Lehrenden oder Trainers in die Köpfe der Zuhörer zu
> transportieren. Wäre dies der Fall, dann wäre effektives Lehren und Lernen ein rei-
> nes Problem der akustischen Kommunikation, das heißt der Lehrende müsste nur laut
> und deutlich sprechen und die Zuhörer nur richtig zuhören. (…) Dies ist jedoch eine,
> wenngleich verständliche, Illusion. Denn dasjenige, was der Sprecher oder Schreiber
> produziert und an das Ohr des Zuhörers und in das Auge des Lesers dringt, sind le-
> diglich physikalische Ereignisse (Schalldruckwellen beim Hören, Verteilungen dunkler
> Konturen auf hellem Grund beim Lesen), die als solche überhaupt keine Bedeutung ha-
> ben. Vielmehr entsteht diese Bedeutung auf höchst subjektive und individuelle Weise
> im Kopf bzw. im Gehirn des Zuhörers – nur merken wir von diesem Vorgang über-
> haupt nichts, da er unbewusst abläuft; wir nehmen sozusagen nur das Endprodukt
> des Prozesses der Bedeutungserzeugung wahr. Damit gesprochene oder geschriebene
> Worte und Sätze eine Bedeutung erlangen, muss das Gehirn des Empfängers über ein
> entsprechendes Vorwissen verfügen, es müssen also Bedeutungskontexte vorhanden
> sein, die den Zeichen ihre Bedeutung verleihen. Bedeutungen können somit gar nicht
> vom Lehrenden auf den Lernenden direkt übertragen, sondern müssen vom Gehirn
> des Lernenden konstruiert werden" (Roth/Lück 2010, S. 40).

Solche grundlegenden Infragestellungen werden von der Hochschuldidaktik noch
sehr zögerlich aufgegriffen. Bisweilen stößt man in der Debatte sogar auf durch-
sichtig motivierte Positionen, mit denen unerwartet traditionalistische Argumentationen vorgetragen werden – mit letztlich verheerenden Konsequenzen für das
Image des Kontextes, in welchem sie erscheinen. So hat sich z. B. die Deutsche
Universitätszeitung im Juli 2011 durch die Veröffentlichung eines „hohen Lie-
des" auf die Vorlesung mit einer geräuschvollen Rückwärtsrolle aus der Ernst zu
nehmenden hochschuldidaktischen Debatte verabschiedet und in den Kreis der
Gralshüter des Bisherigen eingereiht. Andere Zeitschriften öffnen sich demgegenüber dem Thema des kompetenzbildenden Lernens, indem sie Impulse aus der
Berufsbildungs- und der neueren Kompetenzforschung aufgreifen und auch für
die Klärung der Frage nach der nachhaltigen Entwicklung „tertiärer Kompetenzen" auszudeuten versuchen (vgl. Böhle 2010).

Insgesamt folgt der tertiäre Bereich in den Ausdrucksformen seiner Lernkultur der Tradition, nicht der Evidenz und schon gar nicht den Vorgaben irgendeiner europäischen Reformstrategie. Erst vereinzelt greift die Hochschulentwicklung die vier „aktuellen Bildungstrends", wie sie in der Abbildung 1 markiert wurden, tatsächlich auf.

Abbildung 1   Aktuelle Bildungstrends (nach: Brandt/Bachmann 2014, S. 17)

Selbststudium, d. h. Gruppen- und Projektarbeit gewinnen an Bedeutung (shift from teaching to learning)	**Neue Prüfungsformate,** d. h. Prüfungen werden studienbegleitend und kompetenzorientiert durchgeführt (e) -assessment)
Entgrenzung, d. h. der gesamte Campus wird zum Lernort (mobile learning)	**Virtualisierung,** d. h. die virtuelle Komponente wird integraler Bestandteil der Lernumgebung (virtual learning environment)

Was die Evidenz unabweisbar zu zeigen vermag, wurde bereits vor elf Jahren in dem Gutachten „Bildung neu denken! Das Zukunftsprojekt", welches die Vereinigung der Bayerischen Wirtschaft vorgelegt hat, klar zum Ausdruck gebracht: *Notwendig ist eine deutliche Absage an das Bild eines „linearen, einseitig vom Lehrer ausgehenden"* (Vereinigung 2003, S. 88) Lehr-Lernprozesses – eine Folgerung, die keineswegs geeignet ist, den Bolognaprozess zu kritisieren[4], denn Bologna empfiehlt nicht das Festhalten an überlieferten Lehr-Lernformen, ohne deren Einbeziehung jedoch jegliche Kritik an der akademischen Bildung verkürzt sowie unterkomplex und vordergründig bleiben muss. In dem erwähnten Gutachten heißt es weiter:

„Diese Grundkonstellation ist heute wirklichkeitsfremd und vor allen Dingen lernpsychologisch überholt. In den Kognitionswissenschaften wird Unterricht heute nicht mehr als eine ausschließliche Aktivität des Lehrers, sondern des Lernenden begriffen. Der Lernende benötigt eine komplexe, differenzierte ‚Lernumgebung', die ihn zum Lernen herausfordert. Diese komplexe ‚Irritation' führt zu einer kognitiven Ausdifferen-

---

4   Bemerkenswerterweise hat Dieter Lenzen – seines Zeichens anerkannter Erziehungswissenschaftler und Universitätspräsident (dereinst FU Berlin, jetzt Universität Hamburg) – diese Studie moderiert und begleitet und wesentliche der in ihr vorgetragenen Positionen stammen unmittelbar aus seiner Feder, weshalb es verwunderlich ist, dass seine jüngste Bolognakritik (Lenzen 2014a) den Aspekt der inneren – didaktischen – Hochschulentwicklung nur marginal aufgreift.

zierung des Gehirns. Es kommt also darauf an, eine Lernumwelt so zu gestalten, dass sie zum Lernen veranlasst.

Dies bedeutet, dass der Lehrer sich von dem Bild verabschieden muss, eine Wahrheit zu verwalten und zu vermitteln. Seine Aufgabe hat neben der pädagogisch-erzieherischen Komponente durchaus Ähnlichkeit mit der eines (Wissens-)Ingenieurs. Er konstruiert mit seinem Unterricht eine Lernumwelt. (…) Für den Vollzug des Unterrichts bedeutet dies, dass er sowohl ‚direktiv‘, z. b. bei der Mitteilung und Erläuterung von Sachverhalten im klassischen Sinne, als auch ‚situiert‘ im Sinne der Schaffung von realitätsnahen Lernanlässen sein muss" (ebd., S. 88).

Ein solcher nüchterner „Blick auf das Geschehen" der tatsächlichen Prozesse des akademischen Lernens und der wissenschaftlichen Kompetenzreifung – der äußeren, wie der inneren – ist in den augenblicklichen Debatten um Bologna nur vereinzelt anzutreffen. Kritisiert wird eine äußere Strukturreform, während die das Lernen der Studierenden bestimmende innere Struktur – die Lernkultur der Hochschulen und Universitäten – mit ihren Wissenszugängen und Begegnungsweisen sowie ihren das Selbstwirksamkeitserleben der Studierenden stärkenden oder schwächenden Bedingungen und Formen selten in den Blick genommen wird.

Bildung neu denken 1:
Anregungen aus der Arbeitswelt!

Die stärkere Individualisierung des Lernens wird nicht nur durch die Lern- und Hirnforschung der letzten Jahre nachdrücklich nahe gelegt. Auch in der Erwachsenenbildung sowie der betrieblichen Bildung werden mehr und mehr Formen – sogenannte „Bildungsframes" – erprobt, die in der Lage sind, das Lernen im Sinne einer aktiven Aneignung zu unterstützen (vgl. u. a. Elsholz/Rohs 2014; Erpenbeck/Sauter 2014). Dabei tritt Lernen als ein Geben – eine aktive Suchbewegung des Lernenden – in den Blick (Motto: „Kompetenzen entwickeln sich durch subjektive Aneignung in Erfahrungskontexten!"), während zugleich das Lehren in der Vermittlungslogik eines Gebens (Motto: „Gelernt wird, was gelehrt wird!") in Frage gestellt wird. Gleichzeitig geraten die didaktischen Modelle, Sichtweisen und Interventionskonzepte, die nur *das* in Erscheinung treten ließen, was sie fokussierten, ins Wanken.

Neue Blicke auf das Lernen

Die Selbststeuerung der Lernenden tritt mehr und mehr in das Zentrum der Überlegungen. Die Aneignungslogik des Lernens, die ohnehin immer schon „am Wirken" war, wird erstmals wirklich Ernst genommen und aufgewertet. Es sind zwei Fragen bzw. Fragenkomplexe, die dabei aufbrechen:

- Da ist zunächst die selbstkritische und selbstreflexive Frage, mit welchen inneren Bildern und Überzeugungen Lehrende ihrer Vermittlungsarbeit nachgehen und welcher – oft auch lähmenden – selbsterfüllenden Prophezeiung sie dabei erliegen. Die Kehrseite ihrer Konstruktion der Wirklichkeit sind Lernende, die auch und vor allem lernen, dass es auf ihre Kompetenzen, Fragestellungen und Bedürfnisse kaum ankommt, und dass sie selbst besser über weite

Strecken ihrer Entwicklung in einer passiven, übernehmenden und nachvoll-
ziehenden Bewegung auszuharren haben, weshalb auch die Frage im Raume
steht, wie diese „erlernten Hilflosigkeit" vermieden oder überwunden werden
kann (vgl. Seligman 1975).

- Andererseits ist zu klären, welche Konsequenzen sich für die Hochschulen und
  Universitäten aus der evidenten Gegebenheit der selbstgesteuerten Aneignung
  folgern lassen. Die Rede ist von selbstreferentiell operierenden, autopoietisch
  geschlossenen kognitiv-emotionalen Systemiken, von denen die Lernenden zu
  den inhaltlichen Einsichten und Kompetenzen getragen werden – eine Bewegung, deren Erfolge nicht „erzeugt", sondern lediglich „ermöglicht" werden
  können (vgl. Arnold 2012a; Arnold/Schüßler 2003).

Diese neuen Sichtweisen des Lernens sind nun keineswegs vollständig neu. Sie
wurden bereits vielfach vorgedacht, und auch die Bildungstheorie von Wilhelm
von Humboldt kann durchaus als eine Theorie der selbstorganisierten Aneignung
und Kompetenzentwicklung gedeutet werden, wie dies John Erpenbeck in seiner
Humboldt-Interpretation vorschlägt. Er schreibt:

„Bildung ist unendlich viel, nur eines sicher nicht: Bloßes Wissen, Fachwissen gar.
Schon Kant rückte in den Mittelpunkt jeglicher Pädagogik die Erziehung zur Persönlichkeit, die Erziehung eines freie handelnden Wesens, das sich selbst erhalten und in
der Gesellschaft ein Glied ausmachen, für sich selbst aber einen inneren Wert haben
kann. Kann man das Streben nach Fähigkeiten, selbstorganisiert und kreativ zu handeln, also nach Kompetenzen, schlüssiger ausdrücken?
    Humboldt verstand unter Bildung die Anregung aller Kräfte des Menschen, die
sich über die Aneignung der Welt entfalten und zu einer sich selbst bestimmenden Individualität und Persönlichkeit führen. Er verweist damit nicht auf Wissen, sondern
wiederum auf personale, sozial-kommunikative und aktivitätsbezogene Handlungs-
fähigkeiten, also auf Kompetenzen" (Arnold/Erpenbeck 2014, S. 69 f.).

Die anstehende Neuerfindung des Lernens ist somit überhaupt keine, sondern
vielmehr eine Wiederentdeckung. In ihr drückt sich zudem ein konstruktivisti-
sches Lernverständnis aus. Sie folgt den Suchbewegungen unseres Denkens, Füh-
lens und Handelns, durch die Un(ge)sicher(t)heiten und Paradoxien des Lebens
und Erkennens. Dabei erweisen sich die überlieferten Vorstellungen von „Bildung
durch Wissenschaft" als ebenso unvollständig und fragwürdig, wie die tradier-
ten Vorstellungen von Beruf und Beruflichkeit – eine Einschätzung, die auch dem
Humboldt-Revival durch Dieter Lenzen viel von seiner Kraft zu nehmen vermag:
Wenn es stimmt, dass die berufliche Vorbereitung sich immer stärker „als individuelle Strategie zum Umgang mit Unsicherheit" (Girmes 1997, S. 9) erweist, dann

dokumentieren die Aus- und Abgrenzungen, wie sie Dieter Lenzen u. a. vorneh-
men, eine *Begriffs*treue, keine *Realität*streue.

In der beruflich-betrieblichen Wirklichkeit der „reflexiven Moderne" (vgl.
Beck 1997) haben sich demgegenüber seit den 1980er Jahren grundlegende „Weiterungen" (Arnold/Dobischat/Ott 1997) bzw. „Entgrenzungen des Lernens" (vgl.
Arnold 2012b) vollzogen, die nicht nur eine gründlichere Begriffsarbeit, sondern
auch eine veränderte Würdigung der persönlichkeitsbildenden Kräfte eines be-
rufsorientierten Lernens nahelegen.

Bezüglich der Begriffsarbeit und deren Gründlichkeit wäre zu hoffen, dass
diese sich auch verstärkt des erkenntnistheoretischen Sachverhalt bewusst bleiben, dass wir nur das zu erkennen vermögen, was wir sehen bzw. was wir unse-
rem suchenden Blick aussetzen. Dabei übersehen wir aber auch das, wofür wir
keine Begriffe haben oder lediglich Begriffe, von deren historischer Kontaminie-
rung wir uns nicht vollständig zu lösen vermögen. Dies ist z. B. unübersehbar der
Fall, wenn Dieter Lenzen seinen Argumentationen eine Gegenüberstellung zugrunde legt, die man so annehmen *kann*, aber nicht *muss*:

> „Universität (…) darf sich nicht auf die Vermittlung von Kompetenz und Wissen be-
> schränken, sondern muss auch die Fähigkeit und Bereitschaft zu Selbstreflexion und
> Kritik entwickeln helfen" (Lenzen 2014a, S. 49) –

so als sei das Eine nicht mit dem Anderen gemeinsam zu haben und als würde
der Kompetenzbegriff der europäischen Bildungsdebatte nicht gerade diese Befähigung zur Übernahme von Verantwortung und selbständigem Handeln meinen. Der Kern des Kompetenzdiskurses verweist genau auf diese dispositive
Durchwobenheit von sachbezogenem und reflexivem sowie selbstreflexivem
Knowhow. In diesem Sinne stellen John Erpenbeck und Lutz von Rosenstiel bereits in ihrem „Handbuch für Kompetenzmessung" fest:

> „Kompetenzen sind Selbstorganisationsdispositionen des gedanklichen und gegen-
> ständlichen Handelns. (…) Kompetenzen sind in Entwicklungsprozessen entstandene,
> generalisierte Selbstorganisationsdispositionen komplexer, adaptiver Systeme – insbe-
> sondere menschlicher Individuen – zu reflexivem, kreativem Problemlösungshandeln
> in Hinblick auf allgemeine Klassen von komplexen, selektiv bedeutsamen Situationen
> (Pfade)" (Erpenbeck/von Rosenstiel 2007, S. XI).

Ob jemand über eine Kompetenz verfügt oder nicht, zeigt sich somit in seiner
beobachtbaren Fähigkeit, mit Sachverhalten und Problemstellungen angemessen
und lösungsorientiert umzugehen. Kompetenz ist somit eine analytische Kategorie, weniger ein Programmbegriff. Gleichwohl kann dieser Begriff auch program-

matisch gewendet werden. Er steht dann für eine Bildungspolitik der Evidenz, welche sich von den rhetorischen Überhöhungen gelöst und der „nüchterne(n) Outcomebetrachtung von Lern- und Bildungsprozessen" (Arnold 2014a, S. 88) zugewandt hat. In diesem Sinne wusste bereits Weinert (1930–2001) festzustellen:

> „In general, we know what the terms ‚competence', ‚competencies', ‚competent behavior', or ‚competent person' mean, without being able to precisely define or clearly differentiate them" (Weinert 2001, S. 45).

Kompetenz zeigt sich somit in der Kompetenz, d. h. im evidenten Ausdruck des Vermögens einer Person. Kompetenzentwicklung ist dabei keineswegs bloß auf den „Erwerb messbarer Kompetenzen" (Lenzen 2014a, S. 29) eingeengt – ein Vorwurf der so klingt als würde die Kompetenzorientierung sich lediglich auf irgendwelche stupiden und oberflächlichen – wenn nicht gar repetitiven – Fähigkeiten beziehen, was nicht der Fall ist. Auch die Fähigkeit, komplexe Argumentationen nachzuvollziehen sowie der Tragfähigkeit ihrer Annahmen nachzuspüren und begründete Zweifel zu artikulieren und diese in abwägender Bewegung zur Formulierung einer eigenständigen Position nutzen zu können, beschreibt eine beobachtbare Kompetenz, welche zudem Auskunft über die Haltung und den Stand der Selbstbildung des Individuums zu geben vermag. Dabei artikulieren sich die zu Tage tretenden Fähigkeiten auf denselben Handlungsdimensionen, auf denen sich auch eine nachhaltige Kompetenzentwicklung vollzieht:
Diese Kompetenzdimensionen sind:

- *selbstgesteuert:* Kompetentes Handeln zeigt sich grundsätzlich in eigener Planung, Initiative und Prozessgestaltung.
- *produktiv:* Kompetentes Handeln führt zu Ergebnissen, d. h. komplexeren Bearbeitungen und Gestaltungen.
- *aktiv:* Kompetentes Handeln ist proaktiv, nicht nur reaktiv; es fordert den Akteur zur Entwicklung und Begründung eigener Lösungen heraus.
- *situativ:* Kompetentes Handeln zeigt sich in der angemessenen und sachgemäßen Bewältigung von – neuen und unerwarteten – Problemsituationen.
- *sozial:* Kompetentes Handeln ist vernetztes bzw. kooperatives Handeln; es nutzt die Potenziale anderer und ist durch Arbeitsteilung und wechselseitige Unterstützung gekennzeichnet.

Man lehrt, wie man prüft

Rückt man diesen breiten Konsens in der Kompetenzdebatte in den Kontext der erwachsenenpädagogischen LENA-Strategie (vgl. Arnold 2013b), wie sie u. a. von den Wirtschaftsförderungs-Instituten in Österreich (WIFI) flächendeckend umgesetzt worden ist (vgl. Fleischer/Czach 2014), so kann man nicht umhin anzuerkennen, dass die Wahrheit der Bildung vielerorts ihre Bewährung in der Prüfung ist. In den Bildungseinrichtungen wird nämlich meist so gelehrt, wie geprüft wird, weshalb es auch sehr sinnvoll ist, den Blick von den Prüfungsformen her auf die ihnen vorausgehenden Lernprozesse zu richten:

- Sind diese unverzahnt mit dem, was am Ende steht?
- Haben die Lernprozesse wenig oder vielleicht gar nichts mit der Prüfung am Ende zu tun, d. h. benötigen die Lernenden noch spezielle Repetitorien, Tutorials oder Paukkurse, um die Prüfungen zu bestehen?
- Würden sie gar die Prüfung ohne die Teilnahme an den vorausgegangenen Seminaren und Vorlesungen erfolgreich absolvieren können?
- Gibt es somit ein mehr oder weniger offensichtliches Schisma zwischen der Freiheit und Selbstverwirklichung im Lernprozess und einer rigide kanonisierten oder völlig überraschenden Stofferwartung an seinem Ende?
- Welche Auswirkungen hat die drohende Anonymität der Abschlussprüfung auf die Lernhaltungen und die Lernformen der Lernenden bzw. Studierenden und damit auch auf ihren Erfolg? Führen wir die Falschen zum Erfolg?

Diese und andere Fragen verweisen auf die strategischen Bausteine, mit deren Hilfe eine stärker lernerorientierte Transformation akademischer Lernkulturen eingeleitet werden könnte.

Grundlegend könnte für eine solche strategische Klärung eine kompetenzorientierte Prüfungsdidaktik mit der Arbeitsbezeichnung „Kompetenzorientierte Diagnose und Zertifizierung" (KODIZ) sein, die auch einen Weg zu einer stärker kompetenzentwickelnden und evidenzbasierbaren Hochschulbildung zu markieren vermag (Abb. 2).

Die Kompetenzorientierung dient somit keineswegs dem naiven Versuch, etwas zu messen, was letztlich kaum messbar ist, oder einem wie auch immer motivierten Bemühen, das Konzept der „Bildung durch Wissen" auszuhöhlen (vgl. Lenzen 2014a, S. 29 und 47). Und auch die Befürchtung, dass Kompetenzorientierung „alles, was man bisher glaubte lehren und vermitteln zu müssen, hinfällig werden lässt" (Liessmann 2014), dient ebenso wenig der Aufklärung, wie die pauschale Charakterisierung „das Kompetenzkonzept ist ein Kind der Ökonomie" (ebd.), so als würde sich das Bildungswesen nicht seit jeher auch um die Ergiebig-

Abbildung 2 Grundlinien einer kompetenzorientierten Prüfungsdidaktik

LENA-Elemente	Folgerungen für eine KODIZ	
Selbstgesteuert	Kompetentes Handeln zeigt sich grundsätzlich in eigener Planung, Initiative und Prozessgestaltung	Leitfrage: Welchen Raum lässt die Prüfungsaufgabe bzw. Prüfungssituation für eigene Planung, Initiative und Prozessgestaltung
Produktiv	Kompetentes Handeln führt zu Ergebnissen, d. h. komplexeren Bearbeitungen und Gestaltungen	Leitfrage: Welche komplexen Bearbeitungen und Gestaltungen lassen sich in der Prüfungssituation beobachten/einschätzen?
Aktiv	Kompetentes Handeln ist proaktiv, nicht nur reaktiv; es fordert den Akteur heraus.	Leitfrage: Wie lassen sich durch die Prüfungsaufgabe/in der Prüfungssituation die Prüflinge aktivieren?
Situativ	Kompetentes Handeln zeigt sich in der angemessenen und sachgemäßen Bewältigung von Problemsituationen	Leitfrage: Wie lassen sich die festzustellenden Kompetenzen in situierte Aufgaben integrieren?
Sozial	Kompetentes Handeln ist vernetztes bzw. kooperatives Handeln; es nutzt die Potenziale anderer und ist durch Arbeitsteilung und wechselseitige Unterstützung gekennzeichnet	Leitfrage: Wie kann die Fähigkeit zur kooperativen und vernetzten Problemlösung in der Prüfungssituation beobachtet und eingeschätzt werden?

keit sowie die Wirkungen seiner Angebote sorgen müssen – mit allerdings diagnostisch sowie prognostisch vielfach noch ungeeigneten Mitteln. Das Bemühen um eine nachvollziehbare Orientierung, Gestaltung und Prüfung der Kompetenzwirkungen dient somit in erster Linie der Überprüfung, ob und inwieweit sich die vertretenen Outcome-Erwartungen für den einzelnen auch tatsächlich einstellen. Diese sind nicht allein deshalb *nicht* an seinem persönlichen Wachstum orientiert, nur weil sie auch seinen Zuwachs an Handlungsfähigkeit in den Blick nehmen – welch ein Kurzschluss der Kritik am Kompetenzmodell, in der die bildungsideologischen Vorbehalte gegenüber jeglicher ertüchtigenden Bildung wiederauferstehen!

Diese haben schon zur zählebigen Zweitrangigkeit der Berufsbildung gegenüber der Allgemeinbildung beigetragen – mit letztlich verheerenden Wirkungen für beide Formen der Bildung. So mussten insbesondere die beruflich gebildeten Menschen Jahrhunderte lang mit dem Nimbus der Zweitrangigkeit leben, während so mancher Absolvent der Hochschulen und Universitäten verbittert feststellen musste, dass auf sein im wissenschaftlichen Studium erworbenes Wissen kein wirklicher Verlass ist. Ist es völlig unberechtigt, wenn der Philosoph Julian Nida-Rümelin neuerdings gegen den „Akademisierungswahn" mit der Behauptung zu Felde zieht, es bestehe

> „(…) die Gefahr, dass nur noch jene eine Berufsausbildung starten, die anderswo gescheitert sind. Nida Rümelin warnte, dass es Deutschland bald wie Frankreich und Großbritannien gehen könne. Dort sind die Akademikerquoten hoch und die Jugendarbeitslosigkeit auch. Zuerst müsse sich die Wertung von Berufen ändern, schließlich sei ein studierter Philosoph nichts Besseres als ein Schneidermeister"[5] (vgl. Nida-Rümelin 2014).

Dieser Stoßrichtung ist nichts hinzuzufügen. Sie ist mehr als berechtigt, doch fehlt ihr m. E. das entscheidende Argument der Kompetenzorientierung. Würde man an dieser Stelle noch ein nüchternes kompetenztheoretisches Argument dazustellen, dann würde die Pointe nicht nur lauten „ein studierter Philosoph (ist) nichts besseres", sondern es würde sichtbar zu Tage treten können, dass der zitierte „Schneidermeister" über viele Fähigkeiten, z. B. zur vorsorgenden Achtsamkeit, zur sachlichen Erfolgsbeurteilung sowie zur selbstkritische Prozessreflexion verfügen muss, die auch und gerade im Hinblick auf das vorsichtige Denken eines „studierten" Philosophen eine gewisse Anschlussfähigkeit aufweisen. Es sind solche substanziellen und weniger statusbezogenen Dimensionen des tatsächlichen Könnens, die zukünftig viel stärker in die Debatten einbezogen werden müssten.
  Im Kern geht es dabei um die Glaubwürdigkeit der vorgetragenen Begründungen zur Rechtfertigung des ganzen Aufwandes. Davon profitieren die zugrundeliegende Bildungsabsicht und mit ihr auch das Individuum sowie die Gesellschaft. Zwar vermitteln Philosophie- und Religionsunterricht oder gar eine Schneider-Ausbildung nicht die die gleichen Kompetenzen – welch eine populistische Rhetorik! –, aber sie verweisen auch nicht auf vollständig entgegen gesetzte Formen der Selbstreflexion. Es kommt der Kompetenzorientierung deshalb auch darauf an, in den unterschiedlichen Domänen klar zu heraus zu arbeiten, zu welcher individuellen Problemlösungsfähigkeit die Auseinandersetzung mit einer spezifischen Thematik bzw. Denkweise zu führen vermag – nicht, um diese in dem Einheitsbrei einer allgemeinen Problemlösungsfähigkeit aufzulösen, sondern um sie vielmehr aus der feststellbaren Unverbindlichkeit und thematischen Wirkungslosigkeit zu befreien. Wer glaubt, diesen Bemühungen um Versachlichung und Transparenz durch katastrophisierende Verweise auf eine drohende „Unbildung" begegnen zu können, der muss sich den Vorwurf gefallen lassen, in „wie auch immer zu defi-

---

5   Zit. nach: Focus, 41/2014 (Aufruf am 6. 10. 2014).

nierende" (Liessmann 2014) Allgemeinheiten auszuweichen, um die Wirkungs-diffusität überlieferter Input-Welten – Liessmann spricht von „verbindlichem Wissen" (ebd.) – in die aufbrechenden Zeiten nachweisbarer Ausdrucksformen hinüber zu retten. Wissen solche Debattenbeiträger nicht, dass die Bemühungen um Begründung, Transpararenz und Wirkungsnachweis essentielle Substanzen jeglicher demokratischen Bildungs- und Gesellschaftspolitik sind?

Die modernen Wissensgesellschaften wie die Bundesrepublik Deutschland benötigen keine Pauschaldebatten, wie die über „Bildung statt Bologna" (Lenzen 2014a) oder „Wissen statt Kompetenz", sondern tragfähige Konzepte einer nüch-ternen Auffächerung der gelungenen Bildung. In diesem Sinne rückt u. a. das „Konzept der vollständigen Aufgabenlösung" (Heinemann/Rauner 2009), wie es die kompetenztheoretischen Ansätze im Anschluss an Havighurst nahelegen, die nachvollziehbare Anwendung komplexer Fähigkeiten, wie sie insbesondere an den Hochschulen und Universitäten – aber nicht bloß dort – entwickelt werden, in das Zentrum der Kompetenzmessung. Dadurch dient diese Aufgabenorientierung der deutlicheren Transparenz und mithin der gesellschaftlichen Legitimation komple-xer Kompetenzreifungen, die nur in freigelassener Suchbewegung sowie im Erle-ben, im Erproben und in der Anwendung entstehen können. Insbesondere der Bremer Bildungsforscher Felix Rauner hat in den letzten Jahren erheblich zur Ent-wicklung und Erprobung solcher aufgabenbezogenen Kompetenzentwicklungs- und -zertifizierungsansätze beigetragen (vgl. Rauner 2014) – ein Trend, der in der Hochschuldidaktik noch kaum substanziell aufgegriffen worden ist.

Nach diesem ganzheitlichen Ansatz kommt es bei der kompetenzorientierten Prüfung darauf an,

- die Kompetenzen, dic sich in einem Bildungskontext profilieren sollen, klar zu definieren,
- peu a peu einen Pool von Prüfungsaufgaben, an deren erfolgreicher Bearbei-tung erkennbar wird, in welchem Maße die Lernenden über die erwarteten Kompetenzen verfügen, zu erstellen,
- die „Gültigkeit" (Validität) der Aufgaben zur Erfassung genau der Kompeten-zen, um die es geht, durch Ratingkommissionen (z. B. die in der jeweiligen Do-mäne Lehrenden) beurteilen („to rate") zu lassen und
- dadurch ebenfalls schrittweise zu Prüfungsformen zu gelangen, in denen die Kandidaten sich tatsächlich mit kompetenzrelevanten Situationen auseinan-derzusetzen haben.

Da Kompetenzen nur in Anwendungssituationen und nicht aufgrund des Ab-fragens von Kenntnissen zuverlässig eingeschätzt werden können, müssen auch in der akademischen Bildung die überlieferten Prüfungsstrategien Schritt für Schritt

umgestellt bzw. zumindest ergänzt werden: Zukünftig sollten nur noch Prüfungsformen eingesetzt werden, die den Kriterien einer „vollständigen Aufgabenlösung", wie sie sich auch aus den genannten Kriterien folgern lassen, entsprechen.
Ein solcher Blick auf die akademische Prüfungspraxis würde schließlich auch der
Erfahrung Rechnung tragen: „Man lehrt, wie man prüft!"

Es ist nämlich gerade *nicht* das eingeschränkt zweckorientierte Handeln, sondern die Befähigung zur erfolgreichen Problemlösung in neuartigen und unge-
wohnten Situationen, um die es der auch in der für die Bolognareform tragenden Kompetenzorientierung an den Hochschulen und Universitäten geht. Solche
Lagen lassen keine routinisierte Zweckerfüllung zu, gefragt ist vielmehr die eigene Zwecksetzung durch den Handelnden selbst. Die eigene Zwecksetzung ist
gewissermaßen Bestandteil eines verantwortlichen – professionellen – Tuns, das
mehr ist als eine stumpfsinnige Aufgabenerfüllung oder gar Ausdruck einer bloßen „Vernützlichung" (Lenzen 2014a, S. 38). Im Gegenteil:

> „Die Arbeitsverhältnisse der ‚postmodernen' Gesellschaften stellen neue und grund-
> legende Anforderungen an die Arbeitenden, zu deren Bewältigung eine künstlerische
> Haltung und die Kompetenz zum künstlerischen Handeln wesentlich beitragen kön-
> nen. Oder, zugespitzt: Im künstlerischen Handeln können wir heute gerade das Para-
> digma des Arbeitshandelns in der postmodernen Gegenwart sehen (…). Wenn das aber
> so ist, dann muss die berufliche Bildung Wege finden, für dieses allgemein in der heu-
> tigen Arbeitswelt benötigte und geforderte künstlerische Handeln zu qualifizieren bzw.
> Kompetenzen zu diesem künstlerischen Handeln zu fördern. (…)
>
>   Ziel ist hier, zu zeigen, dass unser überkommenes Verständnis von ‚Arbeit' als ziel-
> gerichtetes, zweckrationales Handeln diesen Anforderungen nicht mehr entspricht,
> weil es in der gegenwärtigen Erwerbsarbeit – ganz besonders dort, wo diese Dienstleis-
> tungscharakter annimmt – immer mehr um das *Gestalten offener Prozesse* geht. Dem-
> gegenüber geht das klassische Arbeitsverständnis implizit von geschlossenen Prozessen
> mit klaren Zielvorgaben und Zweck-Mittel-Zuordnungen aus. (…)
>
>   Der Wandel kommt in den zentralen Anforderungen an die Arbeitenden klar zum
> Ausdruck. Von ihnen wird heute vor allem erwartet, flexibel, innovativ, kreativ, team-
> fähig und mitunternehmerisch zu handeln im Bewusstsein, dass es auf die originelle
> Leistung und den Einsatz jedes Einzelnen ankomme. Das unterscheidet sich deutlich
> von früher stärker betonten (wenn auch heute, obwohl etwas anachronistisch, immer
> noch gewünschten) Haltungen wie Zuverlässigkeit, Regeltreue, Fachlichkeit im Sinne
> von Rezeptwissen, Anpassungsfähigkeit und Unterordnung" (Brater u. a. 2011, S. 9 f.).

Diese Hinweise auf die *dispositiven Gehalte einer umfassenden Problemlösungsfähigkeit* als „hilfloses Gerede" (Lenzen 2014a, S34) abzutun, ist nur ein weiterer Beweis für den doch sehr antiquierten Blick auf die sich seit den 1980er Jahren

grundlegend verändernden Anforderungen auf den Arbeitsmärkten in Deutschland und in Europa: Berufsbildung und Personalentwicklung haben sich in den
letzten Jahren weniger kruden Nützlichkeiterwägungen als vielmehr komplexen
Kompetenzargumentationen angeschlossen, wie in der neueren Arbeitsmarkt-
und Berufs(bildungs)forschung sowie in der Führungspädagogik und den Studien zur strategischen Personalentwicklung umfangreich und nachlesbar dokumentiert wurde (vgl. Arnold 2014b).

Seit den späten 1980er Jahren fokussiert sich insbesondere im Bereich der beruflichen Bildung die Debatte deutlich auf die Frage wie die Befähigung der Lernenden zur selbständigen Planung, Durchführung und Kontrolle zuverlässig er-
mittelt werden kann. Diese Debatte versucht dem Entwicklungstrend Rechnung
zu tragen, dass sich eine moderne Berufsausbildung „nicht mehr auf extern vor-
gegebene Handlungsanleitungen" bezieht, sondern vielmehr auf „selbstregulierte
Vollzüge" (Hewlett/Kahl-Andresen 2014, S. 6) – eine substanzielle Veränderung
des Beruflichen, die der Bolognakritik an der Berufsorientierung, wie sie Dieter Lenzen oder K. P. Liessmann vortragen, entgeht. Beruflichkeit hat sich in den
letzten Jahrzehnten grundlegend gewandelt und folgt einem Trend zum autonom
Dispositiven, welche man bis dato vornehmlich den akademisierten Tätigkeiten
zugeschrieben hatte:

> „Es erfolgte eine Abkehr von tayloristisch angelegten beruflichen Tätigkeiten in Pro-
> duktion, Fertigung und Auftragserfüllung zugunsten ganzheitlicher, selbstgesteuerter
> beruflicher Vollzüge" (ebd.).

Parallel zu dieser Verallgemeinerung des Beruflichen entmaterialisiert sich auch
das, was Bildung meint bzw. meinen kann, und das Erinnern und Repetieren büßen viel von ihrer Vormachtstellung ein. In Zeiten ständig sich erweiternder Spei-
cher- und Downloadmöglichkeiten rücken demgegenüber Fähigkeiten des einzelnen in den Vordergrund, die seine Formen des Umgangs mit Know-How stärken.
Fähigkeiten, wie Auswahl, Aneignung, Umgang und Teilung von Wissen, gewinnen dabei ebenso an Bedeutung, wie die Fähigkeiten, sich angemessen und lösungswirksam in kooperativen Klärungsprozessen zu beteiligen – Erwartungen
der modernen Arbeitsmärkte, die in hohem Maße mit den von der Bolognakritik beschworenen Wirkungen einer akademischen Bildung deckungsgleich sind:

> „Die Studierenden müssen auch lernen, mit Ambiguitäten und Kontingenzen umzu-
> gehen – also Strategien entwickeln für den Umgang mit dem Unvorhergesehenen und
> Uneindeutigen. Anzustreben ist eine funktionierende Balance zwischen dem Offen-
> halten von Optionen und nachhaltigen eigenen Entscheidungen, sowohl im privaten
> Raum sozialer Beziehungen als auch in Bezug auf Ausbildung und Beruf. Kurz: Sie

müssen lernen, Zukunft zu denken, auch dann, wenn sie nicht vorhersagbar scheint"
(Lenzen 2014a, S. 59).

Die neue Materialität der Bildung ist das Formale: Während das Inhaltliche beständigen und in vielen Bereichen eskalierenden Veränderungen unterliegt und auch die prognostische Bildungsforschung kaum sicher antizipieren kann, welches Struktur- und Detailwissen in der Zukunft des einzelnen eine Rolle spielen wird und welches nicht, konzentriert sich die bildungstheoretische und didaktische Debatte verstärkt auf die Bestimmung und Förderung der reflexiven Kompetenzen im Subjekt.

Unterwegs zur reflexiven Bildung

Damit erlebt auch die Bildung eine „reflexive Modernisierung", zu deren Charakteristika es gehört, dass das sich modernisierende Etwas der Modernisierungsprozesse selbst wandelt. Diese Entwicklung ist mit der Fortschrittsmetapher alleine nicht mehr angemessen zu beschreiben, und auch die neuhumanistischen Ideen zur Persönlichkeitsbildung erweisen sich als nur begrenzt präzise. Die Zunahme nicht beabsichtigter Nebenwirkungen sowie gesteigerte Anforderungen an das abwägende und begründete Handeln charakterisieren die Lebens- und Arbeitsverhältnisse und markieren Strukturprinzipien und Gestaltungsimperative für das Denken, Fühlen und Handeln der Akteure, die sich nicht quasi automatisch durch eine Begegnung mit Wissenschaft „in Einsamkeit und Freiheit" (ebd., S. 71) kompetenzbildend profilieren, sondern vielmehr absichtsvoll ermöglicht werden müssen. Wirksame Kompetenzreifung bedarf professionell arrangierter und gestalteter Kontexte, in denen Erfahrungen mit dem eigenständigen Umgang mit Problemen und offenen Fragestellungen unausweichlich sind.

Aus solchen Überlegungen wird deutlich, dass die Anforderungen, mit denen das heutige Leben die Menschen konfrontiert, von ihnen erwarten, dass sie über Kompetenzen verfügen, durch deren Nutzung sie nicht nur mit den vorfindbaren Anforderungen zu Recht kommen, sondern diese auch gestalten. Durch diese aktive Haltung gegenüber den Erwartungen, büßen diese Erwartungen allerdings ihren fordernden Charakter ein und verändern die Gesellschaft und die durch sie gerahmten Entwürfe der Normalbiographie grundlegend – dies die reflexive (auf sich selbst zurückweisende) Tendenz der moderne Arbeits- und Lebenswelten, deren Auswirkungen auf die Lebensformen der Menschen erst in Ansätzen ausgelotet und ausgedeutet worden sind.

Auf diesen verschatteten Bereich der Debatten hat u. a. Elmar Tenorth, der Bildungstheoretiker der Humboldt Universität zu Berlin, in den letzten Jahren immer wieder hingewiesen. In einer unübertroffenen Deutlichkeit distanziert er sich dabei sowohl von den international isolierenden Überhöhungskonzepten – „diese(r) erhabene(n), vornehme(n), kritische(n), ambitionierte(n) und in den Zielformeln quasi-religiöse(n) Rede" (Tenorth 2008, S. 26) –, als auch von den Formen einer „politisierend-normativen Codierung der Probleme von Erziehung", die eine ganze Generation von kritisch-emanzipatorischen Erziehungswissenschaftlern mit dem Habitus ausstattete, die Codierung „schon für hinreichende Theoriearbeit zu halten" (ebd.). Demgegenüber betont Elmar Tenorth die Alltagstauglichkeit und die Anschlussfähigkeit der Konzepte, wie sie der Kompetenzdiskurs anbietet:

> „(…) statt der erhabenen Bilder finden sich Debatten über einfache Fertigkeiten und Praktiken, die man von Erziehung und im Aufwachsen erwartet. Hier interessiert etwa, ob jemand eine Zeitung lesen kann oder ein öffentliches Dokument, zum Beispiel die Stromrechnung, angemessen interpretiert, auch, ob er versteht, was die Konsequenzen eines Mietvertrages sind, und zwar rechtlich wie finanziell, oder dass er zu kalkulieren weiss, zu welchen Belastungen ein Ratenkredit führen wird, und auch, ob der Adressat der Reflexion fähig ist, sich in der gegebenen Gesellschaft in der Verkehrssprache verständlich zu machen und kommunikativ zu bewegen, im Ergebnis also, dass er sogar ökonomisch die Bedingungen der eigenen Reproduktion sichern kann, etwa durch bezahlte Arbeit. (…)
>
> Bildung und Literacy, Basiskompetenzen und Modi des Umgangs mit der hohen Kultur bezeichnen deshalb auch nicht disjunkte Klassen von Wissen und Verhaltensweisen, sondern bestimmte Ausprägungen einer einzigen und derselben Dimension menschlicher Praxis. Die Selbstverständlichkeit der Selbstkonstruktion des Subjekts, die zeigt sich hier, als physische, soziale und biologische Notwendigkeit. Sie beginnt nicht erst bei der schönen Literatur, sondern im Alltag; denn es ist das Leben, das bildet" (ebd., S. 27ff.).

Eine solche Ausdeutung stellt nicht nur das überlieferte Denken der Hochschulbildung in Frage, da sich vieles als evident darstellt, was die etablierten Konzepte nicht vorgesehen hatten. Insbesondere die Determiniertheit des Möglichen durch das Gegebene erwies sich gerade in den letzten Jahrzehnten keineswegs als so „zwingend", wie es manche Bildungskonzepte behaupteten. Das Mögliche verweist uns auf die denkbaren, aber noch nicht breit beobachtbaren Perspektiven, etwas zu erwarten und für realisierbar zu halten, gegen das alle Erfahrungen zu sprechen scheinen. Das Mögliche reift jedoch nicht nur aus der Gegenerfahrung, sondern auch aus dem nüchternen Blick auf das Unterschiedene und bislang Ausgegrenzte:

„Konkrete Ansätze eines solchen *Denkens vom Unterschied her* sind in der Pädagogik der letzten Jahrzehnte immer wieder anzutreffen – u.a. durch erste behutsame Versuche, die Pädagogik stärker vom ‚Und‘ als vom ‚Oder‘ her zu denken. Auf diesem Weg (...) wurden wesentliche Fundamente des etablierten pädagogischen Zeitgeistes erschüttert und wichtige Sanierungsprojekte deutlich markiert:

- So offenbarten die innovativen Entwicklungen in der Berufsbildung seit Mitte der 1980er Jahre deutlich, dass die Humboltsche Ausschlussthese und die mit ihrer Hilfe zementierte Selektivität des Bildungswesens, an ihrem Ende angekommen sind. Andere Lernorte zeigten sich mit ihrer persönlichkeitsbildenden Kraft und eröffneten einen neuen Blick auf die Frage nach der bildenden Wirkung des Inhaltlichen. Gleichzeitig büßten alte Globalverdächtigungen ihre bildungstheoretische Überzeugungswirkung ein, wie z. B. die Behauptung, dass ein betriebliches Interesse an den Qualifikationen der Beschäftigten ein sicheres Indiz dafür sei, dass dabei nichts entstehen könne, was in irgendeiner Weise dem Bildungsanspruch Rechnung zu tragen vermöge. Es mussten deshalb (...) Ansätze aus der Personalentwicklung, der Handlungspsychologie und der systemischen Betriebswirtschaftslehre (St. Gallen, MIT Boston etc.) mit ihren Konzepten der Lernenden Organisation und des ‚Personal Mastery‘ (Senge 1996) genutzt werden, um diese alten Kohärenzmuster des wissenschaftlichen Mainstreams aufzuweichen.

- Dabei offenbarte sich auch deutlich die Holzschnittartigkeit des Konzeptes der formalen Bildung, dessen Substanz sich in einigen Hinweise auf den Sachverhalt erschöpfte, dass es außer der inhaltlichen Bildung auch noch so etwas wie eine *Formung der Ichkräfte* gäbe, die es irgendwie zu bewerkstelligen gälte, ohne jedoch wirklich präzise sowie evidentbasierte Hinweise zu dem Wie einer solchen Bildung bereit zu halten – eine Lücke, welche die Reformpädagogik mit ersten mutigen – mehr experimentell als evidenzbasiert ausgerichteten – Konzepten zu nutzen wusste. Erst die Wildereien in den fremden Gefilden der Persönlichkeitspsychologie, der Hirn- sowie der Kreativitäts- und Emotionsforschung ließen allmählich einen klaren Blick auf die Differenziertheit dessen, worum es geht, entstehen – nicht selten begleitet vom wütenden Geheul der Verwalter der alten Kohärenzgebote.

- Auch der Blick über den Tellerrand hinaus in die international beobachtbaren Bemühungen um zeitgemäße Formen einer nachhaltigen Kompetenzentwicklung ließ die Begrenztheit der etablierten Konzepte deutlich werden. Allmählich verstummten mehr und mehr *die* Stimmen, welche glaubten die Kohärenz in der Berufsbildung durch einen Export des eigenen bewährten Dualen Systems gewährleisten zu wollen, und es entstand allmählich ein von Anerkennung und Wertschätzung getragenes Verständnis der Formen einer informellen und nonformalen Qualifizierung von Fachkräften unterhalb und außerhalb der durch das deutsche Berufsprinzip vorgegebenen Denk- und Wahrnehmungsschablonen. Auch hierfür musste

in den einheimischen Ansätzen der Mikrosoziologie und Mikroökonomik mancher Partnerländer gewildert werden, aber auch das Verständnis der Wirkungsgefüge und Wirkungsketten der systemischen Nachhaltigkeitsforschung eröffnete
neue, bislang übersehene Zugänge zu einer nachhaltigen Gestaltung der Beziehungen zwischen Bildung und Beschäftigung.

- Schließlich waren es auch Wildereien in der neueren System-, Hirn- sowie Wahrnehmungsforschung, welche die noch immer lebendigen Inputorientierungen der
  pädagogischen Erziehungstheorien und didaktischen Modelle zu erschüttern vermochten. Deren begrenzte Wirkung initiierte ein gründlicheres Nachdenken zu
  der Frage, ob und inwieweit die Pädagogik sich insgesamt weniger mit einem tran-
  sitiven als vielmehr mit einem *intransitiven Gestus* ihres ‚Gegenstandes‘ annehmen
  sollte – eine Veränderung des Fokus, die durch Konzepte einer systemisch-kon-
  struktivistischen Didaktik ebenso unterstützt wurde, wie auch durch die *Out-
  comeorientierung* der europäischen Bildungspolitik oder die Anschlüsse an die
  angloamerikanischen Konzepte der Schulentwicklung, um nur einige der fach-
  fremden Quellen zu erwähnen.

- Insbesondere die Anschlüsse an Ergebnisse der Therapieforschung und Verände-
  rungsbegleitung wurden immer wieder zum Anlass genommen, um die Unange-
  messenheit des eklektizistischen Vorhabens einer „Weiterung“ des pädagogischen
  Blickes zu diskreditieren. Irgendwie wurde dabei von einer alten ontologischen
  Substanz, wie sie vermeintlich im Bildungsbegriff schlummert, her argumentiert,
  ohne jedoch wirklich überzeugend (er)klären zu können, wieso die Selbststärkun-
  gen, mit denen es die Therapie in krisenhaften Entwicklungen (aber nicht nur dort)
  zu tun hat, so etwas völlig anderes im Blick haben soll als die Pädagogik, welche
  die gelingende Aneignung und Kompetenzreifung von Lernenden zu ergründen
  sucht. Waren es nicht gerade die systemischen Persönlichkeitskonzepte, die bereits
  früh der inneren Vielfalt der Inside-Out-Bewegungen nachzuspüren verstanden –
  zu Zeiten, in denen Pädagogen und Erziehungswissenschaftler sich noch in ihren
  Bemühungen überboten, neue Konzepte einer erfolgreichen Steuerung von Erzie-
  hungs- und Lernprozessen unter das Volk zu bringen?“ (Arnold 2014a, S. 214 ff.)

Die vielfach gescholtene „Zweckorientierung“, wie sie der beruflichen Bildung
auch in den neueren Bolognakritiken vorgehalten wird, erwies sich bei genauerer
Betrachtung als ein untaugliches Kriterium, um Bildungswirkungen überzeugend
ausschließen zu können. Nicht der äußere Zweck, dem das Lernen dient, ermöglicht oder restringiert allein oder gar vornehmlich dessen Kompetenzwirkungen,
sondern die Frage, ob und inwieweit bei diesem Lernen die Dimensionen eines
lebendigen und nachhaltigen Lernens berührt, aktiviert und ins Erleben der Lernenden gebracht werden. Diese müssen die Gelegenheit haben, sich selbstgesteuert und produktiv sowie aktiviert und konstruktiv in auch kooperativen Formen

der Bearbeitung als kompetente Problemlöser zu erleben, um nicht nur die fachlichen, sondern auch die sozialen und persönlichen Fähigkeiten zu entwickeln, in denen eine gelingende Bildung ihren Ausdruck findet.

Zum Modernisierungsvorsprung der beruflichen Bildung

Insbesondere in der betrieblichen Bildungsarbeit der letzten Jahre haben sich vermehrt solche reflexiven Konzepte entwickelt, die darauf abzielen, die Fähigkeiten der Subjekte, Problemlösungen selbständig zu planen, diese Lösungen durchzuführen und ihren Erfolg eigenständig zu überprüfen[6], gezielt zu fördern. Gemeinsam ist diesen Ansätzen, dass sie sich mehr und mehr von dem Anspruch lösten, das lernende Subjekt an die betrieblichen und gesellschaftlichen Anforderungen anzupassen und – gewissermaßen vorwegnehmend – mit dem erforderlichen Knowhow auszustatten. Bereits in den 1980er Jahren verbreitete sich in der deutschen Berufsbildung vielmehr die Einsicht, dass eine moderne Berufsausbildung die Aufgabe habe, *die Anpassungs- und Gestaltungsfähigkeit der Subjekte selbst zu fördern*. Und es war den Akteuren bereits damals bewusst, dass die für eine solche erweiterte Handlungskompetenz kennzeichnenden Fähigkeiten „umfassend" sind und nicht in einem naiv-strategischen betrieblichen Interesse begrenzt werden können. Oder mit anderen Worten: Mitarbeiterinnen und Mitarbeiter, die tatsächlich zur Verantwortung und Selbstorganisation fähig sind und entsprechend handeln, kann die betriebliche Personalentwicklung nur fördern, wenn sie gleichzeitig deren Mündigkeit und Kritikfähigkeit gezielt unterstützt – ganz so, wie Heinz-Joachim Heydorn (1916–1974) dies in seinen bildungstheoretischen Schriften bereits angedeutet hat:

„Die Entwicklung der Produktivkräfte zeigt Mündigkeit an. (...) Die Revolution der Technik macht die Revolution des Bewusstseins möglich. Bildung ist Revolution des Bewusstseins. Bildungsfragen sind Machtfragen; die Frage der Bildung ist die Frage nach der Liquidation der Macht. Sie baut auf das Handeln des Menschen, das niemand für ihn übernimmt. Um dieses Handeln zu entlasten, muss der Widerspruch aufgedeckt werden, mit dem sich die Bildung als Herrschaftsverfassung gegen sich selbst wendet; die Zeit dieser Verfassung läuft ab. Wie nie zuvor ist Bildung Teil der geschichtlichen Bewegung geworden, vermag sie diese Bewegung auf den Menschen zu richten.

---

6   So wurde – beginnend mit der Neuordnung der Metall- und Elektroberufe im Jahre 1987 – als verbindliche Maßgabe in die Ausbildungsordnungen aufgenommen, dass die Auszubildenden Fähigkeiten erwerben sollten, Problemlösungen selbständig zu planen, durchzuführen und zu kontrollieren.

Sie muss ihre Theorie offen halten, offen für Unvorhersehbares, offen, da sich die Basis permanent verändert, über die sich das Bewusstsein verständigen muss. Das produktive Bewusstsein wird zum Gegensatz aller Dogmatik, damit aller Theorie, die in den Widerspruch zur Geschichte gerät, schließlich selbst reaktionär wird. Die Wirklichkeit ist reif für die Hand des Menschen; Bildung führt diese Hand" (Heydorn 1995, S. 331).

Es gibt zahlreiche Hinweise darauf, dass genau dieser Effekt die Arbeitsorganisation sowie die Kommunikations- und Kooperationsformen der fortschrittlichen Unternehmenspraxis mehr und mehr charakterisiert – nicht aller Orten und wohl noch keineswegs als vorherrschende betriebliche Realität, aber unübersehbar als ein starker Trend. Dies bedeutet, dass sich in den letzten Jahrzehnten aus den Kernbereichen des zweckorientierten Handelns heraus – auf den nicht nur die akademische Pädagogik lange Zeit verächtlich herunterblickte – die Idee einer umfassenden Kompetenzreifung entwickelte, deren Realisierung die Menschen auch – ungewollt, aber unvermeidbar – in die Lage versetzt, die Zwecke ihres Handelns selbstgesteuert zu definieren, Begründungen abzufordern und zu prüfen sowie die eigenen Realisierungsstrategien zu evaluieren. Die Ursprünge *des Ideals des seiner Selbstwirksamkeit sicheren und zur Selbstdistanzierung fähigen Individuums sind berufspädagogische, um nicht zu sagen betriebspädagogische.* Ist es angesichts dieses Modernitätsvorsprungs der beruflichen Bildung nicht naheliegend, den Gedanken zumindest zuzulassen, dass mit einer wirksamen Förderung der Selbstorganisations- und Problemlösungsfähigkeit auch Kräfte im Subjekt gestärkt werden, die für die autonome Lebensgestaltung von grundlegenderer Bedeutung sind als so mancher deklamatorische daherkommende Anspruch, Bildung durch Wissenschaft zu gewährleisten? Und ist es nicht angezeigt, die pädagogischen Tradition entstammende Ideologie der (notwendig) zweckfreien Bildung endlich einmal grundlegend in Frage zu stellen und nach den konkret im Subjekt zu entwickelnden Kompetenzen für selbstbestimmte Lebenspraxis zu fragen, ohne von vornherein bestimmte Lernorte (z. B. die Betriebe) und Bildungsformen (hier: die Ausbildung) einem Generalverdacht auszusetzen?

Wie lassen sich diese Bildungs- und Kompetenzeffekte feststellen? Was ist vor diesem Hintergrund ein zeitgemäßes Prüfen? Wie kann den Anforderungen an eine nicht nur Wissensbesitz ermittelnde, sondern auch die Selbstorganisations- und Verantwortungsfähigkeit des Kandidaten erfassende Prüfung Rechnung getragen werden? Zeitgemäße Prüfungen sollten – so Clive Hewlett und Andreas Kahl-Andresen – sich

„(…) auf Wissen, Fähigkeiten und Fertigkeiten beziehen, die für die Bewältigung des Berufsalltags sowie das Weiterkommen im Beruf erforderlich sind und zugleich als Grundlage für eine selbstbestimmte Lebensführung dienen können. Prüfungen sollten feststellen können, ob diese Kompetenzen zu vollständigen beruflichen Handlungen befähigen und in neuen Situationen angewendet werden können" (Hewlett/Kahl-Andresen 2014, S. 7).

Die Bemühungen um die Gestaltung geeigneter Prüfungsformen haben es letztlich mit der Frage zu tun, wie die fachlichen, sozialen und personalen Dimensionen einer solchen umfassenden beruflichen Handlungsfähigkeit zuverlässig beurteilt werden können. Deshalb dürfen sich Prüfungen auch nicht nur auf eine dieser Dimensionen beschränken, sondern müssen alle Dimensionen gleichzeitig „in einem ganzheitlichen Handlungszusammenhang" (ebd., S. 8) abbilden. Dies bedeutet:

„Die Prüfung muss

1. eine typische, für den Beruf relevante Situation darstellen,
2. alle Dimensionen beruflicher Handlungen berücksichtigen (in der erforderlichen berufstypischen Ausprägung),
3. Gelegenheit für eine vollständige, in sich schlüssige Handlung bieten" (ebd).

Diese Hinweise verdeutlichen, dass die Tragfähigkeit einer kompetenzorientierten Didaktik mit der Frage nach den Prüfungsformaten und Prüfungsformen steht und fällt. Diese müssen dem Anliegen der ganzheitlichen und professionellen Aufgabenbewältigung Rechnung tragen und dürfen sich nicht vornehmlich auf das beschränken, was sich leicht erfassen und mit einer schnellen Auswertungsstrategie zu Bewertungen verdichten lässt. Man gelangt dann zwar zu vordergründig nachvollziehbaren Verrechnungen, deren Validität hinsichtlich des Anspruchs einer Kompetenzbeurteilung aber fragwürdig bleibt. Ähnlich, wie man auch die Kompetenz, ein Fahrzeug zu steuern, nicht daran bemessen kann, ob und inwieweit der Kandidat die Bestandteile und Funktionsweisen eines Automobils richtig zu beschreiben bzw. zuzuordnen vermag, kann auch der Ausprägungsgrad einer Handlungskompetenz nicht in einer vornehmlich auf Wissensbeherrschung eingeschränkten Prüfungspraxis angemessen eingeschätzt werden. „Kompetenz zeigt sich in der Kompetenz" – so eine beliebte Beschreibung der Kompetenztheoretiker, womit sie darauf verweisen, dass bei einer Kompetenzeinschätzung kein Weg an einer Initiierung von Anwendungssituationen vorbeiführt. Für das Arrangement entsprechender Fälle lassen sich einige Kriterien und Kontrollfragen festlegen, wie dies Hinze vorgeschlagen hat (Abb. 3).

Diese Hinweise auf eine notwendige Aufgabenorientierung des wissenschaftlichen Lehrens und Prüfens sind nicht völlig neu, ihr strategischer Kontext allerdings schon. Zwar kann die These, der zufolge sich die didaktische Relevanz von

Abbildung 3   Kriterien einer Aufgabenorientierung wissenschaftlichen Lehrens und Prüfens (Hinze 2004)

Kriterien	Kontrollfragen
Situative Repräsentation (Grad an Authentizität)	Ist die Aufgabe exemplarisch, praxisgerecht und komplex gewählt und wurde sie realistisch gestaltet? Sind zur Lösung unterschiedliche Perspektiven und Kontexte möglich bzw. notwendig?
Wissenschaftliche Repräsentation (Grad an wissenschaftlicher Relevanz)	Lässt sich die Aufgabe so verallgemeinern, dass sie einer (wissenschaftlichen) Theorie entspricht? Werden Erkenntnisse der Wissenschaft konkret und exakt abgebildet? Entspricht die Aufgabe allgemeinen Anforderungen an wissenschaftliche Erkenntnis (Widerspruchsfreiheit)
Subjektive Bedeutsamkeit	Ist die Aufgabe bedeutsam für jetzige und zukünftige berufliche oder außerberufliche Situationen der Lernenden? Werden konkrete Probleme der Lernenden thematisiert?
Subjektive Adäquanz (Fasslichkeit)	Ist die Aufgabe übersichtlich und anschaulich? Wird an individuelle Voraussetzungen angeschlossen? Ist die Komplexität dem Vermögen angemessen?

Wissen in Lernprozessen nicht aus diesem selbst, sondern aus seinen operativen Gehalten und seiner Tauglichkeit für die Gestaltung aktueller und potenzieller Lebenswelten ergibt, auf prominente Stichwortgeber wie Wolfgang Klafki (geb. 1927) und Saul B. Robinson (1916–1972) zurückgreifen, doch konnten die in ihr angelegten Zweifel an einer deduktiv-linearen Wissensvermittlung nie wirklich die Lernkulturen von Hochschulen und Universitäten wandeln – sieht man einmal von der sogenannten „Havard-Case-Study-Method" ab (vgl. Hammond 2002). Diese geht explizit davon aus, dass Studierende an realen Problemstellungen am nachhaltigsten lernen können und zudem auch die Fähigkeiten erwerben, in komplexen Anforderungssituationen nicht nur den Überblick zu behalten, sondern auch eigene professionelle Lösungsstrategien zu entwickeln und zu erproben.

Studierende interagieren deutlich intensiver und autonomer, und auch ihre Inanspruchnahme der Lehrperson wandelt sich beim Einsatz der Case-Study-Method deutlich von einem passiven Zuhören zu einer interaktiven Nutzung der Kompetenz des Lehrenden als Begleiter und Berater. Adam Mendelson (University of Navarra) lässt einen Professor zu Wort kommen, der diese Lernerautonomie mit den Worten beschreibt:

„The professor can bring out nearly everything that he or she can and wants to say about the case. That never happens in class, where one is confined to drawing out a limited number of essential points. The extended discussion format nearly ensures that each case will be ‚wrung dry' of learning and learning points" (Mendelson 2006, S. 6),

Aufgaben- bzw. Situationsorientierung erweisen sich so als ein weiteres Puzzleteil zur Gestaltung kompetenzbildender Lernkulturen (vgl. Lorig u. a. 2014).

Zur Polyvalenz einer Bildung durch Wissenschaft

Auch Hochschulen und Universitären werden dadurch aufgerufen, stärker die professionellen Handlungssituationen in den Blick zu nehmen, mit denen es ihre Absolventen in Zukunft zu tun haben dürften – ein Klärungsschritt, der in monovalenten Studienangeboten leichter zu sein scheint als in polyvalenten. Vollständig monovalente Studiengänge gibt es allerdings kaum, findet sich doch schließlich immer der eine oder andere Absolvent eines als monovalent eingeschätzten Studienganges, der „fachfremd" in den Arbeitsmarkt einmündet (z. B. der Mediziner als Führungskraft in einem Pharmaunternehmen, der Philosoph als Bankangestellter oder der Lehrer in der betrieblichen Personalentwicklung). Als monovalent werden im Folgenden solche Angebote bezeichnet, deren Absolventen in überwiegend typischen Berufsfeldern anzutreffen sein werden, wie z. B. Theologen, Elektrotechniker oder Chemiker. Als polyvalent werden demgegenüber Studienangebote bezeichnet, deren Absolventen erfahrungsgemäß in ganz unterschiedliche Kontexte erfolgreich einzumünden verstehen, wie z. B. Politikwissenschaftler, Pädagogen oder generell Sozialwissenschaftler. Wie gesagt: Auch so manch monovalent daherkommendes Studienangebot erweist sich bei genauerer Betrachtung als polyvalenter als es auf den ersten Blick erscheint. Aus diesem Grunde benötigen Hochschulen für eine gezielte Profilierung ihrer Angebote eine substanzielle Absolventenverbleibsforschung, deren Ergebnisse dafür genutzt werden können, die – z. B. auch regional gesehen – typischen Berufssituationen genauer in den Blick zu nehmen und die eigene Studienplanung sowie die Ausbildungsdidaktik auf diese einzustellen.

Durch solche hochschuldidaktischen Umstellungen wird das insbesondere für die universitären Lernkulturen prägende Konzept der „Bildung durch Wissenschaft" (vgl. Honnefelder/Rager 2011) spürbar ergänzt und auch in wesentlichen Teilen abgelöst. Dieses überlieferte Konzept geht davon aus, dass es einem wissenschaftlichen Studium darum zu gehen habe, die Studierenden mit den Verfahren des wissenschaftlichen Arbeitens vertraut zu machen, sie gar „mit auf die Reise" des wissenschaftlichen Entdeckens zu nehmen, weil dadurch eine Haltung gegenüber den vermeintlichen Gegebenheiten in der natürlichen, kulturellen oder sozialen Umwelt eingeübt werde, deren Wirkungen auf der Kompetenzebene die

Akteure auch mit der Fähigkeit ausstatte, sich in neuen und komplexen Lagen sachorientiert und lösungssicher zu bewegen. Diese Erwartung wird u. a. in einer Broschüre der Humboldt-Universität zu Berlin mit den Leitbegriffen „Persönlichkeit, Offenheit und Orientierung" präzisiert und u. a. zu dem strategischen Ziel verdichtet: „Kultur der Ermöglichung realisieren".[7] Wie immer man auch über die Zukunftstauglichkeit des überlieferten Konzeptes einer „Bildung durch Wissenschaft" denken mag, Faktum scheint auf den ersten Blick zu sein, dass

- „(…) immer noch massenhaft Absolventen als geeignet betrachtet werden, in einen akademisch vorgeprägten Beruf zu gehen,
- dass es möglich ist, den wissenschaftlichen Nachwuchs aus den Hochschulen zu rekrutieren,
- und dass viele Absolventen die Universitäten anders, und zwar reicher verlassen, als sie in sie eingetreten waren" (Gruschka 1997, S. 36).

Doch können wir uns mit einer solchen Evidenz des ersten Blicks wirklich zufrieden geben? Sind die Studierenden tatsächlich optimal vorbereitet, nur weil der Arbeitsmarkt sie schließlich aufnimmt? Gibt es wirklich keinerlei substanzielle Klagen der aufnehmenden Institutionen oder gar der Absolventen, die sich orientierungslos und unvorbereitet in einer Berufseinstiegsphase wiederfinden, die sie schockt? Und schließlich: Sind wir sicher, dass die Bereicherung, welche die Studierenden nach einer relativ langen Verweildauer an den Universitäten – im Rückblick – vermerken, tatsächlich auf die Universitäten allein – oder gar vornehmlich – zurückgeführt werden können, wo doch schließlich auch das Leben bildet, wie bereits Pestalozzi zu sagen wusste? Und: Wie bereichert wären ihre Studierenden erst, wenn die Hochschulen und Universitäten sie gezielt und situationsorientiert vorbereitet hätten? Zu fragen ist schließlich auch: Welche Art von Wissenschaft möglich wäre, wenn die Absolventen eines wissenschaftlichen Studiums deutlicher berufsorientiert vorgebildet wären? Hätten wir dann eine andere Wissenschaft? Eine, die frei wäre von der anmaßenden Grundeinspurung, dass es quasi eine Voraussetzung für eine unvoreingenommene wissenschaftliche Analyse gesellschaftlicher Wirklichkeiten sei, von dieser selbst möglichst wenig aus eigenem Praxiserleben verstanden zu haben? Es ist absurd, solchen vordergründigen Annahmen wirklich mehr Glaubwürdigkeit zuzugestehen als sie beinhalten! Wir wissen nicht, wie es wäre, wenn auch Hochschulen und Universitäten sich nachvollziehbarer auf die – feststellbaren – Handlungsanforderungen der gesellschaftlichen Praxis beziehen würden. Wir beginnen aber zu verstehen, dass auch in der Bildungspolitik die Zeiten der anmaßenden, behauptenden und

---

7   Vgl. http//www.exzellenz.hu-berlin.de

ausgrenzenden Konzepte endgültig vorüber sind. Evidenznachweise und Orientierungshilfen sind notwendige Bestandteile einer demokratischen Legitimation, der sich auch die Hochschulen und Universitäten dauerhaft nicht werden entziehen können.

Kompetenzprofile – Wege aus dem Dickicht

Ein erster mutiger Schritt auf dem Weg zu einer situationsorientierten akademischen Lernkultur könnte in diesem Zusammenhang die Anerkennung des Kompetenzbegriffs als einer trennschärferen und international anschlussfähigeren Kategorie der internationalen bildungspolitischen Debatten sein. Im Kern geht es dabei um die Bemühung, auch für akademische Ausbildungsgänge möglichst präzise zu beschreiben, zur sachgemäßen Bewältigung und Gestaltung welcher professionellen Anforderungssituationen die Studienabsolventen in der Lage sein sollen. Dies ist nicht einfach, aber möglich, wie im Folgenden gezeigt werden soll. Zwar stimmt es, dass eine wissenschaftliche Ausbildung – wie bereits erwähnt – meist polyvalent ausgelegt ist, d. h. für unterschiedlichste berufspraktische Zusammenhänge zu qualifizieren vermag. Gleichwohl lassen sich – auch ausgehend von den an Hochschulen anzutreffenden Angeboten – spezifische professionelle Annäherungsweisen an eine sachgemäße Problemlösung definieren. Solche Präzisierungen – so allgemein und polyvalent sie auch im Vergleich zu der beruflichen Bildung bleiben mögen – sind das, worum es der europäischen Kompetenzorientierung geht. Diese ist auf Präzisierung, nicht auf Detaillierung angelegt. Es ist deshalb auch nicht zielführend und auch nicht wirklich nötig, immer wieder den neuhumanistischen Bildungsbegriff zu restaurieren und gegen die Kompetenzorientierung in Stellung zu bringen, zumal auch der Kompetenzbegriff[8] als ein „Dispositionsbegriff" verstanden werden kann. In diesem Sinne schreiben Rüdiger Rhein und Tanja Kruse von der Universität Hannover:

---

8   Als „Kompetenz" definiert der EQR in seinem „Anhang I: Begriffsbestimmungen": „… die nachgewiesene Fähigkeit, Kenntnisse, Fertigkeiten sowie persönliche und methodische Fähigkeiten in Arbeits- und Lernsituationen und für die berufliche und/oder persönliche Entwicklung zu nutzen. Im Europäischen Qualifikationsrahmen wird Kompetenz im Sinne der Übernahme von Verantwortung und Selbständigkeit beschrieben" (Empfehlungen des Europäischen Parlaments und des Rates 2008, S. C111/4).

„Als Dispositionen sind Kompetenzen an die Person gebunden (…). (Sie ruhen) – verstanden als Dispositionen zum selbstorganisierten Handeln – auf personalen Eigenschaften, sie werden von Wissen fundiert, durch Werte und Haltungen konstituiert, als Fähigkeit disponiert, durch Erfahrungen konsolidiert und aufgrund von Willen bzw. Motiven realisiert. Kompetentes Handeln schließt also den Einsatz von Wissen, von kognitiven und praktischen Fähigkeiten genauso ein wie soziale und Verhaltenskomponenten, Haltungen, Werte, Motive und Absichten; zudem beeinflussen Erfahrungen und Selbstkonzepte das individuelle Handeln.

Eine theoretische Kernidee des Kompetenzbegriffes besteht darin, die Ganzheitlichkeit und das gegenseitige ‚Verwiesensein‘ dieser Komponenten aufeinander konzeptuell zu erfassen, denn es ist erst das spezifische Zusammenspiel von Wissen, Fähigkeiten, Fertigkeiten, personalen Eigenschaften, Erfahrungen und Motivstrukturen, die eine Kompetenz ausmachen, ohne dass diese sich auf ihre einzelnen Bestandteile reduzieren ließe, obwohl die Beschreibung von Kompetenzen stets auf diese Bausteine zurückgreifen muss" (Rhein/Kruse 2011, S. 80).

Diese Kommentierung zeigt, wie facettenreich die neueren Kompetenztheorien vorgehen, und dass das Spektrum, welches sie ausleuchten, weit über „die evidenzbasierte Messung der Effekte des akademischen Unterrichts" (Lenzen 2014a, S. 29) hinausgeht. „Schön wär's!" – will man den bildungstheoretischen Skeptikern zurufen; „Soweit sind wir gar nicht, und es ist auch nicht das, worum es uns geht!" Die Absichten und Erwartungen, die sowohl mit dem „Europäischen Qualifikationsrahmen" (EQR), als auch mit dem „Deutschen Qualifikationsrahmen" (DQR) – darin enthalten auch der Hochschulqualifikationsrahmen (HQR) – einhergehen, sind viel einfacher: Es geht um die Schaffung eines Referenzrahmens, mit dessen Hilfe auch die unüberschaubare Vielfalt sowie das unentwirrbare Nebeneinander unterschiedlichster Bildungswege transparenter aufeinander bezogen und miteinander verglichen werden können. Dabei geht es keineswegs um die Harmonisierung der unterschiedlichen Bildungsgänge, sondern um eine Erhöhung ihrer Transparenz, Wirksamkeit und Vergleichbarkeit.

Der im April 2005 von der Kultusministerkonferenz verabschiedete „Qualifikationsrahmen für Deutsche Hochschulabschlüsse" (DHQR) wurde zwar hinsichtlich seiner Übereinstimmung mit dem „Europäischen Qualifikationsrahmen für den Europäischen Hochschulraum" gründlich geprüft und auch bestätigt (vgl. KMK 2008), er schließt allerdings stärker an die in den Hochschulen gewachsenen Traditionen und Routinen zur wissensinduktiven Begründung als an den stärker subjektorientierten Kompetenzannahmen an, wie er dem EQR zugrunde liegt (Abb. 4).

Letztlich zielt diese Strukturierung darauf ab, nüchtern die von dem lernenden Subjekt in einem Bildungsangebot anzueignenden und auszudrückenden Kompe-

Abbildung 4   Deskriptoren (Lernergebnisse) des Europäischen Qualifikationsrahmens für die akademischen Niveaustufen 6–8 (nach: Empfehlungen des Europäischen Parlaments und des Rates 2008, Anhang II)

	Kenntnisse	Fertigkeiten	Kompetenz
Niveau 6 (Bachelor-Niveau)	Fortgeschrittene Kenntnisse in einem Arbeits- oder Lernbereich unter Einsatz eines kritischen Verständnisses von Theorien und Grundsätzen	Fortgeschrittene Fertigkeiten, die die Beherrschung des Faches sowie Innovationsfähigkeit erkennen lassen, und zur Lösung komplexer und nicht vorhersehbarer Probleme in einem spezialisierten Arbeits- oder Lernbereich nötig sind.	Leitung komplexer fachlicher oder beruflicher Tätigkeiten oder Projekte und Übernahme von Entscheidungsverantwortung in nicht vorhersehbaren Arbeits- oder Lernkontexten. Übernahme der Verantwortung für die berufliche Entwicklung von Einzelpersonen und Gruppen
Niveau 7 (Master-Niveau)	Hoch spezialisiertes Wissen, das zum Teil an neueste Erkenntnisse in einem Arbeits- oder Lernbereich anknüpft, als Grundlage für innovative Denkansätze und/oder Forschung Kritisches Bewusstsein für Wissensfragen in einem Bereich und an der Schnittstelle zwischen verschiedenen Bereichen	Spezialisierte Problemlösungsfertigkeiten im Bereich Forschung und/oder Innovation, um neue Kenntnisse zu gewinnen und neue Verfahren zu entwickeln sowie Wissen aus verschiedenen Bereichen zu integrieren	Leitung und Gestaltung komplexer, unvorhersehbarer Arbeits- oder Lernkontexte, die neue strategische Ansätze erfordern. Übernahme von Verantwortung für Beiträge zum Fachwissen und zur Berufspraxis und/oder für die Überprüfung der strategischen Leistung von Teams
Niveau 8 (Promotions-Niveau)	Spitzenkenntnisse in einem Arbeits- oder Lernbereich und an der Schnittstelle zwischen verschiedenen Bereichen	Weitest fortgeschrittene und spezialisierte Fertigkeiten und Methoden einschließlich Synthese und Evaluierung, zur Lösung zentraler Fragestellungen in den Bereichen Forschung und/oder Innovation und zur Erweiterung oder Neudefinition vorhandener Kenntnisse oder beruflicher Praxis	Fachliche Autorität, Innovationsfähigkeit, Selbständigkeit, wissenschaftliche und berufliche Integrität und nachhaltiges Engagement bei der Entwicklung neuer Ideen oder Verfahren in führenden Arbeits- oder Lernkontexten, einschließlich der Forschung

tenzen detailliert zu dokumentieren. Dies gelingt umso überzeugender, je präziser die dabei verwendeten Definitionen sind. Nimmt man diese sogenannten Deskriptoren in den Blick, so sind die dabei verwendeten Definitionen bei weitem
noch nicht ausreichend eindeutig. Immerhin werden die Bildungsanbieter dazu
angehalten, in ihren jeweiligen Domänen deutlicher herauszuarbeiten, zu begründen und zu dokumentieren, welches „hoch spezialisierte Wissen, das zum Teil an
neueste Erkenntnisse anknüpft, als Grundlage für innovative Denkansätze und/
oder Forschung" nötig ist, um auch auf der Fertigkeits- und Kompetenzebene zu
halten, was man sich – und den Studierenden – davon verspricht, wie z. B. die
„Übernahme von Verantwortung für Beiträge zum Fachwissen und zur Berufspraxis und/oder für die strategische Leistung von Teams", um einige der Präzisierungen des Master-Niveaus aufzugreifen.

Diese Nüchternheit erhöht nicht zuletzt für die Lernenden selbst die Transparenz dessen, was von ihnen erwartet wird und sie können ihre Aneignungsbewegung selbst deutlicher fokussieren – unterstützt und begleitet von speziellen Services der Selbstlernförderung und der Lernberatung. Welch eine Befreiung von
der verängstigenden Intransparenz so mancher akademischer Anfangssituationen.
Zwar dürften Begrüßungsformeln, wie die Aufforderung „Blicken Sie mal nach
links und nach rechts: Diese beiden Kommilitonen werden am Ende Ihres Studiums nicht mehr dabei sein!"[9] mittlerweile eher die Ausnahme sein, doch stellen
die Unübersichtlichkeit und die mangelnde Unterstützung der Lernenden in der
Anfangsphase vielerorts noch typische Merkmale der zu überwindenden akademischen Lernkulturen dar. Nahezu ein Viertel der Befragten geben einer Studie
des HIS aus dem Jahre 2003 zufolge „mangelnde Studienmotivation" als entscheidenden Grund für ihren Studienabbruch an (16 %) oder verweisen auf die „problematischen Studienbedingungen" (8 %) – Motivlagen, „die häufig mit fehlenden
Hilfestellungen und Orientierungsleistungen von Seiten der Hochschulen (korre-
spondieren)" (Heublein u. a. 2003, S. VII und VIII). Zwar sind im Einzelfall meist
mehrere Motive für einen Studienabbruch gleichzeitig wirksam (z. B. auch finan-
zielle oder persönliche Lagen), doch legen es die Ergebnisse der erwähnten Studie nahe, sich zukünftig verstärkt auf die persönlichen Bedingungsfaktoren einzustellen und den abbruchgefährdeten Studierenden bereits frühzeitig zur Seite
zu stehen. So zeigt sich z. B., dass zu dieser Gruppe insbesondere jene Studierenden gehören,

„(…) die schon mit schulischen Defiziten und schlechter Abiturnote das Studium aufgenommen haben. Wenn sie auch im Studium nicht ein entsprechendes Leistungs-

---

9   Eine Begrüßungsformel, die mir mehrfach von Studierenden unterschiedlicher Fakultäten
    von unterschiedlichen Hochschulen berichtet worden ist.

vermögen entwickeln und u. a. durch eine instabile psychische Konstitution an einem leistungsorientierten Verhalten gehindert werden, dann ist eine hohe Studienabbruchgefahr gegeben. Einher geht diese Problemlage offensichtlich mit einer Studienentscheidung, die mehr aus Gründen des beruflichen Erfolges als aus innerer Neigung und fachlichen Fähigkeiten getroffen wurde. Ein solches Bündel von Bedingungsfaktoren wirkt vor allem auf einen Studienabbruch aus Leistungsgründen oder wegen nicht bestandener Prüfung hin" (ebd., S. IX).

Noch eine weitere Gruppe von abbruchgefährdeten Studierenden wird in der erwähnten Studie hervorgehoben:

„Studierende, deren Studienerwartungen hinsichtlich Fach und Studium nicht erfüllt wurden, die Schwierigkeiten haben, mit den problematischen Studienbedingungen zurechtzukommen, vor allem mit mangelnder Betreuung und Orientierung sowie fehlendem Praxisbezug, geraten in Gefahr, das Studium wegen mangelnder Studienmotivation oder unzulänglichen Studienbedingungen abzubrechen. Häufig ist im Zusammenhang mit solchen ungünstigen Studienverhältnissen auch die soziale Integration dieser Studierenden an der Hochschule nicht sehr hoch ausgeprägt" (ebd.).

Eine verbesserte Transparenz dessen, was da in dem gewählten Studiengang auf einen zukommt, kann diesen Verunsicherungsfaktoren viel von ihrer Wirkung nehmen. Im Idealfall hat die nüchterne Präzisierung auf der Performanceebene zur Folge, dass Hochschulen und Universitäten sich daran machen, aus ihren Studienplänen Kompetenzprofile zu entwickeln – ein Schritt, der notwendig ist, aber der allein noch keinen kompetenzorientierten Studiengang ausmacht. Mit Hilfe der Kompetenzprofile können die Studierenden jedoch für sich klarer erkennen, um die Entwicklung welcher zentralen Kompetenzen es in dem von ihnen gewählten Fach eigentlich geht. Zudem – so die Idee – können diese Präzisierungen auch Möglichkeiten für eine genauere Einschätzung der Ausgangskompetenzen bzw. der Eignung für ein bestimmtes Studienfach eröffnen. Damit könnte ein neuer Weg beschritten werden, der weder in die alte Hilflosigkeit des „Wir waren orientierungslos, aber frei" (Lenzen 2014a, S. 20) zurückführt, noch die oft zum Studienabbruch führende Hilflosigkeit eines „Wir sind orientierungslos und unfrei" fortsetzt. Die Leitmaxime einer lern- und entwicklungspsychologisch sowie didaktisch substanziellen Fortsetzung der Bolognareform sollte vielmehr sein: „Wir verfügen über klare Orientierungen und gehaltvolle Unterstützungen bei der freien Aneignung dessen, worum es geht – oder kurz: *Wir sind orientiert und frei!"*

Die Orientierungslosigkeit der Studierenden gehört jedoch noch ebenso wenig der Vergangenheit an, wie der „Uni-Bluff" (Wagner 1997), auch wenn alles heute sehr viel stromlinienförmiger und verschulter organisiert zu sein scheint. In der Süddeutschen Zeitung vom 21.7.2009 war unter der Überschrift „Punktejäger im akademischen Dschungel" zu lesen:

„Früher sammelten die Studenten Scheine, heute jagen sie ‚Punkte'. Früher stöhnten sie darüber, dass erst am Ende eines langen Studiums die alles entscheidenden Prüfungen warteten. Heute stöhnen sie über eine Kette von Prüfungen, die sie schon im ersten Semester an Hörsaal und Schreibtisch bindet. Viele studieren jetzt sehr strategisch und effizient. Ein Verlust ist das, gemessen an dem idealen Bild eines frei forschenden und suchenden Geistes. Ein Gewinn ist es, gemessen an den realen Nöten, die viele orientierungslose, sich verzettelnde Studenten früher hatten. (…)

Wenn manche das Studium nur als Job verstehen, ist das freilich auch kein ganz neues Phänomen. Den ‚Brotstudenten' belächelten und beschimpften Idealisten zu allen Zeiten des 20. Jahrhunderts: ‚Der Student von heute ist ein geistiger Kommis, der nicht studiert, sondern zum Examen paukt'. Die wenigsten würden das Denken lernen wollen, ‚der größte Teil schiebt sich gelangweilt und langweilig durch die Semester, paukt und bezahlt seine vorgeschriebenen Kollegs und macht dann das Examen.' (…)

Die Suche nach Erkenntnis ist das eine, Hochschulen sind auch soziale Platzanweiser. Und in einer Gesellschaft von Akademikern sticht man mit einem Abschluss alleine noch nicht heraus. Es kommt nun darauf an, wo und wie er erworben wurde und welche Kompetenzsignale ein Kandidat sonst noch aussendet" (Schultz 2009, S. 18).

Es ist diese Minimierung der „realen Nöte" der Orientierungslosigkeit sowie der Blick auf die Lernbewegung und „Kompetenzsignale" des Einzelnen, um die es der europäischen Bildungsreform im Kern geht. Der ursprüngliche Schwung, mit dem sie diese Anliegen verfolgte, ist gleichwohl etwas erlahmt. So sollte der „Framework for Qualifications of the European Higher Education Area" (EU 2005) qua Selbstverpflichtung der europäischen Erziehungsminister bis 2010 in tragfähige nationale Regelungen transformiert werden – eine ehrgeizige Zielrichtung, die mit der Vorlage des DQR deutscherseits noch nicht wirklich Genüge getan ist[10]. Die

---

10 Auch in den anderen europäischen Ländern scheint dieser Prozess sich bloß verzögert zu realisieren, sieht man einmal von den – frühen – eigenständigen Vorlagen des dänischen und anderer europäischer Erziehungsministerien ab (Ministry 2005; Klaverstijn 2012). So trafen sich die europäischen Erziehungsminister vom 26.–27. April 2012 in Bukarest, um ihre Verpflichtungen aus dem Bergen-Communiqué von 2005 einzulösen, welche in dem London-Communiqué vom Mai 2007 nochmals mit den Worten verstärkt wurden: „Qualifications frameworks are important instruments in achieving comparability and transparency within the EHEA and facilitating the movement of learners within, as well as between, higher education systems. They should also help HEIs to develop modules and study programms based on learning outcomes and credits, and improve the recognition of qualifications as well as all forms of prior learning. We note that some initial progress has been made towards the implementation of national qualifications frameworks, but that much more ef-

urspünglich spürbare Aufbruchstimmung im Hochschulbereich ist zudem mittlerweile deutlich abgeflaut. Für die Umsetzung des Bolognaprozesses an den deutschen Hochschulen und Universitäten wäre es deshalb notwendig, erneut einen eigenständigen Hochschulqualifikationsrahmen zu entwickeln, der die ursprüngliche Selbstbeschränkung der Hochschulen auf eine wissensorientierte Kompetenzentwicklung überwindet und sich weitergehend gegenüber den im EQR und im DQR angebahnten „Denken vom Lernenden her" öffnet – ohne allerdings den spezifischen Bildungsauftrag von Hochschulen und Universitäten zu verwässern oder gar vollständig in den Konzepten einer beruflichen Bildung aufzulösen.

Im Rahmen des Projektes „Offene Kompetenzregion Westpfalz" (vgl. Arnold/ Wolf 2014)[11] wurde u. a. der Versuch unternommen, diesen Anliegen der europäischen Bildungspolitik wirksamer Rechnung zu tragen und die akademischen Studienangebote in dem beschriebenen Sinne kompetenzorientiert zu profilieren. Dadurch sollten insbesondere Studierenden orientierende Anfangsinformationen im Hinblick auf die Frage gegeben werden, welche spezifischen Kompetenzen sie in dem gewählten Studiengang entwickeln können. Zudem sollten die entwickelten Kompetenzprofile den Studierenden exemplarisch aufzeigen, welche beruflichen Tätigkeitsbereiche sich mit Hilfe der im Studium zu erwerbenden Kompetenzen erschließen lassen. Dadurch kann die Berufszielfindung als zusätzliches strukturprägendes Element in die akademische Angebotsgestaltung aufgenommen werden. Orientierungslosigkeit – so die grundlegende These – korreliert nämlich nicht mit Freiheit, sondern eher mit Energielosigkeit. Freiheit demgegenüber lebt von der Transparenz und der nachvollziehbaren Begründung dessen, was da auf den Lernenden zukommt. Ist der mögliche Zielhorizont präzise bestimmt, so hat der Lernende die Gelegenheit, sich mit den zugrundeliegenden curricularen Zielprägungen auseinander zu setzen; werden ihm diese vorenthal-

---

fort is required. We commit ourselves to fully implementing such national qualifications frameworks, certified against the overarching Framework for Qualifications of the EHEA, by 2010. Recognising that this is a challenging task, we ask the Council of Europe to support the sharing of experience in the elaboration of national qualifications frameworks. We emphasise that qualification frameworks should be designed so as to encourage greater mobility of students and teachers improve employability" (zit. n. http://www.ehea.info/article-details. aspx?ArticleId_65).

11 Das Großvorhaben OK Westpfalz I wird im Rahmen des Wettbewerbs „Aufstieg durch Bildung: offene Hochschulen" vom BMBF und ESF gefördert. Beteiligt sind die beiden Hochschulen „Hochschule Kaiserslautern" und „Technische Universität Kaiserslautern". Geleitet wird dieses Vorhaben von dem Präsident der örtlichen Hochschule und dem Wissenschaftlichen Direktor des „Distance and Independent Studies Center" (DISC) der TU Kaiserslautern. Die folgenden Kompetenzprofilierungen basieren auf den in verschiedenen Arbeitspapieren präsentierten Projektaktivitäten der wissenschaftlichen Mitarbeiter Christian Vogel und Simone Wanken (vgl. Vogel/Wanken 2013; 2014). Siehe auch: www.kompetenzregion-rlp.de

ten, so bleibt ihm bloß die Freiheit, sich selbst zu helfen – nicht selten vorbei an dem, was die Hochschulen ihm an verängstigender und vielfach lähmender Offenheit zumuten.

Die erwähnten Ansätze aus der „Offenen Kompetenzregion Westpfalz" zielen demgegenüber auf die Bereitstellung differenzierter „Orientierungsrahmen" – eine Charakterisierung der entstehenden Kompetenzprofile, welche durchaus in eine doppelte Richtung zielt: Zum einen geht es um die Selbstvergewisserung der an einem Studiengang beteiligten Fakultäten; diese sind in der Pflicht und Zuständigkeit; sie müssen ihre Angebote auch berufs- und nutzerorientiert abgleichen und begründen, insbesondere dann, wenn es sich bei diesen Angeboten um berufsbegleitende oder weiterbildende Studienangebote handelt. Zum anderen geht es um die Orientierung der Studierenden selbst für eine stärkere Kompetenzorientierung in der Lehre, die ohne ihr Zutun nicht wirksam werden kann. Studierende müssen deshalb Gelegenheiten erhalten, ihr „Ownership"[12] an ihrem Lernprozess wahrzunehmen. Hieraus ergeben sich grundlegende Anforderungen an die Erarbeitung sowie die Gestaltung von Kompetenzprofilen:

- Das Kompetenzprofil muss in einem geführten Dialog mit den für die Studienplanung Verantwortlichen entwickelt worden sein,
- es muss überschaubar bleiben und deshalb eine mittlere Komplexität aufweisen (z. B. fünf bis acht Kompetenzbereiche),
- es muss „operationalisierte" Beschreibungen (sogenannte „Can Dos") beinhalten.

Eine methodisch begründete Kompetenzentwicklungsstrategie muss sich zunächst der Frage stellen, wer die Auskunftgeber (Experten) im Rahmen einer Entwicklung akademischer Kompetenzprofile sein sollen. Dabei ist es naheliegend, sich zunächst an diejenigen zu halten, die für die akademischen Angebote selbst fachlich zuständig sind. Darüber hinaus ist aber auch die Einbeziehung sogenannter Praxisexperten in Rating-Kommissionen denkbar, mit deren Hilfe die einzelnen Kompetenzen – zusätzlich – eingeschätzt und gewichtet werden können,

---

12 Dieses Ownership zielt auf die Berücksichtigung der offensichtlichen Selbstorganisation jeglicher Lernprozesse: „Selbst die beste Lehrkraft kann nicht stellvertretend für die Lernenden lernen, sie kann lediglich zur Kooperation einladen oder gar verführen. Die wirksame Aneignung des Neuen sowie die Einübung und Herausbildung von Kompetenzen ist ein eigener Prozess, zu dem die Lehrenden (ver)führen können, indem sie das Selbstlernen der Lernenden ermöglichen, anregen und begleiten. Dadurch bleiben die Lernenden, was sie eigentlich schon immer gewesen sind, auch wenn sie es vergessen haben: Eigentümer ihres eigenen Lernprozesses. Ihr Lernen ist Selbstlernen" (Arnold 2013b, S. 27).

ohne allerdings die Zuständigkeit der Hochschulen oder gar ihre Freiheit in Forschung und Lehre zu tangieren.

Für die Entwicklung von akademischen Kompetenzprofilen bieten sich Methoden-Kombinationen bzw. -Triangulationen an. In dem hier beispielhaft zu beleuchtenden Fall der Kompetenzprofilierung eines weiterbildenden Masterprogramms „Management von Gesundheits- und Sozialeinrichtungen", das als Fernstudium durchgeführt wird, wurden in diesem Sinne folgende methodische Zugänge gewählt:

> **Stufe 1: Konfrontation mit disziplinspezifischem Wissen und Theorien und typischen, potenziellen Berufs- und Tätigkeitsfeldern von Absolventinnen und Absolventen.**

Dazu zählen die folgenden Schritte:

Schritt A: Angebotsvalidierung

Mit Hilfe von leitfadengestützten Experteninterviews wurden die Leiter sowie die Lehrenden bzw. die Studienbriefautoren des Studienganges ausführlich interviewt. Dabei standen die Frage nach den für eine sachgemäße Problemlösung in der Domäne (hier: „Management von Gesundheits- und Sozialeinrichtungen") erforderlichen Kenntnissen, Fähigkeiten und Fertigkeiten sowie die Frage nach den Haltungen von professionell Handelnden aus der Sicht der beteiligten Wissenschaftsdisziplinen im Vordergrund.

Schritt B: Praxisvalidierung

Dabei wurde versucht, möglichst detaillierte Antworten auf die Frage zu erhalten, mit welchen Anforderungen Studienabsolventen im Rahmen ihrer beruflichen Tätigkeit konfrontiert sind[13] bzw. sein werden. Diese Praxis-Validierung („Praxis-Check"), ohne die ein tragfähiges Kompetenzprofil nicht glaubhaft entwickelt werden kann, erfordert gerade bei grundständigen Studienangeboten meist noch eine eigene Rating-Runde, es sei denn, die unter A beteiligten Experten entstammen selbst den angestrebten Berufsfeldern und sind in diesen noch immer aktiv.

Zu ihren Erfahrungen mit diesen ersten beiden Schritten schreibt die Forschergruppe aus Kaiserslautern:

---

13 Angebote der wissenschaftlichen Weiterbildung weisen insofern eine Besonderheit auf, als in ihnen sich die Studierenden nicht bloß auf angestrebte Funktionen oder Tätigkeitsbereiche vorbereiten, sondern vielfach nach Möglichkeiten suchen, die Funktionen, die sie bereits zu erfüllen haben, wirksamer zu gestalten. Im Unterschied zu grundständigen Studienangeboten ist der Praxis-Check somit bereits in der Begegnung mit den Studierenden angelegt.

„Diese Interviews dauerten jeweils circa eine Stunde und dienten dazu, aus der Perspektive der Disziplin die fachspezifischen Kompetenzen zu rekonstruieren, aber auch notwendige überfachliche Kompetenzen zu dokumentieren. Der Rückgriff auf die Expertise der Fächer ist deshalb wichtig, weil hierdurch die spezifischen Anforderungen in den Fächern sichtbar werden. Außerdem beginnt durch dieses qualitativ-forschende Vorgehen ein Dialog über Lehr- und Lernsituationen im Studiengang, an den sich eine Abstimmung über weitere Schritte (z. B. Gestaltung kompetenzorientierter didaktischer Szenarien) anschließen lässt" (Vogel/Wanken 2013).

Stufe 2: Elaboration

Zu diesem Zweck sollen die i. d. R. komplexen Anforderungen zur Bewältigung typischer Tätigkeiten und Arbeitsaufgaben in der Praxis in konkrete Fachkompetenzen (disziplinspezifische Fachwissensbestände und Methoden) und fachübergreifende Kompetenzen (Soziale und personale Dispositionen) ausdifferenziert werden (vgl. Vogel/Wanken 2014).

Schritt C: Dokumentenanalyse

Ein weiterer Schritt, der häufig auch als erster – vorbereitender – Schritt oder parallel zu den Schritten A und B absolviert werden kann, zielt auf die möglichst vollständige Einbeziehung der für den jeweiligen Studiengang konstitutiven Dokumente. Bei diesen handelt es sich heute längst nicht mehr nur um die Studien- und Prüfungsordnung, sondern auch um das für die Akkreditierungsverfahren grundlegende Modulhandbuch. Bei Fernstudienangeboten können darüber hinaus auch noch die Studienangebote – die Studienbriefe – gesichtet und ausgewertet werden. Eine weitere mögliche Quelle sind für diesen Schritt auch Stellenausschreibungen oder vorliegende Forschungen zu den in den jeweils angestrebten Berufsfeldern anzutreffenden Anforderungsprofilen, wie sie seit Jahren schon für zahlreiche – meist innovative – Studienangebote vorliegen (vgl. u. a. Sorg-Barth 2000).

Die geschilderte Triangulation weist die in Abbildung 5 dargestellte Struktur auf.

Dieser Schritt dient der Verdichtung der gewonnenen Ergebnisse zu einem studiengangspezifischen Kompetenzprofil. Dieses kann nun in einem erneuten Durchgang durch die skizzierten Stufen nochmals präzisiert und validiert werden, und es ist auch sinnvoll, die de facto zuständigen Hochschulgremien bei der Verabschiedung der weiteren Studiengangs- und Fakultätsentwicklung zugrunde zu legenden Kompetenzprofils angemessen, d. h. durch Einbindung der jeweiligen Modulbeauftragten sowie der Vorsitzenden der einschlägigen Kommissionen (z. B. Prüfungskommission), zu beteiligen.

Abbildung 5 Methodisches Vorgehen bei der Entwicklung von Kompetenzprofilen (nach: Vogel/Wanken 2013)

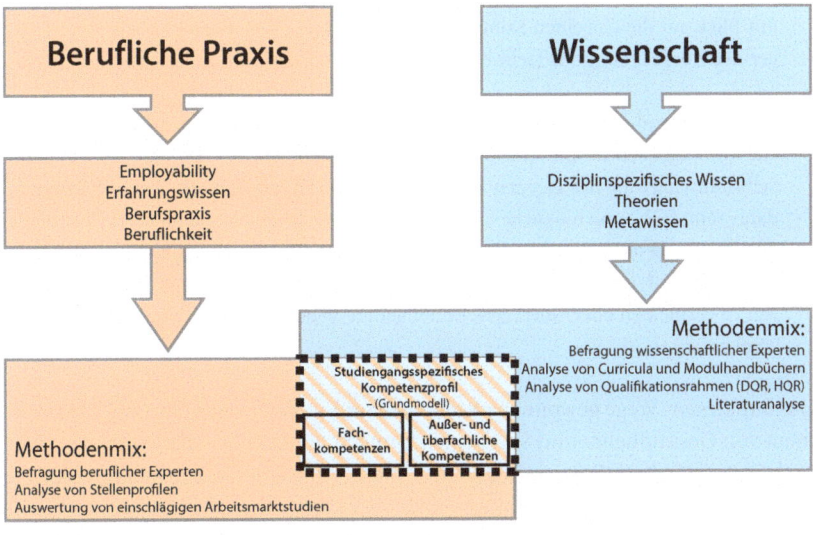

Stufe 3: Rekonstruktion

Aus dieser Systematisierung lassen sich in einem dritten Schritt wesentliche Kompetenzen auf einem mittleren Abstraktionsniveau aggregieren, die in der Folge als übergeordnetes Kompetenzprofil für einen Studiengang fungieren

Schritt D: Feinkonstruktion

Weitere Schritte dienen der weiteren Strukturierung und Didaktisierung des „Studiengangspezifischen Kompetenzprofils" (Grundmodell). In diesem Stadium werden die gewonnenen Erkenntnisse strukturiert, d. h. Bereiche zusammengefasst, differenziert und überschaubar gegliedert. Bei Gewichtungsentscheidungen werden – nochmals – ausgewählte Peers (Wissenschafts- und Praxisexperten) beteiligt.

Die Erfahrungen mit dieser weiteren Bearbeitung stellen Christian Vogel und Simone Wanken am Beispiel der Studiengangprofilierung „Management von Gesundheits- und Sozialeinrichtungen" folgendermaßen dar:

„Aus der inhaltliche Analyse der Interviews und der Curriculumdokumente (wurden) acht Kernkompetenzen extrahiert und verbalisiert, über die ein Absolvent/eine Absol-

ventin des Studienprogramms ‚MGS' verfügen sollte. Die Kompetenzen wurden in ein
Netzdiagramm übertragen, dem eine Taxonomie zugrunde liegt. Dazu wurden die befragten Experten um eine Einschätzung hinsichtlich der zu erreichenden Niveaustufen
mit Blick auf die einzelnen Kompetenzen gebeten, die sich an einer Skala von 1 (sehr
geringe Ausprägung) – 12 (sehr hohe Ausprägung) orientieren sollte" (ebd.)

„Die Studierenden verfügen damit über eine präzisere Vorstellungen davon, über welche Kompetenzen sie am Ende des Studiums verfügen sollen. Dies kann einerseits zur
Selbsteinschätzung des eigenen Lernprozesses dienen, andererseits ein Anhaltspunkt
dafür sein, frühzeitig mögliche Übergänge ins Berufsleben zu erkennen. Für Lehrende
gibt das Profil die Möglichkeit, ihre eigene Lehrtätigkeit besser als bisher in den Rahmen einer curricularen Gesamtkonzeption einzuordnen und damit bspw. Dopplun-
gen zu vermeiden oder Querverweise auf andere Veranstaltungen herzustellen" (Vogel/
Wanken 2014).

Das auf diesem Wege gewonnene Kompetenzprofil für den Studiengang „Management von Gesundheits- und Sozialeinrichtungen" weist die – noch vorläufige, aber
in dem angestrebten Präzisionsgrad absehbare – Form auf, die in Abbildung 6 zu
sehen ist.

Das gewählte Beispiel einer Kompetenzprofilierung zeigt, dass Kompetenzen
evidenzbasierte Formen einer möglichst präzisen Beschreibung der Fähigkeiten
darstellen, in einem gegebenen Kontext verantwortlich, angemessen und selbstorganisiert zu handeln und dabei komplexes – in diesem Fall: wissenschaftliches –
Erklärungswissen sowie professionelle Fertigkeiten und Einstellungen zu integrieren (vgl. u. a. Mandl/Krause, 2001). Dafür müssen sie in eben diese Bestandteile
zerlegt und detailliert bestimmt werden.

Stufe 4: Nachhaltigkeit

„Hieraus wird bereits ersichtlich, dass kompetenzorientierte Studiengangsprofile in einem vierten Schritt Konsequenzen für die (Weiter-)Entwicklung von Studienprogram-
men provozieren (Nachhaltigkeit). So können sich aus der stringenten Orientierung an
zu erlangenden Kompetenzen vielfältige Folgen und dementsprechend Anpassungs-
bedarfe für das Curriculum als Ganzes und die Studienmodule im Einzelnen, die didaktische Konzeption von Veranstaltungen und letztlich die Formen akademischer
Prüfungsszenarien ergeben" (Vogel/Wanken 2014).

Mit einer solchen Kompetenzprofilierung kann nicht nur ein detaillierter sowie
transparenter Bezugsrahmen für das Arrangement akademischer Lehr-Lern-Sze-
narien gestiftet werden, gleichzeitig wird durch dieses Vorgehen auch die Rück-

Abbildung 6 Kompetenzprofil des Studienganges „Management von Gesundheits- und Sozialeinrichtungen"

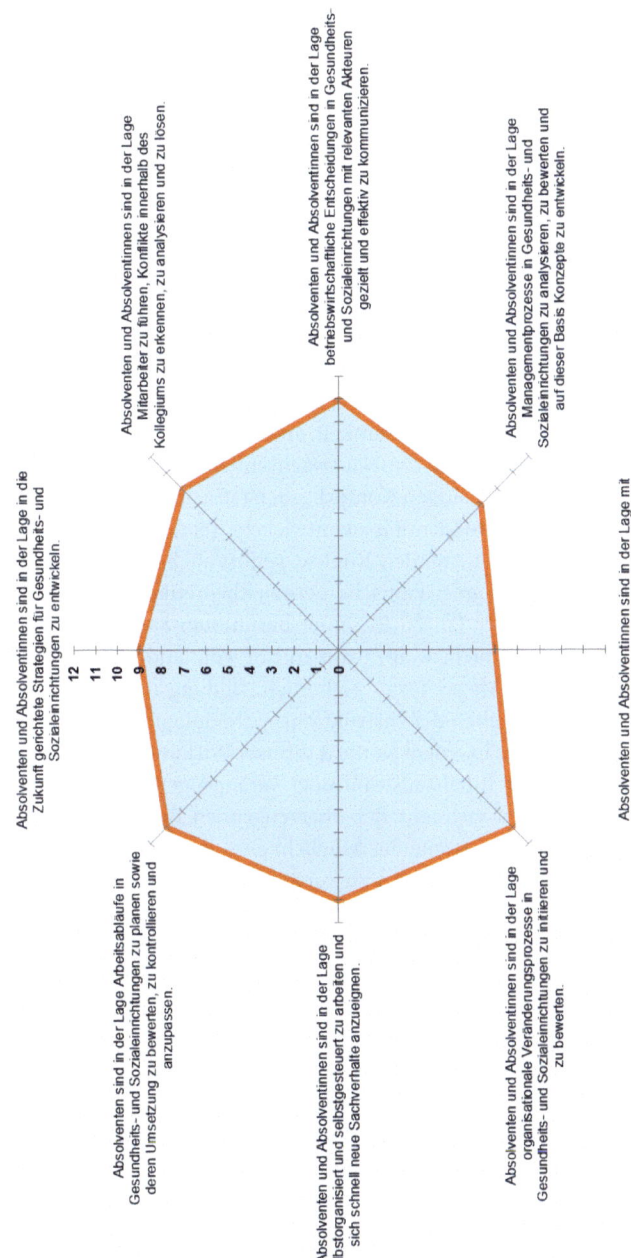

Kompetenzprofil für den **MA-Fernstudiengang "Management von Gesundheit- und Sozialeinrichtungen"**

kopplung zu den im *DQR* definierten Kompetenzkategorien hergestellt, d. h. *Fachkompetenzen*, unterteilt in „Wissen" und „Fähigkeiten", sowie *personale Kompetenzen*, unterteilt in „Sozial- und Selbstkompetenzen".

Die Transparenz und Präzision dient in erster Linie der Orientierung der Studierenden; diese wissen von Anfang an, worum es ihrer Hochschule in ihrem jeweiligen Programm geht. Im Idealfall erhalten Sie das Kompetenzprofil ihres Studienganges bereits in ihrem ersten Kontakt – sei es auf der Homepage der Fakultät oder als Handout in der Studienanfangsberatung oder im Rahmen eines Online-Studienwahl-Assistenten. Gleichzeitig wird ihnen erläutert, wie sie dieses Profil zur Standortbestimmung und Selbsteinschätzung ihrer akademischen „Kompetenzreifung" (Arnold/Erpenbeck 2014) nutzen können. Sie erhalten zudem ein Gefühl für ihre unhintergehbare und auch nicht delegierbare Urheberschaft an ihrem eigenen Entwicklungsprozess und ihre Eigenverantwortlichkeit für dessen Fortschreiten – nicht „in Einsamkeit und Freiheit" (Lenzen 2014a, S. 71), wohl aber als Veranlassung für die Nachwachsenden, sich in einem durchaus unterstützenden und reichhaltigen Kontext „auch tatsächlich selbst zu bilden, das heißt eine unverwechselbare Identität zu entwickeln" (ebd., S. 48).

Zu diesem unterstützenden Kontext gehört auch die Kompetenzprofilierung, für die gilt, was der amerikanische Lernzieltheoretiker Robert F. Mager (*1923) bereits in den 1970er Jahren in seiner berühmten Seepferdchengeschichte feststellte: „Wenn man nicht weiß, wo man hin will, landet man leicht da, wo man nicht hin wollte" (Mager 1972). Sicherlich: Bildung und Kompetenzreifung folgen nicht den Vorgaben der Instruktionsmethodologie, andererseits ereignen sie sich aber auch nicht in einem Kontext diffuser Wirkungsannahmen, einseitig oder kaum begründeter Inhaltsauswahl oder verängstigender Offenheit. Kompetenzreifungen bedürfen vielmehr der überzeugenden Begründung und einer Präzisierung mittlerer Reichweite der Möglichkeiten des Lernenden, etwas aus sich zu machen, etwas zu können und zu verstehen, inwieweit sein Können auch dem entspricht, was mit dem Tätigkeitsfeld, auf das er sich vorbereitet, etwas zu tun hat; Kompetenzprofile können solche Präzisierungen mittlerer Reichweite sein.

Kompetenzprofile sind zudem Ausdruck einer wertschätzenden Haltung gegenüber den Lernenden und stellen somit wichtige Bausteine für eine lernerorientierte universitäre Lernkultur dar. Indem sie den Lernenden immer wieder zum Abgleich seiner bereits erreichten Kompetenz mit den im Kompetenzprofil geforderten Standards auffordern, fokussieren sie diesen nicht als ein noch defizitäres Wesen, sondern als ein Individuum, welches bereits über lebensgeschichtlich erworbene Kenntnisse, Fähigkeiten und Fertigkeiten verfügt, die auch dem entsprechen können, was das Kompetenzprofil vorsieht. Zumindest stärkt der Kompetenzblick auf den Lernenden ein didaktisches Handeln, welches sich mehr und mehr der Tatsache bewusst ist, dass Menschen nur zu ihren eigenen Bedingungen zu lernen in der Lage sind und sich stets – auch, wenn der didaktische Rahmen dies nicht vorsieht – mit dem, was sie bereits können in die weiterführenden Lernprozesse einbringt. In diesem Sinne ist auch „das lernende Selbst in der Hochschulreform" immer eine „Schnittstelle" (Draheim 2012) zwischen den dem Subjekt abverlangten immer präziser bezeichneten Anpassungen einerseits und deren zunehmend autonomer Aneignung und Umsetzung andererseits:

> „Bedeutet dies, dass eine solche Ausprägung von Autonomie letztlich immer nur die jeweilige Zurechnungsinstanz, also die soziale Adresse für Folgen von Entscheidungen im Auge hat, so stünde es schlecht sowohl um die freigelassenen Hochschulen als auch um ihre entsicherten studentischen Subjekte" (ebd., S. 203).

Dies ist letztlich nicht auszuschließen, aber vielleicht auch nicht relevant, da die erwähnten Gegensätze gar keine zu sein scheinen. Auch der der gesellschaftlichen – und wohl auch technologischen – Entwicklung geschuldete Zwang zur autonomen Anpassung und Gestaltung fördert die Entstehung von Subjektqualitäten, die durch das gesellschaftliche Motiv nicht kontaminiert sind. Konkret: Auch die aus einem Bemühen um internationale Anschlussfähigkeit, Vergrößerung der Durchlässigkeit und größere Wirksamkeit entstandene Bolognareform[14] ist letztlich gezwungen, sich auf die Lernbewegungen der Subjekte, wie diese nun einmal sind, einzulassen – eine Bewegung, von der auch die Subjekte profitieren. Und sie tun dies nach ihren Maßgaben.

Besonders augenfällig wird dies bei der Öffnung von Studiengängen für beruflich qualifizierte Bewerber. Hierbei wird nicht nur davon ausgegangen, dass auch berufliche Ausbildung und Erfahrung Kompetenzen zu stiften vermögen, die zumindest teilweise oder auch ganz die im Studium erwerbbaren Kompetenzen zu ersetzen vermögen. Man geht vielmehr noch einen Schritt weiter, indem man den Menschen, die sich zu den Anerkennungs- oder Einstufungsprüfungen an den Hochschulen melden, prinzipiell zunächst einmal zutraut, dass sie sich diesen Schritt gründlich überlegt haben und gute Gründe dafür haben, sich eine solche Anerkennungsprüfung zuzutrauen. Hier wird der prinzipielle Defizitblick aufgegeben, und man nimmt einen Potenzialblick ein – wissend, dass Erwachsene,

---

14 Der eigentliche Strippenzieher, Einfädler und Gestalter der deutsche Bolognareform war Hans Rainer Friedrich, seines Zeichens Abteilungsleiter im Bundesbildungsministerium, von dem es in einem Feature in der Zeit heißt: „Ohne den persönlichen Einsatz von Hans Rainer Friedrich wäre die Bologna-Master-Reform zu dem Zeitpunkt in Deutschland wohl nicht zustande gekommen. Er war der Treiber, der Stratege – eine Rolle, die damals kein Bildungspolitiker einnehmen wollte. (...) Es brauchte jemanden wie Friedrich, einen überzeugten Europäer, um die Reform überhaupt anzuschieben" (Schmidt 2014, S. 69).

die gelernt haben, die Verantwortung für ihr berufliches und privates Leben zu tragen, auch eine entsprechende Bewerbung in der Regel nicht leichtfertig auf den Weg bringen, wie auch die Erfahrungen zeigen (vgl. Reinhardt 2014).

Unterwegs zu einer metakommunikativen Präzisierung der akademischen Selbstbildung

„Gehirne bekommen nichts vermittelt. Sie produzieren selbst!"

(Spitzer 2007, S. 417)

Es waren nur vereinzelte, aber mutige Denker, die sich bereits früh mit den Widersprüchen zwischen Bildung und Herrschaft in einer offenen Weise beschäftigt hatten und dabei auch die in diesen möglichen und zutage tretenden Potenzialen der Subjektentwicklung für den einzelnen konstruktiver einschätzten als der Mainstream der Debatte. So war z. B. für den bereits erwähnten Bildungstheoretiker Heinz-Joachim Heydorn (1916–1974) der Widerspruch zwischen Bildung und Herrschaft nicht einseitig determinierend zu denken – nach dem Motto: „Wo sich das Subjekt beherrscht sieht, kann seine Bildung keinen Raum gewinnen!" Vielmehr kann Bildung – wie er es ausdrückt – „zum Agens" werden (Heydorn 1995, S. 319) und die Handelnden bei ihren Bemühungen um eine aktiv-gestaltenden Veränderung von Lebenswelt und Gesellschaft begleiten. So gesehen ist Bildung sogar in der Lage, durch einen Vorlauf der Konzepte historisch Mögliches vorwegzunehmen und einen Orientierungs- und Anspruchsrahmen in den Handelnden zu stärken, ohne dass die gesellschaftlichen Rahmenbedingungen diese Bewegung bereits stärken und gar unterstützen.

Trends zum „reflexive man"

Die gesellschaftlichen Optionen für mündiges Handeln werden aber nicht nur individuell erkämpft, sondern auch gesellschaftlich-kulturell überliefert. Diese erreichten Formen der Beteiligung, Selbstverantwortung und Autonomie sind zu verteidigen, sie finden sich jedoch nicht allein in den Institutionen, in Gesetzen und in anderen Formen der Anspruchsregelung. Vielmehr sind es auch die gewandelten Mentalitäten, mit denen die Menschen z. B. in den zivilgesellschaftlichen Kontexten und an ihrem Arbeitsplatz Mitwirkung einfordern, dominante Führung unterlaufen und sich eigenständig weiter entwickeln. Diese eigeninitiative – informelle – Suchbewegung der Menschen, der insbesondere die Erwachsenenbildung ihre historischen Wurzeln verdankt (vgl. Tietgens 1986), geriet in den Debatten, die Veränderungen „von unten" – teilweise rigoros – nahezu generell ausschlossen, in Vergessenheit. Gleichzeitig verbreitete sich ein Institutionalismus, der nur einen Bruchteil des kompetenzbildenden Lernens in den Fokus treten ließ. Dieser *Institutionalismus* verengt auch den Blick nahezu aller Bolognakritiker: Sie kritisieren die Hardware, d. h. die strukturellen Reformen und Veränderungen, wie sie von der europäischen Bildungspolitik auf den Weg gebracht wurden, übersehen dabei allerdings meist die Software, d. h. die Lehr-Lernkulturen, welche sich – mit einer kaum zu übertreffenden Zähigkeit – mit den vertrauten Formen in gleich welcher Struktur rekonstellieren.

Es entspricht einer falschen oder zumindest ungenauen Ursachenzuschreibung, wenn man die aktuellen Fragen und Probleme der Umsetzung des Bolognaprozesses ausschließlich den diesem zugrundeliegenden Absichten und Reglements zuschreibt. Worunter deutsche Hochschulen und Universitäten leiden, ist die Tradition eines Bildungsideals und seiner bevorzugten Institutionalisierungen, deren Wurzeln weit in die Zeiten vor Bologna zurückreichen.

Die Frage nach den Formen eines zeitgemäßen Umgangs mit dem Lernen im Lebenslauf rückt seit den 1990er Jahren das informelle und selbstorganisierte „Independent Learning" (vgl. Arnold/Lermen 2013) der Menschen mehr und mehr in den Blick. Dabei werden die Bildungsinstitutionen, wie die Hochschulen und Universitäten, nicht in Frage gestellt, sie müssen sich jedoch mit ihrem jeweiligen Selbstverständnis sowie ihren Aufgaben und Angebotsformen neu begründen. Mit nüchternem Blick müssen sie dabei nach der tatsächlichen Kompetenzwirkung ihrer Angebote und didaktischen Inszenierungen fragen, ohne allzu bereitwillig der Herausbildung um nicht zu sagen: Züchtung – eines „flexible man" (Sennet 1998) zu Gebote zu stehen. Der „flexibel man" steht nämlich für die Konzeption eines Menschseins, das sich bereitwilligst an die wechselnden Zumutungen von Arbeitsmarkt und Gesellschaft anpasst, ohne über ein wirkliches Leitbild von dem, „was Menschsein eigentlich bedeutet" (oder bedeuten kann) zu verfügen. Ihm fehlt die Vorstellung und Gestaltung der Kompetenzanforderungen nach Maßgaben der Vernunft, Humanität und Solidarität. Dem steht die öffentliche Verantwortung gegenüber, Bildungsangebote in einer Form zu gestalten, dass den Erwartungen der einzelnen und der Gesellschaft – und nicht nur einer bestimmten Gruppe – Rechnung getragen werden kann. Die Gebote der Gerechtigkeit und

Chancengleichheit sowie die Eröffnung beruflicher und persönlicher Optionen für die Zukunftsgestaltung und Lebensformung sind in diesem Zusammenhang die zentralen Anforderungen an gesellschaftspolitisch verantwortete Bildungsangebote. In diesem Sinne erinnert Felix Rauner daran, dass

> „eine auf Gestaltungskompetenz zielende interdisziplinäre und beteiligungsorientierte Lehre und Forschung zudem Brücken zwischen dem akademischen und dem durchgängigen dualen – auf Berufsausbildung und Professionalisierung ausgerichteten Bildungsweg (bildet). Dieser basiert auf der Leitidee der Gestaltungskompetenz: der Befähigung zur holistischen Lösung beruflicher Aufgaben. Dies impliziert die Auseinandersetzung mit den in den Gegebenheiten der Arbeitswelt (und der Gesellschaft) inkorporierten Zwecken in sozialer und ökologischer Verantwortung.
>
> Mit einem durchgängigen dualen Bildungsweg neben einem um die Elemente der Interdisziplinarität und Beteiligung erweiterten akademischen Bildungsweg würde der Einsicht Rechnung getragen, dass Bildung nicht auf eine verstehende und zweckfreie Bildung begrenzt werden kann, sondern darauf zielen muss, Verstehen, Gestalten und Verantwortung als einen untrennbaren Zusammenhang in jeglicher Bildung zu verankern" (Rauner 2014, S. 71).

Eine verantwortliche Bildungstheorie und Didaktik dient somit nicht allein den Anforderungen von Arbeitsmarkt und Gesellschaft, sondern zugleich und in erster Linie der Förderung und Begleitung der Individuierung. Ihr Leitbild ist nicht der „flexible man", sondern der „reflexive man".

Dieser „reflexive man" ist sich der gestaltende Kraft seiner Fokussierungsgewohnheiten und Traditions- sowie Routinenverhaftung bewusst und ist darum bemüht, Kompetenzen zur Veränderung durch Selbstveränderung zu entwickeln. Eine solche Bildungsbewegung ist reflexiv: Sie curricularisiert nicht einfach die von außen an das Subjekt herangetragenen Erwartungen und unterstellt auch nicht eine quasiautomatische Bildungswirkung ausgewählter – privilegierter und/oder wissenschaftlicher – Inhalte, sondern stärkt sein soziales und methodisches sowie emotionales und reflexives Vermögen an und in der Auseinandersetzung mit inhaltlichen Fragen. Der einzelne lernt dabei nicht nur „etwas", sondern erweitert seine persönlichen Fähigkeiten zum Umgang mit Neuem, zur Planung und Gestaltung eigener Lernprojekte sowie zur Veränderung vertrauter Sichtweisen und Routinen. Dadurch wird das lernende Individuum mehr und mehr zu dem, was es bereits immer gewesen ist – teils ohne dies zu wissen: Eigentümer oder Eigentümerin des Lernens – ein für die demokratische Gesellschaft, den Arbeitsmarkt und die eigene Lebensgestaltung in den Life-long-learning-Gesellschaften nicht zu unterschätzender Vorgang der Rückübereignung.

Diese Selbststeuerung des Lernens hat aber auch einen gesellschaftspraktischen Nutzen, da die Lernenden mit ihr eine Freiheit realisieren können, die sie auch in die Lage versetzt, ihre eigenen Potenziale zu entwickeln und für die eigene – autonome – Lebensgestaltung zu nutzen. Letztlich folgt diese Bewegung auch der traditionellen pädagogischen Paradoxie, Menschen zur Freiheit zu führen – eine Bewegung, deren bevormundende Substanz im Kern gegen ihre Zielrichtung verstößt. Gleichwohl können trotz dieser Widersprüchlichkeit letztlich die Wirkungen erzielt werden, um die es geht: Autonomie kann nämlich nicht pro forma oder in einer nur abgeschwächten Form eingeübt werden – gewissermaßen als „Autonomy light". Wo immer Menschen ihren eigenen Ausdruck lernen und üben konnten, bleibt ihnen ein unauslöschbares Potenzial. Dem Autonomieerleben wohnt so gesehen etwas Irreversibles inne, das immer wieder zum erneuten Ausdruck drängt, selbst wenn die Umgebung am Arbeitsplatz dies zunächst nicht zuzulassen oder gar zu behindern scheint. Dieser Effekt ist für die Gesellschaft und den einzelnen gleichermaßen wesentlich. Zwar regen die neuen Lernkulturen die selbständige Aneignung von Neuem vielfach nur an, ohne dessen Anwendung und Nutzung in der gesellschaftlichen Praxis selbst gewährleisten zu können Doch befähigen sie dadurch den einzelnen zur selbstbestimmten Lebensführung, indem sie ihm systematisch die eigenständige Problemlösung sowie das Scheitern und die Fehlerkorrektur zutrauen und zumuten. Dadurch wird nicht nur die Flexibilität des Subjektes gestärkt, sondern grundlegende Kompetenzen eines selbständigen Handelns eingespurt.

Dieses Lernen des Selbstlernens beginnt notwendigerweise mit den Einblicken in die Logik der Konstruktion unserer Wirklichkeit. Nur wer die Mechanismen der Gewissheit an sich selbst durchschaut hat, kann auch auf neue und vielversprechende Pfade des Konzeptualisierens, Wahrnehmens, selektiven Beurteilens, Übersehens – auch zur Frage des Verhältnisses von Beruf und akademischer Bildung – voranschreiten. Die Einsicht in die Fabrikation der Erkenntnis begünstigt Formen eines nachdenklichen und veränderungsoffenen Tuns. So „gibt" es z. B. die „Bildung durch Wissenschaft", in der Art wie wir sie zu denken gewohnt sind, nur deshalb, weil Wilhelm von Humboldt und andere sie als solche fokussiert haben, ähnlich, wie es die Vorstellung von der Bildung als einer lebenslangen „Suchbewegung" wohl nur deshalb gibt, weil insbesondere die deutsche Erwachsenenpädagogik sich von Alexander Mitscherlich entsprechend anregen ließ und dessen Begriff in den aktuellen Bildungsdiskurs transferierte (vgl. Tietgens 1986). Es wäre deshalb – gerade im Hinblick auf die „Suchbewegung" von Mitscherlich – weiterführend, zu einer Neubestimmung des Verhältnisses von innerer Bildung („Persönlichkeitsbildung") und äußerer Bildung (z. B. „Berufsorientierung") zu gelangen, die auch der Tatsache Rechnung trägt, dass

„(...) die Bildung der Affektäußerungen im Sinne einer Selbstformung des Verhaltens – zuerst in Identifikation und schließlich in einer ungehinderten Selbsterfahrung – ein zweiter unerlässlicher Bildungsweg (ist), den wir zurücklegen müssen" (Mitscherlich 1996, S. 27).

Im deutschsprachigen Kontext sind es u. a. die Münchner Erziehungswissenschaftler Arnim Kaiser und Ruth Kaiser, die sich in diesem Zusammenhang mit den metakommunikativen Dimensionen der Kompetenzentwicklung befassen (vgl. Kaiser 2003; Kaiser/Kaiser 2006; 2012). Für sie kommt dem „Denken über Denken" eine grundlegende Funktion bei der Initiierung von Prozessen der Kompetenzentwicklung und Kompetenzreifung zu, weshalb sie sich mit der erwachsenendidaktischen Frage befassen, wie Subjekte durch die Initiierung und Begleitung reflexiver Lernprozesse in eine analysierende und erkennende Distanz zu sich selbst gebracht werden können. Entsprechend definieren sie:

„Metakognition soll danach das eigene Denken sozusagen an die ihm allgemein zugehörigen Prozesse erinnern, es auffordern, diese bewusst ins Auge zu fassen und explizit zu durchlaufen" (Kaiser/Kaiser 2012, S. 15).

„Ins Auge fassen" und „explizit durchlaufen" sind jedoch nur erste Schritte auf dem Weg zu einer Veränderung und Optimierung der (lern)strategischen und damit unmittelbar persönlichen Problemannäherungs- und Problemlösungsweisen, die man aber auch verändern und weiterentwickeln kann. Die Metakognition bezeichnet somit den Teil der kognitiven Fähigkeiten eines Subjektes, der sich auf den selbstreflexiven Umgang mit den eigenen kognitiven Routinen und Fähigkeiten bezieht. Metakognition markiert somit eine in doppeltem Sinne paradoxale Gegenständlichkeit: Sie ist einerseits selbst Teil der Kräfte, welche sich da beobachtend, erkennend und lernend sowie selbstreflexiv im Subjekt betätigen, und sie eröffnet dem lernenden Subjekt selbst zugleich Wege zu einer verstehenden Nutzung dieser Kräfte zur Optimierung der eigenen Beobachtungs-, Erkennens- und Einsichtsbewegungen.

Durch metakognitives Lernen können Lernroutinen zu Lernstrategien werden, indem Lernende sich gezielt mit ihren bislang bevorzugten Formen der Problemlösung auseinandersetzen, um diese durch ein metakognitives Training anderer – selbstdistanzierender – Formen abzulösen oder zu erweitern.

In diesem Sinne stellt auch für den Hannoveraner Erwachsenenbildungsforscher Horst Siebert „Metakognition" eine Art „Lernhilfe" dar, da uns eine entsprechende selbstreflexive Wendung helfen kann, unserer „Selbstreferenz", auf die Spur kommen, indem wir – wie Siebert schreibt – die „Beobachtung zweiter Ordnung, das heißt eine Selbstbeobachtung, wie man lernt" (Siebert 1998, S. 69), üben:

> „Eine reflexive Selbstvergewisserung erweitert die Möglichkeiten des Denkens und Handelns. Wenn sich Erwachsene bewusst werden, nach welchen Codes Sie Wirklichkeit wahrnehmen und unterscheiden, so ist das ein Schritt zur ‚Selbstaufklärung' und Persönlichkeitsentwicklung. (…) Metakognition fördert und erleichtert ‚selbstgesteuertes Lernen'. Die semantische Nähe von Autopoiesis, Selbstreferenz, Rekursivität, Emergenz zur Selbststeuerung des Lernens ist offensichtlich. Lernen kann nicht ‚von außen' ‚indiziert' oder ‚verordnet', sondern allenfalls angeregt und unterstützt werden, man kann sie nicht zwingen, dort zu lernen"(ebd., S. 69 und 71).

An Antworten auf die Frage, wie ein solcher selbstreflexiver Blick auf das Lernen initiiert, eingespurt und geübt werden kann, herrscht in der didaktischen, aber auch in der psychologischen Diskussion seit vielen Jahren kein Mangel. Dabei wird ein enger Zusammenhang zwischen der Metakognition und der Selbstlernkompetenz sichtbar (vgl. Kaiser 2003), der bereits im Jahre 2001 auch in dem „Kaiserslauterer Fragebogen zur Erfassung der Selbstlernkompetenzen (KL-SLK)" seinen Ausdruck gefunden hat (vgl. Arnold/Gómez Tutor/Kammerer 2007). In ähnlicher Weise nähern sich auch Arnim und Ruth Kaiser an anderer Stelle dem Selbstlernen der Subjekte mit ihren metakognitiven Implikationen, wobei sie sich durch die Hinweise auf die Bedeutung einer bewussten Konzentration auf die „metakognitiven Elemente ‚Planen', ‚Steuern', ‚Kontrollieren'" (Kaisers/Kaiser 2012, S. 32) und die Techniken des sogenannten „lauten Denkens"[15] (ebd.) instrumentell recht entschlossen präsentieren:

> „Sind die metakognitiven Zugriffe und Lautes Denken erprobt und gesichert, ermöglichen komplexe Übungen zunehmend den sicheren Rückgriff auf eine ihnen jeweils affine metakognitive Technik. Als besonders ertragreich haben sich Selbstbefragungstechniken und paarweises Problemlösen erwiesen. Darüber hinaus werden Lernende

---

15 Auf der Homepage ihres Projektes KLASSIK ist zu diesen metakognitiven Techniken zu lesen (www.projekt-klassik.npage.de/metakognition/metakognition.html): „Metakognitive Techniken sind Techniken zur Optimierung der Problemlösung, d. i. der Informationsverarbeitung. Allen Einzeltechniken unterliegt ein gemeinsames Prinzip: Planende, steuernde, kontrollierende Aktivitäten werden explizit, d. h. bewusst, gezielt, ‚laut denkend' durchgeführt". Aufgeführt werden als „Techniken zur Bearbeitung eines vorliegenden Problems" die „Selbstbefragungstechnik", das „Paarweises Problemlösen" sowie die „Tutor-tutee-Beziehung" sowie – als „Techniken zur längerfristigen Optimierung der metakognitiven Orientierung" – das „Lerntagebuch" und das „Portfolio" – ein instrumenteller Zugang zum metakognitiven Lernen, der dieses in eine deutliche Nähe zu den SelbstCoaching-Konzepten einer selbstreflexiven Führungskräfte-Qualifizierung rückt.

auch mit dem Lerntagebuch und Portfolio vertraut. Ab der zweiten, spätestens ab der dritten Sitzung einer Weiterbildungsveranstaltung sind diese metakognitiven Elemente explizit in die jeweilige Kursarbeit eingebunden. Das Adjektiv ‚explizit' verweist auf die permanente und ausdrückliche Thematisierung zwar auch der kognitiven, vor allem aber der metakognitiven Zugriffe auf den zu bearbeitenden Inhalt. Damit ist der gesamte Arbeitsprozess von einem hohen und permanenten Maß an Reflexion auf die eigenen Lernzugriffe getragen" (ebd.).

Diese Beschreibung rückt den tragfähigen Versuch einer „Didaktisierung des Subjektiven" neben die vertrauten Bemühungen um die „üblichen" Didaktisierungen der Anforderungen, Inhalte und Aufgaben. Diese „Didaktisierung des Subjektiven" markiert den Kern einer den Lernenden in den Fokus rückenden Perspektive. Sie nimmt die „Leistung beziehungsweise Performance" des Lernsubjektes in den Blick:

„Jeder Mensch verfügt über domänenspezifische Kompetenzen, das sind mehr oder weniger stark ausgeprägte Fähigkeiten auf bestimmten Gebieten. Diese Fähigkeiten setzt er bei der Leistungserbringung ein. Das Ergebnis seiner Anstrengung, die Performanz, entspricht dabei jedoch eher selten voll und ganz seinen Kompetenzen. Vielmehr intervenieren immer auch kontingente Faktoren, das sind zufällige Augenblickskonstellationen wie gute oder schlechte Stimmungslage, angenehme oder störende Umgebungsgeräusche, Unsicherheiten als Folge nicht antizipierter inhaltlicher Schwierigkeiten bei der Problembearbeitung, Auswirkungen der Tatsache, dass Kompetenzen nicht wirklich stabil verfügbar sind" (ebd., S. 33).

Die metakognitive „Didaktisierung des Subjektiven" denkt das Lehren und Lernen vom Lernenden her – eine Formulierung, die zunächst sehr allgemein als Slogan daher kommt. Dieser Slogan markiert eine didaktische Perspektive, die das lernende Subjekt in seiner Lernfähigkeit und seinen Lernbewegungen beobachtet, unterstützt und gleichzeitig durch beratende und begleitende Services in seinem Selbstwirksamkeitserleben („Ich bin ein kompetenter Lerner") stärkt. Diese Stärkung ist keine inhaltliche Stärkung, sondern eine, die die Kräfte des Einzelnen in den Blick nimmt, um dessen Selbstwirksamkeit und Problemlösungsfähigkeit systematisch zu fördern. Bei einer solchermaßen auch „metakognitiv fundierte(n) Bildungsarbeit" (Kaiser/Kaiser. 2012, S. 293) kommt es zu „einem signifikanten Anstieg der Performanz" (ebd.), wie die Studien von Arnim und Ruth Kaiser zeigen. Gleichzeitig dokumentieren diese Studien auch eine für komplexes wissenschaftliches Lernen anregende „Besonderheit" metakognitiver Performanz:

„Sie (die Metakognition; R. A.) entfaltet ihre volle Kraft gerade in der Konfrontation des Lernenden mit komplexen Aufgaben. In diesem Fall greifen nämlich lebensweltlich erworbene und in vielen Standardsituationen eingeübte Lösungsroutinen nicht mehr. Sie sind den erforderlichen Prozessen der Selektion relevanter Informationen aus dem gegebenen Datenpool, der Bewertung ihrer Tauglichkeit zur Problembearbeitung und ihrer richtigen Platzierung auf den verschiedenen Etappen des Lösungswegs nicht mehr gewachsen" (ebd.).

Einer bildungstheoretisch gehaltvollen Argumentation kann es sicherlich nicht darum gehen, alle nur denkbaren Facetten des Bildungsbegriffs zu integrieren und in einer metakommunikativen Lesart aufzulösen. Ziel einer metakommunikativ aufgeklärten Bildungstheorie kann es gleichwohl sein, das Bewusstsein von der Beobachterabhängigkeit des eigenen Begriffsgebrauchs zu schärfen, um so letztlich auch zu einer Versachlichung der Debatten beizutragen, denen allzu oft entgeht, dass Bildung – wie immer man diese auch definieren mag – letztlich in einer Performance der Persönlichkeit ihren Ausdruck findet. Eine solche Verpersönlichung des Bildungsbegriffs würde auch gegenüber leichtfertiger Rede immunisieren. Dann wäre das Thema, um das es geht, z. B. nicht „Bildung statt Bologna", sondern die Frage, welche Konnotationen und Assoziationen beide Worte bei mir selbst, wenn ich diese Worte so verwende, zutage fördern, und ob ich mir dessen bewusst bin, dass diese nur eine Möglichkeit der Konzeptualisierung, nicht jedoch einen privilegierten Zugang zur Wirklichkeit ausdrücken. Wer sein Anliegen mit der Überschrift „Bildung statt Bologna" (Lenzen 2014a) in die Debatte einbringt, hat zudem schon allein durch diese Entgegensetzung einige Festlegungen getroffen, über die man zwar streiten, die man jedoch nicht stillschweigend voraussetzen kann. Diese Festlegungen sind:

- „Bildung" sei ein Anliegen, das sich mit den in Bologna verabredeten hochschulpolitischen Neuerungen nicht vertrage.
- „Bildung" sei das Konzept, welches Zukunft zu sichern vermag, während die in „Bologna" getroffenen Vereinbarungen unsere Zukunft aufs Spiel setzten.
- Der gebildete Mensch komme auch und gerade mit den komplexen Kompetenzanforderungen besser zurecht, auf die die Bolognareform so viel Wert lege.
- „Bologna" sei deshalb die symbolische Kennzeichnung all dessen, was das einst Gute und Sinnvolle, wie es im Konzept der Bildung durch Wissenschaft zum Ausdruck kommt, unterlaufe und aufweiche.
- etc.

Ein solches ausschließendes Denken erzeugt letztlich selbst die Distanz, die es beklagt. Anders ein gegensatzoffenes Denken. Dieses ist nicht auf Einheit, sondern auf Vielheit hin ausgerichtet. Universalität bzw. universelle Gültigkeit wird nicht mehr „hergestellt" (z. B. durch die implizite Selektivität der Begriffsverwendung), sondern die jeweilige Vielfalt zum Sprechen gebracht. Einem solchen Denken liegt auch ein verändertes Verständnis von Wissenschaft und wissenschaftlichem Begreifen zugrunde. Statt ausschließender Beurteilung a la „Bildung statt Bologna" ist ein solches Begreifen durch einen zweifelnd-skrupulösen Umgang mit Begriffen gekennzeichnet. Die ist gerade für den europäischen Diskurs nicht ganz unwichtig, muss man doch darauf hinweisen, dass der Bildungsbegriff ein regionaler Begriff ist. Dies bedeutet: Wer sich auf den Bildungsbegriff bezieht, bedient sich eines Wortes, welches andere Sprachen und Länder nicht kennen. Und doch kennen sie die individuellen Ausdruckformen, die wir unter diesem Begriff zu fassen gewohnt sind:

- die unaufgeregte Sachlichkeit ebenso,
- wie die Selbstreflexion,
- das eigene Bemühen um Tiefe und Vertiefung ebenso,
- wie die Fähigkeiten zum solidarischen und selbstgesteuerten Handeln.

Alle europäischen Länder kennen auch die Kehrseite der Medaille: die ganz andere Orientierung und das andere Verhalten. Diese gilt es genauer anzuschauen, denn vielleicht ist dieses nur anders und nicht schlechter oder minderwertiger – weil berufsorientierter –, wie uns Humboldt mit seiner Vorrangthese glauben machte, durch die er ungewollt auch dem Bildungsdünkel Tür und Tor öffnete. Die Konstruktion der „Halbbildung" (Adorno 1959), der „Unbildung" (vgl. Liessmann 2006) oder Nichtbildung wird in der Regel von den Gebildeten oder solchen, die sich dafür halten, vorgenommen. Deren Bezeichnung hat immer auch etwas Ausgrenzendes bzw. – wie man heute zu sagen beliebt – Segmentierendes oder gar Exklusives. Wer Bildung nicht nur definiert, sondern organisiert und institutionalisiert, verteilt auch „Lebenschancen" (Schelsky) und handelt zumeist auch leicht durchschaubar nach dem Grundsatz „Bildung ist nur für die besonders begabten Kinder – und meine eigenen", um ein bekanntes Zitat von Ludwig von Friedeburg abzuwandeln.

Bildung ist nicht erst mit der Bolognareform und deren Folgen ins Gerede gekommen, sie war es stets. Insbesondere nach dem zweiten Weltkrieg war es ein Theodor Litt, der die behaupteten Ansprüche des klassischen Bildungsideals einer nüchternen und schonungslosen Prüfung unterzog und zu dem Ergebnis gelangte, dass es die „harte Zucht" des Schicksals sowie die Orte der gelebten Verantwortung seien, welchen allein es vorbehalten sei, den Menschen zum Menschen zu bilden, nicht jedoch die beschworenen Ideale. Damit zielte Litt in eine ähnliche Richtung wie der bereits erwähnte Eduard Spranger, dessen Analysen ihn zu der ungehörten, weil wohl unerhörten Folgerung führten: Der Weg zur Bildung führe über den Beruf und „nur über den Beruf!" (Spranger 1929) Damit rückten deutsche Bildungstheoretiker bereits früh die deutlich greifbaren Bildungswirkungen eines konkreten Erlebens in den Blick und lieferten so Argumente, welche die praktizierte Bevorzugung der Allgemein- vor der Berufsbildung zu erschüttern vermochten. Diese basiert auf behaupteten Vorzügen, die einer empirischen Überprüfung durch die Lern- und Kompetenzentwicklungsforschung nicht immer standhalten. Diese zeigen uns vielmehr, dass es das Arrangement des Erlebens, Ausprobierens, Fehlermachens, Kooperierens sowie begründeten Hinterfragens und Kritisierens sowie Selbstreflektierens in problemlösenden Kontexten ist, welches übergreifende Kompetenzen sowie Schlüsselqualifikationen anzubahnen vermag, nicht das Türschild, welches eine Bildungseinrichtung mit ihrem überlieferten Anspruch ziert.

Wer diese Verschiebungen in der Bildungswirklichkeit ignoriert, blickt durch alte Brillengläser auf eine gewandelte Welt, und er vermag nicht zu erkennen, was er nicht zu erkennen vermag. Ihm entgehen dabei u. a. die Wandlungen des Beruflichen, welches sich in den modernen Wissensgesellschaften längst in entscheidenden Kontexten „reprofessionalisiert" (vgl. Kern/Schumann 1984, S. 98) und in den Arbeitsplatzanforderungen ein Mehr an Selbststeuerungs- und Problemlösungsfähigkeit von den Einzelnen fordert. Sicherlich: Dies gilt noch nicht auf breiter Front und noch nicht in allen Bereichen des Beschäftigungssystems, aber es ist ein unübersehbarer Trend, wie u. a. die Branchenstudien des SOFI in Göttingen oder die Analysen des Bundesinstituts für Berufsbildung zeigen. Berufshandeln ist zunehmend weniger eine nur eng zweckgebundene Praxis, sondern fordert von den Menschen gerade die Fähigkeit, selbstorganisiert Zwecke prüfen und setzen zu können, weil diese in dynamischen und unsicheren Kontexten immer weniger eindeutig, dauerhaft und kontrollierbar festgelegt sind. Der erste Nationale Bildungsbericht für Deutschland (von 2006) trägt diesem Anspruch Rechnung, indem er der Bildungspolitik die nüchternere Kategorie einer „individuellen Regulationskompetenz" zugrunde legt. Dort heiß es:

„Individuelle Regulationskompetenz meint die Fähigkeit des Individuums, sein Verhalten und sein Verhältnis zur Umwelt, die eigene Biographie und das Leben in der Gemeinschaft selbständig zu planen und zu gestalten. Diese umfassende und allgemeine Zielkategorie für das Bildungswesen als Ganzes wie für jeden seiner Teile beinhaltet unter den Bedingungen der Wissensgesellschaft in besonderem Maße die Entfaltung der Lernfähigkeit von Anfang an und deren Erhalt bis ins hohe Alter. Der Bericht greift dabei bewusst den – in anderen Sprachen so nicht vorhandenen – Bildungsbegriff auf, der den Erwerb verwertbarer Qualifikationen einschließt, aber auch darüber hinaus mit der Idee der Selbstentfaltung, mit Aneignung und verantwortlicher Mitgestaltung von Kultur verbunden ist" (Autorengruppe 2006, S. 2)

Im Bildungsbericht 2012 heißt es ergänzend:

> „Er (der Bildungsbericht; R. A.) orientiert sich an einem Bildungsverständnis mit den drei Zieldimensionen *individuelle Regulationsfähigkeit, gesellschaftliche Teilhabe und Chancengleichheit* sowie *Humanressourcen.* (…) Der Beitrag des Bildungswesens zu den Humanressourcen richtet sich sowohl auf die Sicherstellung und Weiterentwicklung des quantitativen und qualitativen Arbeitskräftevolumens als auch auf die Vermittlung von Kompetenzen, die den Menschen eine ihren Neigungen und Fähigkeiten entsprechende Erwerbsarbeit ermöglichen. Indem Bildungseinrichtungen gesellschaftliche Teilhabe und Chancengleichheit fördern, wirken sie systematischer Benachteiligung aufgrund der sozialen Herkunft, des Geschlechts, der nationalen oder ethnischen Zugehörigkeit entgegen" (Autorengruppe 2012, S. 2).

Mittels solcher Sprachspiele löst sich das bildungstheoretische Denken zunehmend vom Konstrukt der Zweckfreiheit, auf welches Humboldt und seine Epigonen die wahre Bildung verpflichteten. Humboldt traf diese Ausgrenzung des zweckhaften Lernens vor dem Hintergrund der Industrieschulen, die zwar eine pietistische Bildungsrhetorik vor sich hertrugen, mit ihr aber vielfach bloß die Praxis einer Zucht durch Kinderarbeit verschleierten. Diesen Kindern das Recht auf Persönlichkeitsentwicklung zu gewährleisten war sein aufklärerisch-humanistisches Anliegen, nicht jedoch eine formelhafte Festlegung der Bildung auf die Zweckfreiheit, wie sie von seinen Nachfolgern vertreten wurde. Diese Formel ist auch naiv, wie dies u. a. Georg Kerschensteiner in seiner Bildungstheorie zu verdeutlichen wusste, indem er zeigte, welche Bildungswirkung von der selbstverantwortlichen Bearbeitung eines Werkstückes auszugehen vermag (vgl. Kerschensteiner 1926). Wie bildungsfern muss demgegenüber so manche tote Wissensmast in einem Unterricht anmuten, der vorgibt, der Allgemeinbildung zu dienen?

Der Bologna-Prozess mit seiner deutlicheren Berufsbefähigung in der Bachelor-Phase trifft auf eine sich wandelnde Berufswirklichkeit, die sich vom Nur-Zweckgebundenen löst und in vielen – nicht allen! – Bereichen des Arbeitsmarktes die eigene Zwecksetzungs- und Problemlösungskompetenz der Menschen in der Wissensgesellschaft herausfordert. Schon vor Jahren begannen führende Vertreter der betrieblichen Personalentwicklung deshalb darauf hinzuweisen, dass Schulen und Hochschulen viel zu wenig für die Anbahnung und Entwicklung dieser Selbstorganisationsfähigkeit ihrer Studierenden täten. Dies verwundert, fordert doch gerade die Dualität von materialer und formaler Bildung im Humboldtschen Bildungskonzept, die „Stärkung der Menschen" gleichgewichtig und gleichzeitig mit der „Klärung der Sachen" zu verfolgen, um eine Formulierung von Hartmut von Hentig aufzugreifen (vgl. von Hentig 1993). Diese Dualität haben die Hochschulen schon lange vor Bologna aus dem Blick verloren, und schon lange vor Bologna sind sie vielfach der Illusion der Materialität erlegen, der zufolge das Wissen im Zentrum der wissenschaftlichen Bildung zu stehen habe und nicht der Umgang mit dem Wissen und die Selbstkonstruktion von Wissen. Gleichzeitig haben sie übermäßig an einem Distribuierungskonzept festgehalten, welches seine Wurzeln – wie der Bildungsbegriff selbst – in der Verkündigungstradition der Kirche hat und sich – unbeschadet der didaktischen Forschungen über die Nachhaltigkeit von Lern- und Kompetenzentwicklung – zählebig bis in die Architekturen selbst neuerer Hochschulbauten fortsetzt.

Selbstlernen will gelernt sein

Das Konzept des *Selbststudiums* hat auf leisen Sohlen Einzug in die Planung und Gestaltung der akademischen Lehrangebote gehalten. Zwar haben Studierende schon immer selbst gelernt,

„in der (curricularen) Gestaltung von Studiengängen explizit als Studienaufwand berücksichtigt, werden selbstgeleitete Studienaktivitäten jedoch erst im Rahmen der Studienstrukturreform und der neu eingeführten, modularisierten Bachelor- und Masterstudiengänge (KMK 2000): Der Umfang eines Studiums, gemessen in ECTS-Punkten, ergibt sich aus der Summe des gesamten studentischen Arbeitsaufwandes (Workload), der sowohl Präsenzzeiten als auch alle Aktivitäten des Selbststudiums umfasst (HRK 2008, S. 86). Selbststudium bezeichnet dabei ‚den Anteil am studentischen Workload, der für die eigenständige Erarbeitung und Aneignung von Studieninhalten (Vor- und Nachbereitung, Lektüre, Prüfungsvorbereitung, Abschlussarbeit) aufgewandt wird' (HRK 2012) (Vogel/Woitsch 2013, S. 9).

Auffällig ist, dass zwar seit einiger Zeit vom Selbststudium die Rede ist, doch scheint keiner so richtig zu wissen, was es ist. Und doch ist es ein gewichtiger, um nicht zu sagen fundamentaler Baustein der Lifelong-Learning-University. Vorherrschend ist eine erschreckende Ignoranz gegenüber den breiten Forschungen zum selbstgesteuerten Lernen und den vielfältigen Möglichkeiten einer didaktischen Perspektive, die im Sinne eines nachhaltigen und kompetenzbildenden Lernens genutzt und gestaltet werden können. Neben den so genannten „Kontaktzeiten", deren Gestaltung den üblichen Vorstellungen vom Aufeinandertreffen zwischen Lehrenden und Lernenden folgt, bestimmt das Selbststudium die Creditpoint-Berechnungen sowie die Akkreditierungspraxis der Fakultäten und Hochschulen mittlerweile in erheblichem Maße. Immerhin führt seine Verankerung als Bestandteil eines akademischen Studiums auch dazu, dass sich die Lehr-Lern-Formen an den Hochschulen und Universitäten pluralisieren können und auch Strategien einer Lernberatung (z. B. durch ein Peer-Tutoring) zulassen, wie dies z. B. aus dem Kontext der Schweizer Fachhochschulen berichtet wird:

> „Das Bachelorstudium wurde in ein Kontaktstudium, ein angeleitetes und ein individuelles Selbststudium sowie in das Lernen im Praxisfeld unterteilt. Diese Lerneinheiten sind methodisch-didaktisch jeweils unterschiedlich zu gestalten. (…) Mit seiner Eignung für das angeleitete Selbststudium eröffnet das Peer Tutoring neue Perspektiven für eine kompetenzorientierte Ausbildung" (Benz/Kunz 2007, S. 163).

Gleichwohl wird die Diskussion um das Selbststudium bislang noch mehr administrativ als didaktisch geführt. Man trifft auf Berechnungen, jedoch kaum auf didaktische Konzepte – frei nach dem vordergründigen Motto: „Selbstlernen können die Studierenden bloß selbst". Gleichwohl gäbe es Wege und Möglichkeiten, auch das Selbststudium der Studierenden zu optimieren, indem man sich z. B. systematisch um die Gestaltung von Lernkontexten („Lernlandschaften") für die Studierenden, um die Förderung ihrer Selbstlern- und Selbstführungskompetenz bemüht und ihnen den Zugang zu Selbstlernmaterialien oder Lehr-Lern-Plattformen eröffnet, über die die Hochschulen bereits teilweise verfügen. Auch die gezielte Auswertung der seit mehreren Jahrzehnten breiten Forschung zum Gelingen von Selbstführungs- und Selbstlernprozesse könnte helfen, die Blick von der bloß administrativen zu einer hochschuldidaktischen Betrachtung des Selbststudiums zu erweitern (vgl. (Müller/Braun 2009; Knowles 1975; Tough 1967), ist doch Selbstlernen keineswegs identisch mit einem völligen Alleinlassen des Lernenden; es geht vielmehr um eine andere Form der Gestaltung von Zugängen und der Begleitung von Suchbewegungen[16] sowie um seminaristische und (teil)virtualisierte Formen einer gezielten Selbstlernförderung und eines Lerncoachings, um deren Realisierung sich eine wachsende Zahl von Hochschulen und Universitäten bemüht (vgl. Haberer/Zhikova 2013; Herwig/Völpel/Zwecker 2014).

Folgende Thesen zu den möglichen Formen einer inneren Hochschulreform, die das angeleitete Selbstlernen der Lernenden in den Mittelpunkt ihrer Transformationsbemühungen setzt, sollen im folgenden kurz kommentiert werden:

1) **„Die Hochschuldidaktik hat die Zwischenrufe der Hirnforschung bislang weitgehend überhört"** (Arnold 2012a, S. 59).

---

16 Basis einer solchen didaktischen Wendung müssten allerdings klare Kompetenzprofile sein, wie sie die Bolognareform und der Europäische Qualifikationsrahmen zu Recht fordern, mit deren Hilfe die Lehrenden und die Studierenden verfolgen können, wo sie in der Entwicklung ihrer Kompetenz stehen. Denn nur, wer genau weiß, wo er steht, weiß auch, in welche Richtung er weiter schreiten muss.

Die Erziehungswissenschaften begegnen den Ergebnissen der Hirnforschung zu den Denk-, Bewusstseins- und Lernprozessen äußerst zurückhaltend, bisweilen auch mit einer abwehrenden Geste. Dieses Zögern hat auch Auswirkungen auf die Beharrungskräfte, die sich in der Bildungspraxis vielerorts nach wie vor ungestört entfalten können – an Lehrkonzepten festhaltend, für deren Berechtigung immer weniger zu sprechen scheint (vgl. Roth/Lück 2020).

„Die zählebigste Grundannahme ist die, der zufolge Lehren eine unverzichtbare Voraussetzung für die Initiierung und Begleitung von Lernprozessen sein soll. Nun kann man sicherlich nicht bestreiten, dass Individuen in Anbetracht erlebter – oder gar: erduldeter – Lehre auch in irgendeiner Weise „lernen", d. h. das erwartete Verhalten in unterschiedlichen Ausprägungsgraden hernach auch wirklich zu zeigen vermögen. Doch sind dies keinesfalls alle, und – was diesen offensichtlichen Erfolg erheblich schmälert – solche Effekte gehen mit teilweise aberwitzig geringen Behaltensquoten einher, d. h. das gezeigte Verhalten wurzelt oft nur selten mehr oder wenig dauerhaft in den kognitiv-emotionalen Tiefenstrukturen des Bewusstseins ein. Wie sonst ist es zu erklären, dass die Inhalte so manchen Schulfaches im Lebenslauf mehr und mehr verblassen und auf die Kenntnis einiger weniger Sachverhalte zusammenschrumpfen" (Arnold 2012a, S. 59).

Auch die Forschungen des Kanadiers David W. Livingstone sprechen letztlich dafür, dass Menschen gar nicht anders können als aus sich heraus eigeninitiativ und selbstorganisiert die Kompetenzen zu entwickeln, die sie benötigen, um mit den Lebensanforderungen zurecht zu kommen. Die Rede ist von einem 80 : 20-Paradoxon, welches darin gesehen wird, dass Erwachsene 80 Prozent ihrer Kompetenzen außerhalb und unabhängig von Bildungsinstitutionen durch informelles Lernen erwerben (Livingstone 1999; 2006), ohne dass dieses Lernen entsprechend Wert geschätzt, lernstrategisch optimal ausgestaltet und gesellschaftlich anerkannt wird. Die neueren Debatten neigen eher dazu, den Anteil des informellen Lernens noch höher anzusetzen, wie etwa Jost Reischmann, der den entsprechenden Anteil neuerdings auf „weit über" 80 Prozent ansiedelt (Reischmann 2014, S. 26).

2) „Trotz der offensichtlich eingeschränkten Wirksamkeit der aufwendigen Lehrbemühungen lädt die Umsetzung der Bologna-Strategie zu einem hilflosen ‚Mehr-Desselben‘ ein" (Arnold 2012a, S. 59).

Die deutschen Hochschulen greifen die Bolognareform eher zurückhaltend auf. Nur vereinzelt ist eine entschlossene oder gar begeisterte Gestaltung der möglichen und nötigen Schritte feststellbar; vereinzelt kann man sich auch des Eindrucks nicht erwehren, die Bolognareform werde mehr behindert oder ausgesessen – mit allen den Hochschulen zu Gebote stehenden Techniken der „Selbstimmunisierung" (Lenzen 2014b), zu denen auch das gezielte Schlechtreden und die Vergangenheitsidealisierung zählen. Man redet zwar vom Selbststudium der Studierenden, ohne sich dies jedoch anders als eine überwiegend passiv-aufnehmende Aktivität vorzustellen. Eine wirklich substanzielle Vorstellung von dem, was das Selbstlernen der Studierenden eigentlich sein sollte, findet man kaum. Selbstlernen zielt demgegenüber auf:

- eine selbstgesteuerte Aneignung des notwendigen Wissens, um auf dessen Grundlage weiterführende und vertiefende Fragen und Infragestellungen selbständig erarbeiten zu können und
- Kompetenzen zum Umgang mit diesem Wissen entwickeln zu können,
- die Übung und Perfektionierung der eigenen Fähigkeiten zur Beschaffung, Beurteilung und Nutzung der für eine sachgemessene Problemlösung notwendigen Kenntnisse sowie
- Auseinandersetzung mit dem eigenen Kompetenzstand vor dem Hintergrund der standardisierten Erwartungen und
- die Profilierung eigener Lernprojekte kurz-, mittel- und langfristiger Art.

Die weitgehende Sprachlosigkeit der Bolognareform bezüglich einer gehaltvollen Ausdeutung des anstehenden Lernkulturwandels stützt die überlieferten Lernkulturen, statt diese zu transformieren. Dabei berechnet man – wie bereits erwähnt – auch die Selbststudienanteile, wodurch man diese ihres Charakters eines eher informellen Lernens beraubt. Konnte man bislang davon ausgehen, dass der Student auch zuhause liest, nachdenkt, diskutiert und vertieft, so ist dies nunmehr eine Art Pflichtpensum seines Studiums, wodurch eine Atmosphäre des fremdbestimmten Lernens sich über die Formen des in seiner Logik bloß als selbstbestimmte Aneignung Denkbaren senkt. Die Kontaktzeiten bleiben Präsenzzeiten – ganz so wie in den bereits erwähnten Prägutenberg-Zeiten, in denen Begegnen und Zuhören die einzigen Möglichkeiten des Austauschs und der Absprache gewesen sind. Diese Rolle rückwärts ist fragwürdig, wie Gerd Schwerhoff in seiner Kritik der „Präsenzpflicht in den Zeiten der Bologna-Reform" feststellt, durch welche er die Studierenden einer akademischen Erzwingungskultur ausgeliefert sieht, deren didaktischer Gehalt lerntheoretisch noch nie überzeugend begründbar gewesen sei:

„Lehrende und Lernende wissen um die dramatischen Qualitätsunterschiede dieser Art von Wissensvermittlung und Denkschulung. Im besten Fall kann die Begeisterung akademischer Lehrer(innen) für ‚ihr' Fach ansteckend wirken, kann es sehr aufschlussreich sein, Dozenten beim Verfertigen von Gedanken zuzuschauen, wirken der Dialog und die kritische Diskussion inspirierend. Lähmende und lustlose Routine, ellenlange

Referate oder das orientierungslose Springen von einer Wissens-Insel zur nächsten sind die Kehrseite der Medaille, die nicht verschwiegen werden soll – viele von uns kennen das, als ‚Täter' und ‚Opfer', aus eigener Anschauung" (Schwerhoff 2010, S. 248).

Durch die Ritzen des Neuen scheinen die alten inhaltsdurchtränkten Vorstellungen von Lehren, Lernen und Bildung unaufhaltsam hindurch zu sickern, so dass der begonnene Lernkulturwandel gewissermaßen auf halber Strecke stecken bleibt: Man redet zwar von Selbststudium, denkt dieses jedoch im Kontext einer bildungstheoretischen Didaktik alter Manier, so dass Aneignung, Verstehen und Speichern die einzigen resultierenden Subjektaktivitäten sind. Demgegenüber zielt Bologna auf die Herausbildung proaktiver Kompetenzen. Diese verweisen auf Subjektqualitäten, die weit über die erwähnten passiven Haltungen und Kompetenzen zum Nachvollzug und zur Aneignung des Überlieferten hinausweisen. Kompetenzen resultieren nicht einfach aus der Begegnung mit Wissen – welche eine unterkomplexe didaktische Erwartung! –,sie können bei der Auseinandersetzung mit Wissen reifen, wenn dem Lernenden in solchen Situationen mehr zugemutet und zugetraut wird als ein bloßer Nachvollzug.

3) „Warum nutzen wir nicht die Erfahrungen mit Formen der akademischen Lehre, die mit wenig oder gar ohne Präsenz auskommen?" (Arnold 2012a, S. 60)

Auch Präsenzuniversitäten begannen seit den 1990er Jahren sich des Distance-Learning-Modes zu bedienen, indem sie ergänzend oder flankierend entsprechende Programme entwickelten – anfänglich durchaus misstrauisch von den Fakultäten beäugt und stets im Geruch stehend, eine zweite Wahl gegenüber den „eigentlichen" Inszenierungsformen wissenschaftlichen Lehrens und Lernens darzustellen[17]. Diese frühe Pluralisierung nahm einen Trend vorweg, der sich international als Differenzierung der „Tertiary Education" (Teichler 2015) beschreiben lässt. Diese führt nicht nur zu neuen Formen einer institutionelle Differenzierung

---

17 Mit solchen Vorbehalten sah sich der Verfasser Anfang der 1990er Jahre konfrontiert, als er an der TU Kaiserslautern das „Zentrum für Fernstudien und universitäre Weiterbildung" (ZFUW) gründete, welches heute als „Distance and International Studies Center" (DISC) zu einem der größten deutschen Fernstudienanbieter im postgradualen Bereich zählt. Die – wenigen – Präsenzuniversitäten, die sich in dieser Weise in Europa hervortaten, kamen dadurch auch in Kontakt mit einer Studierendenklientel, welche sich in mehrfacher Hinsicht von *der* unterscheidet, mit der es Universitäten gemeinhin zu tun haben: Die Gruppe der berufstätigen Erwachsenen, die sich als Kunden der Angebote einer Universität bedienen, dafür auch bezahlen und ihre Erwartungen bezüglich Qualität, Kundennutzen sowie erwachsenenpädagogischer Professionalität der Angebote auch offen artikulieren.

(z. B. zwischen unterschiedlichen Hochschularten), sondern auch zu didaktischen Differenzierungen neuer Art. In diesem Zusammenhang entwickelte sich auch mehr und mehr das Bewusstsein dafür, dass die Praxis des angeleiteten Selbststudiums, wie sie die Fernstudienangebote realisieren, auch die *Präsenzkultur* an den Hochschulen und Universitäten insgesamt zu transformieren vermag.

Die Selbstlernmaterialien, wie sie an zahlreichen Hochschulen für das Fernstudium eigens entwickelt und zumeist auch aufwendig didaktisiert werden, sollen den Studierenden die Selbsterschließung eines Inhaltsgebietes erleichtern. Aus diesem Grunde gehören Glossare, Übungsaufgaben, Anwendungsbeispiele, Portfolioarbeiten sowie Einsendeaufgaben zu den wesentlichen didaktischen Elementen dieser Studienstrategie. Ähnliches gilt für die mittlerweile breit zugänglichen Lernplattformen mit ihren virtuellen Lernarrangements und ihren Möglichkeiten eines lernortunabhängigen und vernetzten Lernens.

Universitäten sehen sich deshalb heute vor die Frage gestellt, warum sie für ihre Fernstudierenden didaktisierte Selbstlernmaterialien bereithalten, die sie ihren Präsenzstudierenden vorenthalten – eine Praxis, die gerade in Anbetracht des erwähnten Einzugs des Selbststudiums „auf leisen Sohlen" mehr als fragwürdig ist. Die didaktischen Differenzierungen dienen gar vielerorts als eine Art trojanisches Pferd zur Einführung selbstlerndidaktischer Formen der akademischen Lehre und zur breiteren Nutzung der Formen eines Independent Learnings (vgl. Arnold/Lermen 2013).

Bereits vor Jahren fragte mich ein Kollege, ob er seinen Einführungsstudienbrief, welchen er für das postgraduale Fernstudium entwickelt hatte, nicht auch bei seinen Präsenzstudierenden einsetzen könne. Die Freigabe seines Selbststudienmaterials konfrontierte ihn jedoch mit der Frage der Studierenden, warum sie eigentlich noch zur Teilnahme an seiner Vorlesung verpflichtet seien, wenn sie doch die Möglichkeit hätten – wie Fernstudierende auch – ihr Wissen durch die Zusendung von Einsendeaufgaben oder einfach durch das Bestehen der Abschlussklausur unter Beweis zu stellen – eine Nachfrage, der mit keinen wirklich stichhaltigen Argumenten begegnet werden kann.

Der entscheidende Aspekt dieser (hochschul)didaktischen Differenzierung ist jedoch darin zu sehen, dass sich Hochschulen, indem sie ihre Angebote nicht länger bevorzug in den *groben Kategorien der äußeren Lernorganisation – Lehren versus Lernen* oder *Präsenz- versus Fernstudium* – denken, auch zu den inneren Substanzen eines nachhaltigen und kompetenzbildenden Lernens vorstoßen und dabei auch u. a. an den Erkenntnisstand der neueren Kompetenzforschungen anschließen können. In den um Präzision bemühten Kompetenzbeschreibungen, wie sie in der modernen Personalentwicklung der Wirtschaft Gang und Gäbe sind, gewinnt der Bildungsanspruch eine durchaus vertretbare Gestalt und rückt beide Konzepte aus dem Nebel behaupteter Wirkungen in die Welt der nüchternen Beobachtung. Damit geraten auch die Möglichkeiten und Strategien einer gelingenden Persönlichkeitsbildung in den Blick, und zahlreiche Hochschulen müssen – ernüchternd – erkennen, dass sie überhaupt noch nicht über solche Strategien verfügen. Sicherlich sind Hochschulen keine Personalentwicklungs- und Trainingszentren, doch können sie auch nicht das geballte Wissen dieser Bereiche einfach ignorieren oder pauschal als „hilfloses Gerede" (Lenzen 2014a, S. 34) abtun.

> Die Begegnung und kritische Auseinandersetzung mit wissenschaftlichem Wissen, die eigene Konstruktion und Dekonstruktion von Wissen sowie die Aneignung wissenschaftlicher Professionalität stehen zwar nach wie vor im Zentrum der Hochschulbildung, doch muss sie auch die methodischen, sozialen und emotionalen Kompetenzen ihrer Lernenden wirksam fördern.

Denn: Man kann viel wissen und nichts können (vgl. Arnold/Erpenbeck 2014), und Bildung kann in der persönlichen Begegnung mit einem Lehrenden reifen, muss dies aber nicht. Um methodische, soziale und emotionale Kompetenzen wirksam anzueignen, bedarf es anderer als dialogischer didaktischer Inszenierungen. Könnte es sein, dass die neuere Berufsbildung sowie die Personalentwicklung (z. B. im Bereich der Führungskräftequalifizierung) wirksamere didaktisch-methodische Konzepte der Aneignung, Selbstführung sowie des Selbstlernens bereit hält als sie in den Hörsälen so mancher Hochschulen anzutreffen sind?

Es ist diese – zugegebenermaßen in drastischer Zuspitzung gezeichnete – didaktische Antiquiertheit, mit welcher die Hochschulen noch in vielen Bereichen eine nachhaltige Förderung der fachlichen, methodischen, sozialen und emotionalen Kompetenzen der Studierenden auf breiter Front eher verpassen.

Es gibt jedoch Auswege, die hier nur überblicksartig skizziert seien. Diese dienen der systematischen Förderung und Entwicklung der Selbstlernkompetenz der Studierenden:

- *Wir benötigen Konzepte zur weiteren Förderung und Übung der methodischen Kompetenzen der Studierenden* (vgl. Herwig/Völpel/Zwecker 2014). Die Förderung von Schlüsselqualifikationen können als Angebote nicht in das Studium Generale abgedrängt werden, während alles andere so bleiben kann, wie es ist. Schlüsselqualifikationen entstehen – auch bei Studierenden – nur, indem sie vorbereitend angebahnt und durch die Art der universitären Lehre gefordert werden. Auch in den Hochschulen kann das Lehren das Lernen der

Studierenden – paradoxerweise – behindern, indem eine überwiegend frontal-unterrichtliche Wissensmast die Lernenden zur Passivität und zum Mitvollzug hilfloser Rituale der Anwesenheit und Aneignung „zwingt".

- *Das notwendige Know-How muss in den Zeiten der Neuen Bildungsmedien nicht mehr (nur) life präsentiert werden.* Grundlagen-, Standard- und Pflichtvorlesungen können auch – optional – als Selbstlernangebote tutoriell begleitet den Studierenden „dargebracht" werden, und die Hochschulen werden – bei hohen inhaltlichen Anforderungen – überrascht feststellen, dass die Studierenden über eigene Aneignungsfähigkeiten für ein erfolgreiches Studium verfügen bzw. diese entwickeln können. Lernen ist in seinem Kern immer Selbstlernen und Studium immer Selbststudium. Warum nehmen die Hochschulen diesen offensichtlichen Sachverhalt nicht in noch viel stärkerem Maße zum Anlass, um ihre Angebote in Teilen als Selbststudien-Angebote zu offerieren? Die Erfahrungen der Distance- und eLearning-Hochschulen im öffentlichen und privaten Bereich halten reichhaltige Anregungen für eine Ausgestaltung solcher Mixed- oder Multimode-Konzepte wissenschaftlicher Bildung bereit.

- *Auch die Rolle des Lehrenden als Lehrender wandelt sich* – durchaus im Sinne eines Wilhelm von Humboldt, der einst feststellte: „Darum ist der Universitätslehrer nicht mehr Lehrer, der Studierende nicht mehr Lernender, sondern dieser forscht selbst und der Professor leitet seine Forschungen und unterstützt ihn darin" (von Humboldt 1993, S. 170). Diese Rolle können wir uns heute nicht mehr als eine Studierstuben-Idylle vorstellen, eher als eine Funktion zum Management von Aneignungskontexten für eine selbstgesteuerte Auseinandersetzung des Lernenden mit den wesentlichen Fragen und Sachverhalten – stets bezogen auf Problemlösungsfindung. Auch Humboldt wäre heute online!

Welche neuen Formen ein solches Selbststudium annehmen kann, zeigt folgendes Beispiel:

Mit dem Selbstlernzentrum durchs Studium

„Steckbrief:
Hannah M.
Alter: 19 Jahre; Heimatstadt: Wiesbaden; Studienfach: Wirtschaftsingenieurwesen/Maschinenbau; Semester: 1; Wohnort: Kaiserslautern (WG); Interessen: Treffen mit Freunden, Schwimmen, Reisen

Online-Selbstlern-Assistent (OSA)
In der PROWO hört Hannah von den Diemersteiner Selbstlerntagen und meldet sich zum nächstmöglichen Termin an. Sie hat nur eine vage Vorstellung

davon, was auf sie in diesem Seminar zukommt und ist überrascht, dass sie direkt nach der Anmeldung über Internet zum sog. Online-Selbstlern-Assistenten (OSA) weitergeleitet wird. Die Aufforderung, sich bereits im Vorfeld mit Inhalten des Seminars zu beschäftigen, ist sie nicht gewohnt. Sie ist aber neugierig, sich mit ihren Erwartungen auseinanderzusetzen und sich vorab mit den Themen zu beschäftigen, die sie in Diemerstein erwarten werden. Die Selbsteinschätzung des eigenen Lernverhaltens hat ihr die eigenen Stärken gezeigt. Allerdings weist die Auswertung der Ergebnisse einiges an Verbesserungspotenzial in Bezug auf Themen wie Zeitmanagement, Konzentration und Motivation auf. Sie fragt sich, wie sie im Studium große Mengen des Lernstoffs, den sie nicht so spannend findet, bewältigen soll und hofft auf wertvolle Tipps von Kommiliton/innen und Trainer/innen im Seminar.

Diemersteiner Selbstlerntage (DSL)

Am 8. November 2014 macht sich Hannah auf den Weg in die Villa Denis. Auf der Zugfahrt denkt sie an die Videos mit Interviews ehemaliger DSL-Besucher, die sie auf der Webseite des Selbstlernzentrums (SLZ) angesehen hat, und ist gespannt darauf, ob sie ähnliche Erfahrungen machen wird. Wird es eine weitere „Vorlesung" sein oder wird sie interaktiv mit den anderen zusammen lernen? Werden die Trainer, die nicht von der TU sind, sondern vielfach auch für Wirtschaftsunternehmen arbeiten, die Erwartungen und Bedürfnisse der Gruppe berücksichtigen? Kann sie lernen, wie sie ihre Zeit besser einteilen kann?

    In der Villa angekommen freut Hannah sich, ein bekanntes Gesicht aus einer Vorlesung zu sehen. Bei der Vorstellungsrunde ist sie erleichtert, dass es wohl den anderen auch so geht wie ihr und viele mit den gleichen Fragen nach Diemerstein gekommen sind.

    Während der beiden Seminartage freundet sich Hannah mit Lena und Lukas an, die auch Erstsemester sind. Auf dem Rückweg am 2. Tag unterhalten sich die drei über ihre Erfahrungen und kommen zu dem Schluss, dass sie die vor Ort erprobten Tools – insbesondere zum Thema „Prioritäten setzen" und „Zeitpläne erstellen" – im Semester austesten wollen. Außerdem möchten sie eine Lerngruppe zur gemeinsamen Vor- und Nachbereitung der BWL-Vorlesung bilden, um so effektiver zu lernen.

Coaching

Das Seminar in Diemerstein ist nun einige Wochen her und Hannah merkt, wie schwer es ist, das eigene Lernverhalten auf Dauer tatsächlich zu verändern: Sie konnte ihren eigenen Lernzeitplan nicht einhalten, einiges hat länger gedauert als geplant und sie hat außerdem gemerkt, dass sie auch Zeit für ihre Freunde und zur Erholung braucht. Demnächst steht eine Prüfung bevor und Hannah hat Panik, die Vorbereitung nicht rechtzeitig zu schaffen. Da erinnert sie sich an die Möglichkeit einer individuellen Unterstützung, die ihr bei den Diemersteiner Selbstlerntagen vorgestellt wurde: Im Anschluss an die DSL kann sie ein Einzelcoaching mit einem Trainer der DSL belegen. Hannah schaut sich im zugehörigen OLAT-Kurs die Profile der Trainer an und nimmt Kontakt zu ihrem Wunschcoach auf. Im geschützten Kursraum nimmt Hannah vier Online-Coaching-Termine wahr, was ihr dabei hilft, ihre Prüfung strukturiert vorzubereiten und ihr Lernverhalten generell zu optimieren.

Hannah freut sich zu erfahren, dass sie im weiteren Verlauf ihres Studiums auch unabhängig von den DSL ein studienbezogenes Coaching beim SLZ in Anspruch nehmen kann. Sie möchte gerne ein Face-to-Face-Coaching durch einen externen Coach kennenlernen wenn ihre Bachelor-Arbeit näher rückt.

Bei Gesprächen mit Kommilitonen aus höheren Semestern fällt Hannah auf, dass sie viel aus deren Erfahrungen lernen kann, denn alle schlagen sich mit ähnlichen Problemen herum. Eine Bekannte erzählt ihr, dass sie nächstes Semester eine Peer-Coaching-Qualifizierung beim SLZ machen möchte, um nach dieser Schulung Mitstudierende coachen zu können.

Online-Module
Im Laufe ihres Studiums muss sich Hannah mit großen Mengen an Lernstoff auseinandersetzen. Außerdem möchte sie ihre Kenntnisse in den Themen vertiefen, die sie besonders spannend findet. Es fällt ihr schwer, die nötige Zeit zu finden, um gründlich zu recherchieren. Es geht am schnellsten, wenn sie unterwegs mit ihrem Tablett oder abends am Computer „googelt". Sie merkt aber, dass die Internet-Quellen manchmal sehr widersprüchlich sind und sie weiß nicht, welchen Informationen sie vertrauen kann. Und wenn sie schon online ist, lässt sie sich schnell durch WhatsApp, Facebook oder Twitter ablenken. Auf dem Campus hört sie von ergänzenden Online-Modulen (eDSL) und erfährt, dass digitale Medien nicht nur für private Kommunikation mit Kommiliton/innen, sondern auch für effiziente Studienorganisation und zum fachlichen Austausch hilfreich sein können. Aber welche genau und wie? Um das herauszufinden, meldet sie sich zuerst zum Online-Modul „Aktiv und reflektiv (mit digitalen Medien) lernen" an. Weitere Online-Module findet sie ebenso spannend und nimmt sich vor, später daran teilzunehmen" (Dietze/Günther/Völpel u.a. 2014)[18].

---

18 Infos zu den Angeboten des Selbstlernzentrums: Homepage: http://www.uni-kl.de/slz/ (Diemersteiner Selbstlerntage, Coaching), Online-Selbstlern-Assistent: http://www.disc.uni-kl.de/osa/; Kontakt: slz@disc.uni-kl.de

Einblicke in die akademischen Lernkulturen

Eine im Jahr 2013 vom Fachgebiet Pädagogik der TU Kaiserslautern und dem „Virtuellen Campus Rheinland-Pfalz" (VCRP) durchgeführte Untersuchung zu den vorherrschenden Lehr-Lernformen an deutschen Hochschulen und Universitäten[19] gelangt zu dem Ergebnis, dass Vorlesungen sich einer ungebrochenen Beliebtheit erfreuen. Zwar wird die Liste der „am häufigsten praktizierten Lehrveranstaltungsformen" von dem Typus „Seminar/Proseminar" (mit 61.42) angeführt, doch folgt ihm die „Vorlesung" unmittelbar auf dem Fuß (mit 56.34 %). Stellt man den bekannten Sachverhalt in Rechnung, dass immer noch Seminare in starkem Maße durch studentische Referate gestaltet werden, dann zeigt sich die Unzeitgemäßheit der universitären Lehre überdeutlich. So liest man in dem Bericht von Lea Deuber „Liebe Uni, dieses Studium hätte ich in 30 Tagen geschafft":

> „Mein Studium der Asienwissenschaft bestand hauptsächlich aus Seminaren. Sie begannen mit dem Satz ‚Lasst uns anfangen, ich weiß, Sie wollen alle nach Hause'. Es folgte eine Aneinanderreihung von Referaten, und da jeder Student eins halten musste, um zur Hausarbeit zugelassen zu werden, füllten sie oft die gesamte Kurszeit. Die Qualität ist egal, es wird eh nicht bewertet. (…)
>
> Ich hatte mir vorgestellt, wie wir an der Universität wilde Debatten führen. Keynes! Marx! Weber! Liebe Uni, ich dachte, Du wärest ein Ort zum Streiten! Aber diskutiert wird nach dem Referat nicht, Dozenten schauen bei Nachfragen panisch auf die Uhr, Am Anfang habe ich es noch versucht. Aber Fragen werden meist so beantwortet: ‚Darüber habe ich meine Doktorarbeit geschrieben, das kann ich ihnen jetzt nicht in fünf Minuten erklären'. Beliebt auch: ‚Wir schaffen jetzt nicht, darüber zu diskutieren, lesen

---

19 An dieser Studie wirkte Dr. Lars Kilian mit, der auch die Zusammenstellung und Verrechnung der erhobenen Daten übernahm. Die hier dargelegten Schlussfolgerungen aus diesen Daten obliegen der Verantwortung des Autors.

sie einfach den Text, da steht alles schon drin'. Diese Leidenschaftslosigkeit war uner-
träglich. (…)
    Liebe Uni, ich habe dich mir anders vorgestellt. Verstehe mich nicht falsch, ich
wäre die vergangenen drei Jahre nicht lieber mit einem Rucksack durch Südamerika ge-
trampt. Ich wäre mit dir an meine Grenzen gegangen. Und ja, ich wäre auch ohne An-
wesenheitspflicht gekommen, 5 400 Stunden. Drei Jahre lang" (Deuber 2014, S. 905).

Sicherlich handelt es sich bei diesem Bericht um eine subjektive Einschätzung,
die nicht repräsentativ ist. Aber ist sie deshalb gegenstandslos? Wird Universität
wirklich nur vereinzelt als leidenschaftslos erlebt oder wird über dieses Phänomen
bloß nicht gesprochen? Auf alle Fälle spiegelt sich in der hier geschilderten Lernkultur das genaue Gegenteil von dem, was „Bildung durch Wissenschaft" einst
meinte. Es kommt einem völligen Zusammenbruch aller diesbezüglichen Inten-
tionen gleich, wenn das universitäre Lernen so erlebt wird, wie Lea Deuber dies
schildert:

„Ich saß Woche für Woche in den Seminaren und fühlte mich wie ein lahmendes Pferd.
Anstatt angetrieben zu werden, immer noch eine höhere Hürde zu nehmen, lernte ich
in diesem Studium darauf zu warten, dass am Ende des Semesters die Prüfung kommt,
die in Asienwissenschaften eher einem Wassergraben gleicht. Notfalls kann man auch
durchwaten" (ebd.).

In solchen Kulturen eines Lernschlendrians scheint der Lernende selbst nahezu vollständig aus dem Blick geraten zu sein. Während in der beruflichen Bildung bereits seit den 1980er Jahren erweiterte Formen eines handlungsorientierten Lehrens und Lernens breit erprobt wurden, die den Lernenden selbst und
die beobachtbare Entwicklung seiner Handlungskompetenz in den Mittelpunkt
aller Bemühungen stellten, folgen die Lernkulturen des wissenschaftlichen Lernens immer noch schwerpunktmäßig den Formaten eines vermittelnden Lernens,
während Formen eines stärker aktivierenden Lernens, wie Übung (41 %), Arbeits-
gemeinschaften (2.74 %) und Projektarbeit (24.54 %) deutlich weniger häufig praktiziert werden (Abb. 7).
    Setzt man diese Präferenzen der Lehr-Lerngestaltung mit der Dauer der
Lehrerfahrung der Befragten in Beziehung, so zeigt sich, dass deren Transformation offensichtlich von einer Art biologischer Lösung profitiert. So zeigen die Be-
fragungsergebnisse, dass ältere Lehrende (= mehr al 5 Jahre Erfahrung) offensichtlich stärker an der Form der Vorlesung festhalten (zu 72.71 %) als Lehrende, die
auf weniger als 5 Jahre eigener Lehrerfahrung zurückblicken (Abb. 8). Diese Gegebenheit könnte allerdings auch ein Indiz dafür sein, dass die Assistenten bevorzugt die Proseminare gestalten, während die ProfessorInnen die – nach wie vor

Abbildung 7 Die Persistenz der Vorlesung

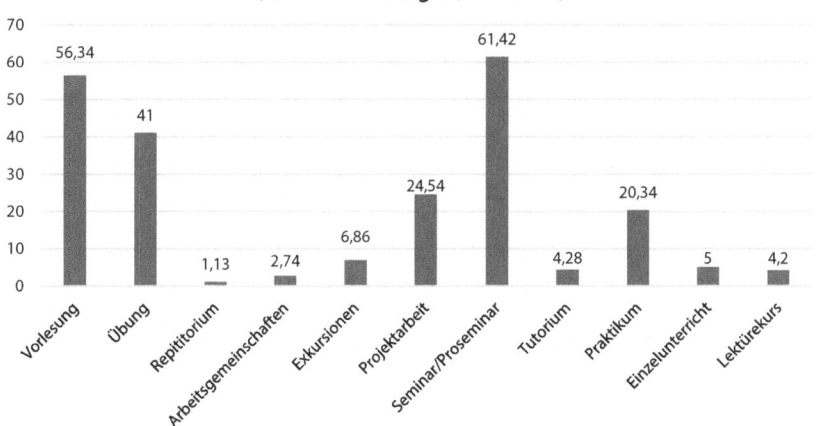

Am häufigsten praktizierte Lehrveranstaltungsformate in %
(max. 3 Nennungen, n = 1 239)

Abbildung 8 „Je älter, desto mehr Vorlesung!"

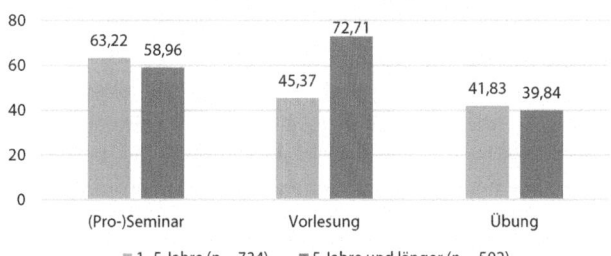

Häufigst genannte Veranstaltungsformen der
Hochschullehrenden nach Lehrjahren in %

für zentraler gehaltenen – Vorlesungen übernehmen. So gesehen ließe der alters-
abhängige Vergleich nur auf den ersten Blick auf einen *Pradigmenwechsel* schlie-
ßen, hinter dem sich allerdings bei genauerer Betrachtung eine *Paradigmenver-
festigung* zu verbergen scheint: „Was uns wirklich am Herzen liegt, machen wir
‚ordentlich‘ (= im Rahmen *ordentlicher* Professuren), d. h. in der altbewährten
Form der Vorlesung!" Diese spürbar gelebte Haltung verfestigt die curriculare
Zentralität der Vorlesung und stellt ein charakteristisches Merkmal der akademischen Lernkulturen dar.

Zudem kommt in diesen Ergebnissen ein doch sehr traditionelles Karriere-
muster zum Ausdruck, welches die seminaristischen Lehrformen als eine Art vor-
bereitendes Feld für den Eintritt in die „eigentliche" akademische Lehrform versteht: Erst, wenn der Assistent oder die Assistentin in Übungen, Proseminaren
und Seminaren ausreichend Erfahrungen gesammelt hat, dürfen sie in die Urform
der universitären Vermittlungskunst, die bis dahin nur dem Professor vorbehal-
tene Form der Vorlesung, inauguriert werden. Der akademische Aufstieg – so der
Eindruck – kommt somit einem Rückzug aus den stärker dialogischen Lehrformen in die monologisierende Welt des Vorlesens gleich – eine Bewegung, deren
Energie und Richtung genau umgekehrt zu den von der Lern- und Kompetenzforschung nahegelegten didaktischen Transformation ausgerichtet ist. Es ist dieser
generelle Trend und der in ihm zum Ausdruck kommende Traditionalismus, der
Anlass zur Sorge gibt – eine Sorge, die man auch nicht durch den Hinweis wirklich entkräften kann, dass es solche und solche Vorlesungen gäbe, was sicherlich
stimmt, aber auch nicht darüber hinwegtäuschen kann, dass vieles dafür spricht,
dass der prozentuale Anteil des frontalunterrichtlichen Moments im tertiären Bereich immer noch überdurchschnittlich ist.

Das Changieren zwischen Aufweichung und Verfestigung des Lehrparadig-
mas zeigt sich auch im Blick auf die Statusabhängigkeit der Lehrformpräferenzen:
Hier spiegelt sich der akademische Aufstieg auch in der Rangfolge der bevorzugten Lehrformen. Während die noch unpromovierten Assistentinnen und Assistenten Übungen, aber auch (Pro-)Seminare selbstständig leiten dürfen, ist die
Vorlesung nicht ihre bevorzugte Methode, obgleich sie immerhin zu einem Drittel in dieser Lehrform anzutreffen sind. Promovierte Lehrende bevorzugen tendenziell das Seminar als Lehrform (67.71 %), zählen aber auch zu der Statusgruppe,
welche die Vorlesungsform gerne praktiziert (Abb. 9). Die eigentlichen Träger des
Vorlesungswesens sind jedoch die Professorinnen und Professoren. Diese lehren
zu über 80 % in diesem Lehrformat, bieten aber auch zu über 50 % Seminare und
zu fast 40 % Übungen an – ein Sachverhalt, der den oben kommentierten Eindruck von der curricularen Zentralität der Vorlesung zwar unterstreicht, gleichzeitig aber auch dokumentiert, dass die einzelnen Statusgruppen hochschuldidaktisch keineswegs festgelegt zu sein scheinen.

Abbildung 9 „Je professoraler, desto mehr Vorlesung!"

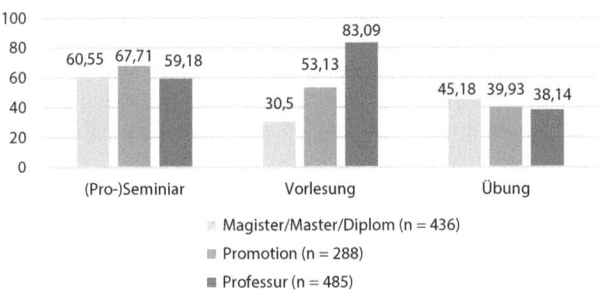

Verteilung der häufigst genannten Lehrformen nach akademischen Grad/Statusgruppe in Hochschulen in %

Hier könnte ein strategisch eingeleiteter Transformationsprozess der akademischen Lernkulturen im Sinne einer gezielten Gegenprivilegierung ansetzen. Bei Berufungsverfahren könnten gezielt die Beiträge und Erfahrungen zur Entwicklung einer stärker die Selbsttätigkeit und Verantwortung der Lernenden betonenden Hochschuldidaktik honoriert werden und weniger das Festhalten an einem frontalunterrichtlichen Präsentieren. Anknüpfungsmöglichkeiten hierzu bestehen zuhauf, zeigen sich doch gerade Nachwuchswissenschaftler besonders aktiv in den stärker seminaristisch und auf Übung zielenden Lehrformen. Diese gilt es als wesentliche Elemente einer auf Dialog und Kompetenzbildung zielenden Hochschulbildung in das Bewusstsein der Akteure zu rücken und gleichzeitig die Dominanz monologischer Lehrformate gezielt zurückzudrängen bzw. zu verbieten. Angezeigt wäre ein solcher Schritt insbesondere für diejenige Art von Vorlesungen, welche Schleiermacher bereits 1808 im Blick hatte als er die Frage aufwarf,

„warum der Staat einige Männer lediglich darum besoldet, damit sie sich des Privilegiums erfreuen sollen, die Wohltat der Druckerei ignorieren zu dürfen" (Schleiermacher 1957, 108).

Demgegenüber warb Schleiermacher für eine dem sokratischen Dialog nachempfundene Form, des öffentlichen Abwägen und Prüfens, bei welchem der Lehrende

„(…) alles, was er sagt, vor den Zuhörern entstehen lassen (muss); er muss nicht erzählen, was er weiß, sondern sein eigenes Erkennen, die Tat selbst reproduzieren, damit sie beständig nicht etwa nur Kenntnisse sammeln, sondern die Tätigkeit der Vernunft im Hervorbringen der Erkenntnis unmittelbar anschauen und anschauend nachbilden" (ebd.).

Die in der Praxis bevorzugten Lehrformate stärken keineswegs den Eindruck, dass diese Form der offenen Erkenntnisarbeit die vorherrschende Dimension der akademischen Lehre darstellt. Vielmehr scheinen viele Vorlesungen sich auch von ihrer ursprünglichen Funktion der gelehrten öffentlichen Rede weitgehend gelöst und zum obligatorischen Baustein eines Studienplanes gewandelt zu haben, dessen unerklärtes Anliegen es ist,

„(…) die Studenten an die Hand zu nehmen, ihren jeweiligen Studiengang zu strukturieren, zu modellieren und zu systematisieren, was heißt, sie aus Einsamkeit und Freiheit, die hilflos mache, betreuender Fürsorglichkeit einzupassen und wohlbehütet zum Examen zu führen, der Voraussetzung für ein gedeihliches Erwerbsleben im Kreise der Besserverdienenden" (Straub 2007, S. 16) –

so die hämische Charakterisierung von Eberhard Straub, einem als freier Journalist tätigem habilitierten Historiker.

Nimmt man die einzelnen Lehrgebiete in den Blick, so zeigt sich, dass die Vorlesung sich insbesondere in den Natur- und Technikwissenschaften einer ungebrochenen Beliebtheit erfreut, während in den Sozialwissenschaften das Seminar die bevorzugte Lehrform darstellt (Abb. 10). Gleichzeitig sind es aber gerade auch die Natur- und Technikwissenschaften, die am stärksten die Lehrform der Übung nutzen – eine didaktische Inszenierung, welche den Studierenden teilweise einen großen Raum zur selbsttätigen Vertiefung und Anwendung eines Lehrstoffes eröffnet. Das Bild ist somit gerade im Blick auf die Natur- und Technikwissenschaften keineswegs eindeutig, scheinen diese doch eine Art Spagatdidaktik zu praktizieren: Hier die expositorische Lehre in der Vorlesung mit eher eingeschränkter Kompetenzbildungswirkung, dort die stärker selbsttätigen Lösungs- und Anwendungsversuche in der Übung.

Einer detaillierteren Betrachtung des hier beschriebenen groben Trends eines Vorherrschens der traditionellen Lehrformen im Hochschulalltag kann allerdings nicht verborgen bleiben, dass sich nach dem Eindruck zahlreicher Lehrender ihre heutige Lehrform grundlegend von der im eigenen Studium erfahrenen Lehre unterscheide. Insbesondere Professoren vertreten mit 85 % am nachdrücklichsten diese Auffassung. Die Praxisorientierung der eigenen Lehre wird höher eingeschätzt als die der selbst erlebten Lehre. Fragt man die Lehrenden nach den Möglichkeiten der Nutzung neuerer Lehrformen, so stößt man auf eine leicht positive Grundtendenz: Insbesondere den neuen Bildungsmedien wird dabei ein

Abbildung 10   „Je naturwissenschaftlicher, desto mehr Vorlesung!"

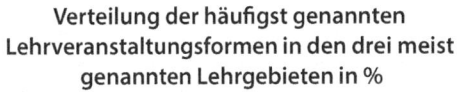

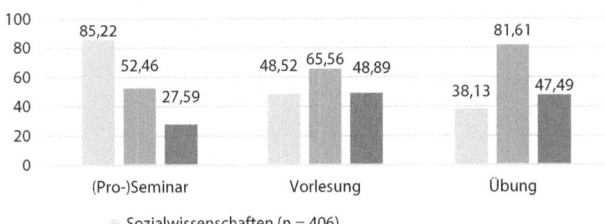

großes Potenzial zugemessen, während man anderen hochschuldidaktischen Neuerungen, wie z. B. der Nutzung neuer Formen von Übungsaufgaben, eher zurückhaltend gegenübersteht. Insgesamt zeigt sich auch bei der Beurteilung didaktischer Neuerungen eine gewisse Statusabhängigkeit: So nimmt die Zustimmung zur Kompetenzorientierung der eigenen Lehre sowie zur Nutzung neuer Lehrformate mit der Höhe des akademischen Grades tendenziell ab, ohne dass dieser Zusammenhang allerdings signifikant ausgewiesen wäre.

Diese Detaillierungen zeigen, dass die vorherrschenden Lehrformen nur auf den ersten Blick als traditionelle eingeschätzt werden können. Von den Lehrenden selbst werden sie als unterschiedlich zur selbst erlebten Praxis erlebt und sind dies möglicherweise auch. Zumindest werden die traditionellen Lehrformen zwar beibehalten, aber mit durchaus innovativer Selbstwahrnehmung praktiziert. Kompetenzorientierung, Praxisbezug und Kompetenzbildung sind keine Fremdworte mehr, sie treffen zumindest bei zahlreichen Lehrenden auf offene Ohren, auch wenn diese noch nicht über wirklich tragfähige Formen verfügen, um diesen Anliegen nachvollziehbar Rechnung zu tragen.

Von der Bildungs- zur Berufsorientierung und zurück

Die Zweckfreiheitsideologie ist ein Erbe der Klassik und ihrer Bildungstheorie. Ursprünglich Ausdruck eines aufklärerischen Grundgedankens, demzufolge kein Kind einem Äußeren Anliegen unterworfen werden solle, bevor es sich nicht selbst habe zum Menschen bilden können, verflachte dieser Gedanke im Laufe des 19. und 20. Jahrhunderts mehr und mehr. Es war Herwig Blankertz (1927–1983), der auf das dabei zugrunde gelegte Missverständnis hinwies:

> „Wirtschaftsberufliche Arbeit konnte als Banausentum abgewertet werden, so dass Urteil und Kritik, zu denen Bildung ermächtigte, den politisch-ökonomischen Bereich ausklammerten und seinen eigenen Mechanismen überließ. Pestalozzi, der, anders als Humboldt, in der Spannung der sozialen Not des kleinen Mannes, der geschundenen und demoralisierten Kreatur lebte und dachte, erkannte diese Schwäche des Humanismus sehr genau. Er nannte es einen ,Irrtum der Begriffe', anzunehmen, ,der Mensch müsse Mensch sein, ehe er Kannengießer werden könne, während er in Wahrheit muss Kannengießer werden, weil eben seine Menschheit unabhängig von seiner Kannengießerarbeit ihn zum Unmenschen in der Gesellschaft machen würde'" (Blankertz 1982, S. 136).

Die unser Bildungssystem tragende Zweckfreiheitsideologie der klassischen Bildungstheorie wollte zwar die einseitige Verzweckung des Subjektes vermeiden, schüttete dabei aber das Kind mit dem Bade aus. Man übersah, dass nicht alle Kompetenzen, die auf die Gestaltung äußerer Zwecke gerichtet sind, zugleich notwendigerweise die Entwicklung des Subjektes beeinträchtigen. Dies hatte bereits Kerschensteiner (1854–1932) „gewusst", indem er in seiner Bildungstheorie nachzuweisen versuchte, dass auch die Abarbeitung des Subjektes an der Widerständigkeit eines Werkstoffes persönlichkeitsbildende Effekte aufweist, die seiner allgemeinen Bildung zugute kommen können. Diese *doppelte Zweckstruktur des beruflich-betrieblichen Lernens* – einerseits einem äußeren Zwecke, andererseits aber auch der eigenen Kompetenzreifung dienend – ist durch die Anforderungsentwicklung der letzten Jahrzehnte eindrucksvoll bestätigt worden. Nur diejenigen sind beruflich kompetent, die *mehr* vermögen, als bekannten Zwecken zu dienen, da die Zwecke sich beständig verändern und es mehr und mehr darauf ankommt, Zwecksetzungen selbst verantwortlich vollziehen zu können. Eine solche Rekonstruktion des Bildungsdenkens würde sich auch den historisch überlieferten Missverständnissen und Irrtümern entwinden. Oder in den Worten von Georg Kerschensteiner

> „Es ist und bleibt einer der großen pädagogischen Irrtümer unserer vom Bildungslärm erfüllten Gegenwart, dass sie die beruflich gerichteten Schulen gegenüber den allgemein gerichteten als an sich minderwertige Schulen ansieht und deren inneren Ausbau nicht unter Entwicklung eines starken Berufsethos vom Gesichtspunkt des höheren Seins betreibt, was immer möglich wäre" (Kerschensteiner 1926, S. 40).

Ein wesentlicher Schritt auf dem Weg zu einer evidenzbasierten und ideologiefreien Rekonstruktion des Bildungsdenkens ist die nüchterne Betrachtung des Individuums auf seinem Weg zur Entfaltung seiner Handlungs- und Gestaltungskompetenzen.

Lernerorientierung

Diese doppelte Zweckstruktur stellt die überlieferten Bildungstheorien allerdings vor das Problem, dass innere und äußere Zwecke sich vermischen, denn nur der ist dem äußeren Zweck auch tatsächlich gewachsen, der seine inneren Kräfte und Kompetenzen selbstständig zu nutzen versteht. Die Bildungsforschung begann deshalb, detaillierter auf die Aneignungsbewegung der Lernenden zu blicken und nach ihren lernbiographischen, aber auch lebensweltlichen Voraussetzungen zu fragen, um diese zu stützen oder einschränkende Gegebenheiten zu überwinden. Gleichzeitig rückten die Merkmale von Lernarrangements und Lernservices deutlicher in den Fokus der wissenschaftlichen Klärungen, um die Wirksamkeit der komplexen Dienstleistung Bildung zu verstehen und zu verbessern. Dabei verändern sich nicht allein die Rollen der verantwortlichen Akteure mehr und mehr in Richtung einer Lernberatung und Lernbegleitung, auch der zugrunde liegende Bildungsdiskurs folgte anderen Akzentsetzungen:

Bildung entmaterialisiert sich und das Erinnern und Repetieren verlieren ihre Bedeutung. In Zeiten ständig sich erweiternder Speicher- und Downloadmöglichkeiten rücken Fähigkeiten des Einzelnen in den Vordergrund, die seine Formen des Umgangs mit Know-How stärken.

Fähigkeiten, wie Auswahl, Aneignung, Umgang und Teilung von Wissen, gewinnen dabei ebenso an Bedeutung, wie die Fähigkeiten, sich angemessen und lösungswirksam in kooperativen Klärungsprozessen zu beteiligen. *Die neue Materialität der Bildung ist das Formale:* Während das Inhaltliche beständigen und in vielen Bereichen eskalierenden Veränderungen unterliegt und auch die prognostische Bildungsforschung kaum sicher antizipieren kann, welches Detailwissen in der Zukunft des einzelnen eine Rolle spielen wird und welches nicht, konzentriert sich die bildungstheoretische und didaktische Debatte verstärkt auf die Bestimmung und Förderung der *reflexiven Kompetenzen* im Subjekt.

Diese Lernerorientierung ist auch und gerade in der Berufsbildung nicht neu. Bereits die sogenannte „klassische Berufsbildungstheorie" rüttelte, wie bereits erwähnt, an dem Dogma der Ausschließlichkeitsthese, indem sie auf die Untrennbarkeit von Persönlichkeitsbildung und Problemlösungsfähigkeit verwies. Zwar sprach Georg Kerschensteiner noch nicht von der Problemlösungsfähigkeit, aber doch von einem „Vollendungserlebnis" nach der erfolgreichen Bearbeitung einer fachlichen Aufgabe – eine Bildungswirkung, welche mehr mit Persönlichkeitsbildung zu tun haben dürfte als so manche Lektüre alter Texte. Es war Eduard Spranger, der diese Überlegungen schließlich zu der Provokation verdichtete, „der Weg zur Bildung (führe) über den Beruf und nur über den Beruf" (Spranger 1929). Es lohnt sich deshalb immer wieder, diesen frühen Hinweisen auf die Bildungskraft von Beruf und beruflicher Erfahrung auch und gerade im Hinblick auf das mit der Bolognareform verbundene Anliegen einer besseren Berufsvorbereitung der Studierenden nachzuspüren.

Die Bereiche der betrieblichen Bildung und Personalentwicklung erwiesen sich seit den 1980er Jahren in vielfacher Hinsicht als didaktisch innovative Bereiche – ein Sachverhalt, der weitgehend übersehen, von Experten aber einhellig anerkannt wird. Insbesondere einzelne Betriebe begannen bereits in den 1980er Jahren Konzepte zu entwickeln, um Schlüsselqualifikationen bei den Auszubildenden anzubahnen, durch welche auch ihre Persönlichkeiten sowie ihre Problemlösungsfähigkeiten nachweislich gestärkt werden sollten (vgl. Brater u.a. 1988). Nicht mehr bloß der Umgang mit Gegenständen und fachlichen Anforderungen, sondern auch der kooperativ erfolgreiche Umgang mit anderen wurde als Anspruch und Ziel der Fachkräftequalifizierung deutlicher in den Blick genommen. Diese Veränderungen der Ausbildungspraxis konnten auch der Bildungspolitik nicht entgehen. Verlegen suchte diese nach einer passenden Formulierung, um den sich abzeichnenden Paradigmenwechsel zu (er)fassen – jenseits eines durch das Dogma der Zweckfreiheit vernebelten Bildungsbegriffes. Spätestens während der Vorarbeiten zum ersten deutschen Bildungsbericht sprengten diese Bemühungen mit der umständlichen Formulierung, dass es um die Stärkung einer „individuellen Regulationsfähigkeit" (Baethge u. a. 2003, S. 15) zu gehen habe, das bisherige Bergriffskorsett, welches auch ein Vorstellungskorsett darstellte. Gleichzeitig löste man sich von der inhaltlichen Engführung des Bildungsverständnisses und nahm auch die Lernkulturen in den Blick. Weitgehend unbemerkt von der breiten Öffentlichkeit begann ein Paradigmenwechsel Gestalt anzunehmen, der darauf abzielte,

> „(…) in der ‚Selbststeuerung von Lernprozessen' die Hauptkompetenz für Selbstregulation zu sehen. Selbststeuerung von Lernprozessen eröffnet nicht allein den kognitiven und motivationalen Zugang zu kontinuierlicher Wissensaneignung und -erweiterung, sondern beinhaltet zugleich wichtige Transferqualifikationen für die Lösung wichtiger Alltagsprobleme" (ebd., S. 16) –

eine Sichtweise, die auch einen nüchternen Blick auf die Wirkungen und die Frage ermöglichte, was bildungsorganisatorisch sowie didaktisch-methodisch dafür getan werden kann, damit sich nachweisbar die Wahrscheinlichkeit erhöht, dass die erwarteten Kompetenzentwicklungen beim Subjekt sich auch tatsächlich einstellen. Damit folgen diese Debatten einer *lernerorientierten Blickrichtung,* wie sie für die betriebliche Bildungsarbeit schon stets maßgeblich gewesen ist. Diese folgte – aus unterschiedlichen Motiven heraus – nicht den Versprechungen der Allgemeinbildungstheoretiker und setzte einen mutigen Kontrapunkt gegen die Theorie der notwendigen Zweckfreiheit von Bildung.

Blickt man vor diesem Hintergrund auf die modernen Konzepte der betrieblichen Bildung und Personalentwicklung, so kann man feststellen, dass diese – wie andere Bildungsbereiche auch – vor der Herausforderung stehen, sich sowohl lernerorientiert als auch outcomeorientiert neu aufzustellen. Die lernerorientierte Mentalität ist einerseits durch die betrieblichen Ausbildungskonzepte im Dualen System vielerorts bereits vorbereitet, „leben" diese doch von der Einsicht, dass Subjekte sich die erweiterten Kompetenzen nur selbstständig – durch Beobachtung, Nachahmung und Probieren – aneignen können, man diese sozusagen nicht gewährleisten oder gar „managen" kann. Anderseits war diese Lektion alles andere als einfach für die zweckorientiert denkenden und planenden Bildungskräfte in den Unternehmen, deren Mentalitäten häufig einer Welt der Machbarkeit entstammen, weshalb sie immer noch bevorzugt an den curriculumtheoretischen Konzepten festhalten und die Nachhaltigkeit des betrieblichen Lernens bevorzugt durch Optimierungen des Lehrens bzw. der Inputs zu managen versuchen.

Diese Input-Welt wurde allerdings spätestens durch die oben erwähnten Ausbildungserfahrungen (im Zusammenhang mit dem Thema der Schlüsselqualifizierung) infrage gestellt, und auch die neuere Lernforschung bestätigt immer wieder eindrucksvoll die Unsicherheit subjektiver Lernprozesse sowie deren Ergebnisse. Diese können sich ergeben, müssen dies aber nicht. Sicherlich kann man die erwarteten Kompetenzentwicklungen ermöglichen, sie aber nicht garantieren.

Die Rehabilitierung eines unvermeidbaren Anliegens

Berufsorientierung hat in der akademischen Welt noch immer einen niederen bis geringen Status. Dieser ist Ausdruck mächtiger Traditionen: Einerseits wirkt hier die Ausschlussthese von Wilhelm von Humboldt (1767–1835) und seiner Epigonen fort. Andererseits spiegelt sich in der Berufs- und Praxisdistanz der Alma Mater auch eine *Vorordnung der Theorie vor der Praxis,* welche ihre Wurzeln letztlich der Aufklärung verdankt: Die Reflexion der Vernünftigkeit der gesellschaftlichen Verhältnisse ist ebenso ihr vorrangiges Anliegen, wie die Frage nach deren Menschlichkeit und Gerechtigkeit. Beides – so das kritische Moment im aufklärerischen Denken – ergibt sich nicht durch den Lauf der Dinge, sondern muss durch evidente Beweise, theoretische Prüfung und politische Kraft zur Geltung gebracht werden.

Wahrheit ist auch nicht bloß das, was funktioniert, sondern das, was verbessert. Der Theorie als einer engagierten Betrachtung kommt deshalb ein Primat vor der gesellschaftlichen Praxis zu. Ihre Aufgabe ist die denkerische Konstruktion einer gesellschaftlichen Zukunft, die zum Ausdruck kommen will, aber noch nicht kann – eine Lesart, die nicht falsch, aber anfällig und unvollständig ist – mit unabsehbaren Folgen für die akademische Berufsorientierung und Berufsvorbereitung, wie im Folgenden noch gezeigt werden soll.

Wirkmächtige Denkgewohnheiten
und ihre Überwindung

Die Auffassung vom Primat aller Theorie vor der Praxis zieht sich als erziehungs- und sozialwissenschaftliches Grundmotiv von der Geisteswissenschaftlichen Pädagogik (vgl. Matthes 2011, S. 46) bis zur Kritischen Theorie der Frankfurter Schule (vgl. Heller 2009) und ihren pädagogischen Ausdeutungen. Sie findet bei Theodor W. Adorno (1903–1969) am prägnantesten ihren Ausdruck. Für ihn war die Trennung von Theorie und Praxis „nicht nur Schein", sondern auch Schutz vor einer „Pseudoaktivität", welche „die Mittel fetischisiert" und „verselbständigt":

„Die Trennung markiert die Stufe eines Prozesses, der aus der blinden Vorherrschaft materieller Praxis hinausführt, potenziell hin auf Freiheit. (…) Durch Machtanspruch jene Trennung widerrufen dünkt sich idealistisch und ist repressiv. Der ohne Überschuss in die Praxis hineinbefohlene Geist würde Konkretismus" (Adorno 1969, S. 10).

Theorie ist nach dieser Wertschätzung nicht bloß die Schau dessen, was ist, sondern der tief analysierende – und freie – Blick auf das, was sein sollte, aber noch nicht sein darf. Theorie ist so gesehen auch Ausdruck von kritischer Reflexion, gehaltvoller Konstruktion, Wert schätzendem Vergleich und kreativem Entwurf. Sie ist der gesellschaftlichen Praxis gewissermaßen vorgeordnet und degradiert auch die Frage, wie wir in Zukunft arbeiten werden, nicht zum Spielball der gesellschaftlichen Mächte. Theorie mischt sich vielmehr selbst in die Entwürfe ein und liefert Vorschläge, erprobt Konzepte und bewertet auch die zur bloßen Gewohnheit verselbständigten Formen des akademischen Lehrens und Lernens einerseits und der beruflicher Bildung andererseits (vgl. Böhle 2009).

Für die Frage nach der *Berufsvorbereitung* ergeben sich aus einer solchen *Vorordnung der Theorie vor der Praxis* grundlegende Konsequenzen, die in der berufspädagogischen Debatte zum Verhältnis von Berufsbildung und Persönlichkeitsentwicklung ihren Ausdruck gefunden haben. Dieses Verhältnis wird in den subjekt- und gestaltungsorientierten Konzepten der Berufspädagogik in deutlicher Distanz zu den vorfindbaren beruflich-betrieblichen Anforderungen und mit dem Anspruch auf eine – noch unbekannte, aber gestaltbare – Vorbereitung konzipiert. In diesem Sinne sprechen Michael Brater u. a. von der „Gestaltungskompetenz" als der grundlegenden Kategorie eines zukunftserschließenden beruflichen Handelns. Sie schreiben:

„Es geht also um langfristige Nutzung, darum, nicht mehr Ressourcen zu verbrauchen, als nachwachsen, den Wohlstand dauerhaft zu sichern, ruinöse Ausbeutung im Sinne eines Raubbaus an den Ressourcen (zu denen auch die arbeitenden Menschen gehören) zu verhindern. In einem übertragenen Sinn geht es um die langfristige Sicherung einer zukunftsfähigen und lebenswerten wirtschaftlichen und gesellschaftlichen Entwicklung – die von den Kräften des Marktes oder sonstigen sozialen Kräften nicht von allein hergestellt wird, sondern der bewussten Gestaltung durch die Menschen bedarf. Das gilt für die allgemeine gesellschaftliche Entwicklung ebenso, wie für die Zukunft der Unternehmen und Betriebe: ‚Nachhaltig', also zukunftsfähig werden sie sich nur entwickeln, wenn sie bewusst gestaltet werden und wenn daran möglichst viele Mitarbeiter teilhaben" (Brater u. a. 2011, S. 69).

Solche neuen Konzepte finden nur schwer Eingang in die berufliche oder gar die akademische Bildung, zu mächtig wirken die überlieferten Denkgewohnheiten als

Denkschablonen. Die zählebigsten dieser Denkschablonen ist dabei zweifelsohne die Vorstellung von der *Vorordnung der Allgemeinbildung vor der Berufsbildung.* Dieser zufolge gibt es Themen und Inhalte persönlichkeitsbildender Kraft und solche, denen eine solche Kraft abgesprochen werden muss, da ihr Zweck ein anderer sei. Unter Verdacht geraten dabei in einer schwachen denkerischen Pauschalierung sämtliche Inhalte, Themen und Fächer, die dem Lernenden auch einen „ökonomischen Nutzwert" stiften könnten. So konnte man z. B. in der Süddeutschen Zeitung vom 22. 12. 2014 ein Plädoyer für den Lateinunterricht lesen, in dem der ökonomische Nullwert geradezu als eine Art „Beleg" für die im Lateinunterricht tatsächlich gelingende Persönlichkeitsbildung genommen wird[20] – ohne weitere Evidenzbelege und ohne ein Bewusstsein darüber, welchen komplexen metakommunikativen Reifungsprozess eine gelingende Persönlichkeitsentwicklung tatsächlich darstellt (vgl. Arnold 2015; Kaiser/Kaiser 2012).

Die zählebige Denkschablone der Ausschlussthese geht davon aus, dass eine wahre Allgemeinbildung von jeglicher Berufsbildung streng separiert werden müsse. In der Sprache von Wilhelm von Humboldt liest sich dies so:

„Was das Bedürfnis des Lebens oder eines einzelnen seiner Gewerbe erheischt, muss abgesondert, und nach vollendetem allgemeinen Unterricht erworben werden. Wird beides vermischt, so wird Bildung unrein, und man erhält weder vollständige Menschen, noch vollständige Bürger einzelner Klassen.

Denn beide Bildungen – die allgemeine und die specielle – werden durch verschiedene Grundsätze geleitet. Durch die allgemeine sollen die Kräfte, d. h. der Mensch selbst gestärkt, geläutert und geregelt werden; durch die specielle soll er nur Fertigkeiten zur Anwendung erhalten. Für jene ist also jede Kenntnis, jede Fertigkeit, die nicht durch vollständige Einsicht der streng aufgezählten Gründe, oder durch Erhebung zu einer allgemeingültigen Anschauung (wie die mathematische und ästhetische) die Denk- und Einbildungskraft, und durch beide das Gemüth erhöht, todt und unfruchtbar. Für diese muss man sich sehr oft auf in ihren Gründen unverstandene Resultate beschränken, weil die Fertigkeit da seyn muss, und Zeit oder Talent zur Einsicht fehlt. So bei unwissenschaftlichen Chirurgen, vielen Fabrikanten u. s. f. Ein Hauptzweck der allgemeinen Bildung ist, so vorzubereiten, dass nur für wenige Gewerbe noch unverstandene, und also nie auf den Menschen zurück wirkende Fertigkeit übrigbleibe" (von Humboldt 1993, S. 188).

---

20 Dort ist zu lesen: „Ein Fach, dessen ökonomischer Nutzwert nicht eins zu eins messbar ist, muss man pflegen. Bildung wird in der Gesellschaft nicht mehr als Wert per se definiert, es geht kaum um Bildung eines Menschen. Sondern um Bildung einer Arbeitskraft, um exakt anwendbares Wissen, das gefälligst in die Köpfe von Schülern zu verfrachten ist" (Osel 2014, S. 13).

Die Ausschlussthese findet ihren Ausdruck auch darin, dass die Hochschulen und Universitäten ihr Selbstverständnis aus einer eher beobachtenden, analysierenden und bewertenden Distanz zur gesellschaftlichen Welt der Arbeit herleiten, nicht aus dem unmittelbaren Vertrautsein mit deren praktischen Anliegen oder gar einer unauflösbaren Verquicktheit zwischen Allgemeinbildung und Berufsbildung einerseits und von Wissenschaft und Praxis andererseits, wie es u. a. bereits in der Vorstellung von Gottfried Wilhelm Leibniz (1646–1716), „theoriam cum praxi" zu vereinigen[21], anklang. Es ging diesem Universalgelehrten um die wechselseitige Bezogenheit zweier elementarer Ausdrucksformen menschlichen Handelns, welche nicht losgelöst voneinander gedacht werden können, obgleich sie sich auch nicht vorschnell „als korrelative Kategorien von gleicher Mächtigkeit" (Laitko, S. 8) auffassen lassen, heißt es doch auch bei Leibniz „theoria cum praxi", nicht „praxi cum theoria" (vgl. Knobloch 1987).

Diese beobachtende Distanz zur jeweiligen Praxis ist nicht ganz verkehrt, vermag sie doch zunächst in einer Person Haltungen und Kompetenzen entstehen zu lassen, die auf eine vernünftige bzw. professionalisierte Problemlösung vorbereiten, ehe irgendein Schlendrian, eine Ernüchterung – wie der viel gefürchtete „Praxisschock" – oder die mit der Routine sich einschleifende „Schere im Kopf" dieses innovative Potenzial einschränken und zu einer „Pseudoaktivität" im Sinne Adornos verkommen lassen. Diese Einspurung des akademischen Selbstverständnisses setzt auf Menschenbildung in ihrem grundlegendsten Wortsinn, nicht auf unmittelbare berufliche Vorbereitung oder gar Ertüchtigung:

„Der Universität ist vorbehalten, was nur der Mensch durch und in sich selbst finden kann, die Einsicht in die reine Wissenschaft. Zu diesem SelbstActus im eigentlichen Verstand ist notwendig Freiheit, und hülfreich Einsamkeit, und aus diesen beiden Punkten fließt zugleich die ganze äußere Organisation der Universitäten. Das Kollegienhören ist nur Nebensache, das Wesentliche, das man in enger Gemeinschaft mit Gleichgestimmten und Gleichaltrigen, und dem Bewusstsein, dass es am gleichen Ort eine Zahl schon vollendet Gebildeter gebe, die sich nur der Erhöhung und Verbreitung

---

21 Diese Forderung entstammt der „Denkschrift in Bezug auf die Einrichtung einer Societas Scientiarium et Artium in Berlin" vom 24./26. März 1700. Dort heißt es: „Wäre demnach der Zweck theoriam cum praxi zu vereinigen, und nicht allein die Künste und die Wissenschaften, sondern auch Land und Leute, Feldbau, Manufacturen und Commercien, und, mit einem Wort, die Nahrungsmittel zu verbessern, überdies auch solche Entdeckungen zu tun, dadurch die überschwängliche Ehre Gottes mehr ausgebreitet, und dessen Wunder besser als bisher erkannt, mithin die christliche Religion, und auch gute Policey, Ordnung und Sitten theils bey heidnischen, theils noch rohen, auch wol gar barbarischen Völkern gepflanzt oder mehr ausgebreitet würden" (Leibniz 1991, S. 217).

der Wissenschaft widmen, eine Reihe von Jahren sich und der Wissenschaft lebe" (von Humboldt 1993, S. 191).

Letztlich ist es eine subtile Gestaltungsfähigkeit des Subjektes, der hier das Wort geredet wird. Diese spricht auch aus zahlreichen der oft widersprüchlich daherkommenden Forderungen der betrieblichen Personalentwicklung, denen es keineswegs um eine praxeologisch verkürzte Anleitung Studierender oder gar die Verbannung der theoretischen Reflexion aus den Hochschulen und Universitäten geht. Insbesondere die Interessenvertretungen der Unternehmen beschweren sich zwar oft wortstark über den mangelnden Praxisbezug des Studiums an den Hochschulen und Universitäten, insistieren aber zugleich auf der Beibehaltung der Unterscheidung zwischen beruflicher und hochschulischer Bildung – auch und weil sie auf das innovative Potenzial gerade derer setzen, die nicht nur und noch nicht einmal in erster Linie am Puls der Praxis gelernt haben. Sie wissen – um es in den Worten von Dirk Baecker zu sagen –

„(…) dass Praxis blind macht. Sie suchen nicht nach Leuten, die ihre Blindheit teilen" (Baecker 1999, S. 64).

Wissenschaftliche Bildung zielt demgegenüber auf Professionalität. Diese – verstanden als die Fähigkeit, komplexe und unvorhersehbare Probleme situativ sowie fachlich angemessen selbständig bewältigen zu können – benötigt selbstschärfende Kompetenzen.

Bei diesen handelt es sich um Kompetenzen, die den Lernenden auch in die Lage versetzen, zu erkennen, welche Kompetenzanpassung er benötigt und diese selbst zu gewährleisten – reflexive Kompetenzen, die gewissermaßen die einzige Kontinuität in einer ansonsten sich eskalierend verändernden betrieblichen Wirklichkeit darstellen. Auf welche Praxis hin soll eine Berufsvorbereitung denn auch erfolgen, wenn es z. B. die heute relevanten Positionen vor zehn Jahren überhaupt noch nicht gegeben hat und sich in 10 Jahren die Menschen mit beruflichen Handlungsanforderungen konfrontiert sehen werden, die heute noch nicht erkennbar sind? Das einzig Kontinuierliche ist der Wandel selbst, dessen Gestaltung es mit den Lernenden einzuüben gilt. Dann ist jede Form, auf den professionellen Umgang mit Unsicherheit und Ungewissheit sowie Komplexität vorzubereiten, eine Berufsvorbereitung im eigentlichen Sinne des Wortes.

Reflexions- und Selbstreflexionsfähigkeit sind wesentliche Elemente solcher reflexiven Kompetenzen. Sie dienen vor allem der Stärkung des eigenen Anpassungs- und Gestaltungsvermögens derjenigen, die sich auf eine berufliche Tätigkeit vorbereiten. Diese lernen und üben nicht nur die Vorbereitung auf Zukünftiges, sondern stärken ihre Fähigkeiten zum fachlich und außerfachlich angemessenen Umgang mit unsicheren Lagen. Denn das Zukünftige vermag nur dann wirklich in Erscheinung zu treten, wie uns die Systemiker des MIT in Boston zeigen, wenn wir über die Fähigkeiten verfügen, nicht bloß vom Vergangenen her zu denken, weil dieses uns auch festlegt. C. O. Scharmer berichtet in diesem Zusammenhang von einem Workshop, auf welchem eine Lehrerin feststellte:

> „Wir organisieren unserer Schule um mechanische Modelle des Lernens herum. Alles geht darum, dass die Schülerinnen und Schüler alte Wissensbestände auswendig lernen. Das prüfen wir. Aber, dass wir den Kindern beibringen, ihre intellektuelle Neugierde und ihre Fähigkeiten für Kreativität und Imagination zu erschließen, das fehlt" (Scharmer 2009, S. 151).

Grundlegend für das Konzept einer zeitgemäßen Berufsvorbereitung ist deshalb auch die paradoxe These der reflexiven Soziologie, dass die beste Vorbereitung auf zukünftige Ernstsituationen darin bestehe, sich nicht (nur) auf diese vorzubereiten, sondern sich mit den eigenen Formen des Denkens, Beobachtens und Bewertens zu beschäftigen – eine provozierende Infragestellung der vorfindbaren Praxen an Hochschulen und Universitäten. Diese sind dem Vorbereitungsanspruch verpflichtet und sie haben oft noch überhaupt nicht realisiert, dass die Vorbereitung auch nicht mehr das ist, was sie einmal gewesen ist oder hatte sein können. In ihr wird das „Learning from the Past" (sensu Scharmer 2009) gewissermaßen institutionalisiert – eine Vorkehrung, die nur behaupten, aber nicht belegen kann, dass sie die Nachwachsenden auch auf eine ungewisse und unsichere Zukunft angemessen vorbereite.

Lediglich vereinzelte berufspädagogische Beiträge zur Soziologie der Zweiten Moderne argumentieren in die Richtung eines „Learning from the Future" (sensu Scharmer 2009), wenn sie darauf fokussieren, dass angesichts der Unübersichtlichkeiten und Ungewissheiten der zukünftigen Arbeitsmärkte eine „radikale Innenleitung" gefragt sei, deren Ausbildung und Stärkung nur im Wege der Didaktik eines handlungsorientierten Erlebens gelingen kann (vgl. u. a. die Arbeiten vom M. Brater – z. B. in Beck 1997). Es geht demnach darum, die berufliche Vorbereitung *im Sinne einer selbstreflexiven Qualifizierung* zu gestalten und insbesondere die ungewollte Nebenwirkung jedes Vorbereitungslernens zu vermeiden, die darin besteht, dass sie antizipierend informiert, sensibilisiert und qualifiziert, aber genau dadurch auch festlegt, wo es doch vielleicht darum ginge, auch die Offenheit und Flexibilität für den Umgang mit dem Neuen anzuregen und lebendig zu erhalten (vgl. Senge/Scharmer u. a. 2005, S. 13).

Die vier Dimensionen einer Integrativen Konzeption akademischer Berufsvorbereitung

Die bisherigen Ausführungen zeigen deutlich, dass die Gestaltung eines berufsvorbereitenden Studiums kein leichtes Unterfangen ist. Es bedarf einer Fülle von Theoriearbeit, um sich der Praxis zuzuwenden. Dazu gehört auch, sich mit den zu institutionellen Festlegungen geronnenen Denkgewohnheiten vertieft auseinanderzusetzen, um zu wirklich tragfähigen Ausdeutungen wohlfeil daherkommender Forderungen, wie Praxisorientierung oder Berufsvorbereitung zu gelangen und nicht bei den Ergebnissen eines behauptenden Denkens stehen zu bleiben.

Die in den Fakultäten und Hochschulleitungen Verantwortung Tragenden sehen sich bei diesem Bemühen um tragfähige Konzepte u. a. mit folgenden Fragestellungen konfrontiert:

- Welche – heimlichen – Vorstellungen von akademischer Bildung leiten unsere Bemühungen?
- Wie definieren wir Theorie und wie üben wir mit den Studierenden die Formen eines starken Denkens, welches um die Fabriziertheit von Erkenntnis weiß und mit den dabei wirksamen Mechanismen der Beobachtung, des Schlussfolgerns und Entscheidens konstruktiv umzugehen weiß?
- Wie bereiten wir den Geist der Lernenden auf die Vermeidung von eigener Erstarrung, Rechthaberei und Borniertheit vor, um sie für ein lebenslanges Lernen auch tatsächlich – und nicht bloß rhetorisch – zu öffnen?
- Wie gehen wir nüchtern mit dem Primat der Theorie um und begegnen zugleich der vorfindbaren Berufspraxis in einer Wert schätzenden, aber gleichwohl veränderungsoffenen Haltung – ohne Bevormundung, Anmaßung oder Dünkel?

Die dabei zu klärenden Fragen und die zu treffenden Entscheidungen bewegen sich jedoch nicht nur in der Spannungslage zwischen Theorie und Praxis, sondern auch zwischen Anpassung und Gestaltung, wie Abbildung 11 zeigt. In diesem Spannungskreuz lassen sich Berufsvorbereitungskonzepte ganz unterschiedlicher Durchdringung und Komplexität identifizieren.

Da sind zunächst die Konzepte, die sich in einer einfachen Hinbewegung auf die betrieblichen Verwendungskontexte darauf beschränken, die Anforderungen der Praxis als das zu nehmen, was sie ihnen zu sein scheinen *(= Berufsvorbereitung 1. Ordnung)*. Diese Beschränkung ist nicht naiv, geht es diesen Konzepten doch darum, die akademische Qualifizierung transparent auf die zuvor präzisierten Kompetenzprofile auszurichten und die möglichen akademischen Inhalten einer klaren didaktischen Analyse zu unterwerfen, um zu ermitteln, welche Re-

Abbildung 11   Die vier Formen einer akademischen Berufsvorbereitung

	Theorie	
Berufsvorbereitung 1. Ordnung: Berufsvorbereitung gelingt durch eine Antizipation der zukünftigen Praxis, z. B. ■ durch Lehrbeauftragte aus der Praxis ■ durch Kompetenzprofille, die situationsorientiert sind ■ durch eine berufsdidaktische Analyse der vorgesehenen Inhalte		**Berufsvorbereitung 3. Ordnung:** Berufsvorbereitung gelingt durch eine theoretische Befassung mit Fragen einer vernünftig gestalteten Praxis, z. B. ■ durch Beteiligung an Recherche- und Evaluierungsarbeiten über die Qualität vorfindbarer Praxis ■ durch Bearbeitung betrieblicher Projekte (z. B. als Arbeitsstipendiaten) ■ durch professionelle (Selbst-)Reflexion im Kontext idealtypischer beruflicher Situationen
Anpassung	**Die vier Dimensionen einer Integrativen Konzeption akademischer Berufsvorbereitung**	**Gestaltung**
Berufsvorbereitung 2. Ordnung: Berufsvorbereitung gelingt durch das Erleben der zukünftigen Anforderung, z. B. ■ durch Berichte von Ehemaligen, ■ durch gezielte Berufspraktika in realtypischen Berufsfeldern bzw. Domänen ■ durch duale oder projektorientierter Studiengänge		**Berufsvorbereitung 4. Ordnung** Berufsvorbereitung gelingt durch die Beteiligung an der Veränderung von Praxis, z. B. ■ durch Mitwirkung an Innovationsprojekten, ■ durch Beteiligung an Experimenten in der betrieblichen Praxis, ■ durch Einübung in den Umgang mit idealtypischen Situationen eines Berufsfeldes bzw. einer Domäne
	Praxis	

levanz ihnen im Hinblick auf die zu gestaltenden Praxissituationen zukommen kann. Kein Bildungsprogramm scheint ohne eine solche Prüfung wirklich auszukommen, obgleich die Grundlagen einer solchen Prüfung in den rasant sich wandelnden Arbeitsmärkten einem solchen *Bemühen um Antizipation und Präzision* mehr und mehr entgleiten.

Deshalb setzen die Konzepte einer *Berufsvorbereitung 2. Ordnung* mehr auf *das Erleben* selbst als ausschließlich auf die Antizipation und Präzision. Ihnen geht es um die *möglichst dichte Einbeziehung realtypischer Situationen* – in indirekter Form (z. B. durch Kontakte zu ehemaligen Absolventen) oder in direkter

Form (z. B. durch Praktika oder duale Studienstrukturen). Dieser Konzeption der Berufsvorbereitung geht es weniger um die prognostische Tauglichkeit des berufspraktischen Erlebens, indem die Studierenden möglichst nur mit solchen Situationen in Berührung kommen, denen sie später auch selbst ausgesetzt sein werden. Es geht den Konzepten einer Berufsvorbereitung 2. Ordnung vielmehr darum, Lernende dem Handlungsdruck jeglicher Praxis auszusetzen, der stets zur Gestaltung der Folgen der eigenen Entscheidungen drängt, ohne diesem tatsächlich ausweichen zu können, so wie man einer theoretischen Reflexion ausweicht, indem man das Buch zuschlägt oder etwas anderes liest. Diese Konzepte haben zwei wesentliche Aspekte des Beruflichen durchaus im Blick: *die Unmittelbarkeit der Handlungsanforderungen* und *die Unausweichlichkeit von Gestaltungsfolgen*.

Für die Konzepte einer *Berufsvorbereitung 3. Ordnung* ist die Frage nach den Möglichkeiten einer vernünftig gestaltbaren Praxis grundlegend. Es geht diesen Konzepten um eine idealtypische Praxis mit ihren noch impliziten Potenzialen einer Verbesserung – für die einzelnen und die Gesellschaft als Ganzem. Zu erwähnen sind in diesem Zusammenhang insbesondere die Theorien einer reflexiven Professionalisierung, in denen berufliche Praxis sich verändern „darf", da die Berufseinsteiger gezielt auch in anderen Kategorien als denen der Praxis, zu denken und handeln gelernt haben. Diesen Effekt hat der Koblenzer Erziehungswissenschaftler Reinhard Voß im Blick, wenn er im Blick auf die universitäre Lehrerbildung darauf verweist, dass

„der von Lehrerinnen und Lehrern individuell wie sozial neu erschaffene Sinn für ihr Berufsleben zunächst immer Eigensinn (ist). Er zielt darauf ab, den eigenen wie gemeinsamen Lebenssinn zu entwerfen, neue Schul- wie Unterrichtswirklichkeiten zu gestalten, den notwendigen ‚Wandel der Lernkulturen' (Arnold/Schüßler 1998) zu konstruieren, ggf. auch gegen das politische Establishment. Denn: Auf die Politik allein können wir uns nicht verlassen. Wir werden es in weiten Teilen selbst tun müssen!" (Voß 1999, S. 14)

Die Konzepte einer *Berufsvorbereitung 4. Ordnung* sind schließlich der Frage nach den Notwendigkeiten und Möglichkeiten einer gezielten Veränderung der beruflichen Praxis gewidmet – gemäß dem Kurt Lewin zugeschriebenen Leitsatz „You can not understand a system unless you tried to change it". Dies bedeutet, dass sich die innere Substanz eines systemischen Kontextes erst in Veränderungsprozessen offenbart. Deshalb muss eine praxisbezogene Vorbereitung, die ihrem Namen gerecht werden will, Veränderungsprozesse initiieren, Partizipation an diesen Prozessen ermöglichen und professionelle Innovation erlebbar gestalten – eine studienorganisatorisch und didaktisch schwierige, aber gleichwohl nicht traditionslose aktive Professionalisierung.

Grundlinien einer Strategie berufsvorbereitenden akademischen Lernens

Inhalte und Struktur der Studienpläne an deutschen Hochschulen folgen einer disziplinären Logik, keiner Berufsfeld- oder gar Lernfeld-Logik. Auch die in den durch die unterschiedlichen Studiengänge nahegelegten typischen Geschäftsprozesse konnten sich bislang kaum gegen die überlieferten Formen der Konstitution von Fachgebieten, Instituten oder Fakultäten durchsetzen. Zudem haben die Einsichten in die Subjektivität und Subjektgebundenheit jeglicher Kompetenzreifung (vgl. Arnold/Erpenbeck 2014) bislang keinerlei Niederschlag in den hochschuldidaktischen Szenarien gefunden. Anders ist dies in der beruflichen Bildung, die sich bereits in den 1990er Jahren von der curricularen Prädominanz disziplinärer Gestaltungsprinzipien lösen und sich stärker subjekt-, handlungs- und geschäftsprozessorientierten Formen der Gestaltung berufsorientierter Lernprozesse zuwenden konnte – auch dies ein deutlicher Hinweis darauf, dass „die höhere Bildung von der beruflichen Bildung lernen (kann)" und „die Verbindung von institutionalisiertem Lernen und praktischem Tun neue Lernfelder und -orte (eröffnet)" (Böhle 2010).

Bislang sind Studienordnungen und Studienpläne fast ausschließlich Ausdruck eines Helikopterblickes auf das jeweilige Fach und folgen nicht den Anforderungsentwicklungen in den korrespondierenden Berufsfeldern – eine Selbstbeschränkung, welche der Wissenschaftsrat bereits Ende der 1990er Jahre scharf kritisierte. So heißt es in seiner „Stellungnahme zum Verhältnis von Hochschulbildung und Beschäftigungssystem" aus dem Jahre 1999:

> „In vielen Fächern, deren Absolventen dauerhaft erhebliche Probleme auf dem Arbeitsmarkt haben, werden Strukturen und Inhalte der universitären Studiengänge bislang ausschließlich aus der Forschungsperspektive der Fachdisziplin heraus entwickelt. Darin kommt ein Defizit institutioneller Verantwortung zum Ausdruck" (Wissenschaftsrat 1999, S. 59).

Doch wie könnte eine berufsvorbereitende Gestaltung von Studium und Lehre an deutschen Hochschulen aussehen? An welchen curricularen Dimensionen hätte sich diese zu orientieren, wenn die jeweiligen Fächer mit ihren Fragestellungen, Themen und Vorgehensweisen kompetenzorientiert ergänzt, erweitert oder gar abgelöst werden sollen? – Fragen, die hier nicht abschließend geklärt, wohl aber durch den Vorschlag von zehn „Leitfragen zur Gestaltung einer Vorbereitung im Studium" einer pragmatischen Handhabung zugeführt werden können (Abb. 12).

Abbildung 12 Dimensionen einer Berufsvorbereitung im Studium

Dimension	Leitfragen zur Gestaltung einer Berufsvorbereitung im Studium	Bezug
Bedarf	1) Was wissen wir (z. B. durch Arbeitsmarktstudien, Experti-sen) über die Anforderungen und Entwicklungen in den anvisierten Berufsfeldern und den mit diesen korrespon-dierenden Domänen? 2) Wie lassen sich diese zu prägnanten und präzisen Anfor-derungsprofilen (= Kompetenzprofilen) verdichten?	Berufsvorbereitung 1. Ordnung
Emotion	3) Wie lassen sich die realtypischen – dichten – Entschei-dungs- und Handlungssituationen der anvisierten Berufsfelder erlebensintensiv in den Studienprozess integrieren? 4) Welche persönlichen Fähigkeiten zum Umgang mit un-mittelbaren Handlungsanforderungen und unaus-weichlichen Gestaltungsfolgen sollten angebahnt und systematisch geübt werden?	Berufsvorbereitung 2. Ordnung
Reflexion	5) Welches sind die idealtypischen Kriterien einer profes-sionellen Problemlösung in den anvisierten Berufsfeldern der gesellschaftlichen Praxis? 6) Welche berufsethischen und instrumentellen Verbesse-rungen sind unverzichtbare Bestandteile einer professio-nellen Praxis?	Berufsvorbereitung 3. Ordnung
Unsicher-heit	7) Was bedeutet Veränderung, und wie kann mit der per-sönlichen Verunsicherung so umgegangen werden, dass diese Wandel nicht torpediert, sondern zu gestalten hilft? 8) Was sind die Kriterien einer professionellen Innovation in dem anvisierten Berufsfeldern und den mit diesen kor-respondierenden Domänen?	Berufsvorbereitung 4. Ordnung
Fortschritt	9) Wie gelingen Wandlungsprozesse durch komplexe und sachgemäße, aber stets auch wirkungsunsichere Formen der Intervention und Interaktion? 10) Was bedeutet gelingende Problemlösung in den anvi-sierten Berufsfeldern und welche kognitiven und emo-tionalen Voraussetzungen sollten Professionals in sich entwickeln und perfektionieren?	

Bildung neu denken 2:
Die Reifung von Identität und Kompetenz –
Eine Reise zu sich selbst

Geht man davon aus, dass der Weg zur professionellen Performance eine Kompetenzreifung in den Lernsubjekten selbst voraussetzt, dann kann deren Ermöglichung nicht länger vornehmlich oder gar ausschließlich als Zumutung (von inhaltlichen Anforderungen her) begründet, didaktisiert und inszeniert werden. Wissen allein bildet nicht, und es fördert auch für sich genommen kaum die Entstehung von Kompetenzen; man kann viel wissen und nichts können. Damit solche Anliegen tatsächlich auf der Kompetenzebene „wirksam" werden können und sich in einer professionellen Performance ausdrücken, ist vielmehr eine Einbeziehung der Entwicklungslogik des Subjektes notwendig. Diese muss – in einer neu verstandenen – didaktischen Analyse beobachtet, rekonstruiert und zur Ausgangsbasis für die anzuregende Lernbewegung genommen werden – ein Anspruch, der einen bislang marginalen Teil des didaktischen Denkens in das Zentrum der Überlegungen rückt. Die Didaktik wird dadurch von einer Inhalts- zu einer Subjektdidaktik – und sei es nur, dass die Subjektperspektive zunächst gleichwertig in den didaktischen Fokus rückt: Lehrende müssen um die strukturelle Bedeutung des jeweiligen Lerninhalts und seine domänenspezifische Stellung wissen, sie müssen den Lernprozess aber auch von der Gegenüberperspektive des Lernenden her verstehen und gestalten können – so die wohl grundlegendste Folgerung für die Hochburgen des Wissen schaffenden und vermittelnden Lernens.

Auch Hochschulbildung folgt Entwicklungsstufen

Nun gibt es jedoch *den* Lernenden ebenso wenig, wie es *den* Lernprozess gibt. Es gibt Lernende unterschiedlicher Ausgangslage, Aufgeschlossenheit und Selbständigkeit, wie es auch Lernprozesse gibt, die gelingen und solche, die nicht gelingen. Die Aneignung der Lernenden auf den Weg in die Professionalität ist vielfältig und unterschiedlich. Eine kompetenzbildende Hochschulbildung muss sich deshalb mehr und mehr um Einblicke in die studentischen Lebenswelten und biographischen Identitätsentwicklung ihrer Lernenden bemühen – auch und gerade angesichts des Aufkommens der neuen – bislang eher marginalen – Gruppen der Studierenden neben dem Beruf, mit denen die Idee einer Lifelong-Learning-University immer deutlicher Gestalt zu gewinnen beginnt.

In der beruflichen Bildung war es vor allem die Gruppe um Felix Rauner, die den Aspekt der subjektiven Entwicklung in die Debatten um die Kompetenzentwicklung einbezogen hat. Für Rauner

> „(ist) kompetentes berufliches Handeln aus individueller Perspektive nicht wissenschaftlich ableitbar, es beruht mithin auf einem Lern- und Entwicklungsprozess, der nicht vollständig in wissenschaftlichen Inhalten abzubilden ist" (Rauner 2005, S. 80).

Für Rauner u. a. ist deshalb „die forschungslogische Referenz auf das Subjekt künftiger Arbeit" (ebd.) von unhintergehbarer Relevanz. Denn die Möglichkeiten des Subjektes sind bei genauerer Betrachtung auch die Möglichkeiten der Gesellschaft, und nur indem man dieses nicht bereits denkerisch und kategorial auf einen bloßen Reflex auf die jeweiligen Arbeitsmarktanforderungen bezieht, können auch die innovativen Potenziale reifen, von denen Entwicklung und Fortschritt letztlich getragen werden – so seine These. Kompetenzentwicklung ist demnach „offensiv als Gestaltungsaufgabe aufzufassen" (ebd., S. 81), wie Felix Rauner dies für die Berufsbildung einfordert. Er plädiert dabei für eine Erweiterung der didaktischen Perspektive um eine „entwicklungslogische Dimension", wobei seine Kompetenzfrage eine nach den Inhalten bleibt und sich diese nicht in einem Drift in metakognitiv Allgemeines verflüchtigen. Er schreibt:

> „Die Entwicklung der Lernformen ist zentrales Thema der berufspädagogischen Diskussion der letzten drei Jahrzehnte. Da, wo die Frage nach den Lerninhalten gestellt wurde, bewegen sich die Antworten und Konzepte im Rahmen der Berufspragmatik der Ausbildungsordnungen sowie der an einem wissenschaftsbezogenen Fachverständnis orientierten (Rahmen)Lehrpläne. Eine auf die Mitgestaltung der Arbeitswelt zielenden Berufsbildung setzt jedoch eine Entschlüsselung des in der praktischen Berufsarbeit inkorporierten Wissens und eine Identifizierung der die berufliche Entwicklung herausfordernden Arbeitsaufgaben voraus" (Rauner 1999, S. 424).

Rauner möchte das Fachliche letztlich auch aus dem biographisch Möglichen heraus entwickeln, wenn er die Einsicht vertritt,

„(…) dass im Rahmen des entwicklungslogischen Paradigmas gezeigt werden kann, dass berufliche Kompetenz inhaltlich und in der Form der Aneignung nur in Korrespondenz der stufenweisen Herausbildung kompetenter Facharbeit vom Anfänger zur reflektierten Meisterschaft angemessen gelingen kann (…)" (ebd.).

Konkret bedeutet dies, dass Fragen der Lern-, Ausbildungs- oder Studienplanung nicht länger in einem objektivierenden Gestus aus einer vermeintlichen Sachlogik heraus entschieden und ausgestaltet werden können, sondern vielmehr auch die innere Entwicklungslogik des Subjektes in ihre Überlegungen mit einbeziehen muss. Warum die Gruppe um Rauner dabei auf das frühe Konzept der „Entwicklungsaufgabe" („Development Task") von Robert J. Havighurst (1900–1991) zurückgreift, ohne die Lifespan-Development-Ansätze der Psychologie bzw. die Identitätsentwicklungs-Konzepte der Erwachsenenbildungsforschungen wirklich substanziell auszuloten, bleibt eine überraschende Selbstbeschränkung des Raunerschen Konzeptes. Dieses verliert dadurch allerdings nichts von seiner Berechtigung, zumal man die vermisste Hinwendung zu Identitätsfragen in späteren Veröffentlichungen dieser Forschergruppe durchaus beobachten kann (vgl. Heinemann/Rauner 2009).

Welche Perspektiven lassen sich aus dieser entwicklungsbezogenen Wende der Berufsbildungsforschung für die curriculare Gestaltung in anderen Bereichen des Bildungswesens, wie z. B. den Hochschulen und Universitäten, ableiten? Ist die persönliche Entwicklung der Studierenden wirklich eine Aufgabe der Fakultäten? Und: Wie können das Studium und die wissenschaftliche Kompetenzentwicklung wirksam als „Entwicklungsaufgabe" gestaltet werden? Wer solche Fragen stellt, bemüht sich um *operative Konzepte*, d. h. um konkrete Ansatzpunkte einer glaubwürdigen Umsetzung der vielfach beschworenen „Lernerorientierung"[22]. Dabei geraten die Dimensionen eines reflexiven Lernens in den Blick, wie sie in dem vorliegenden Buch an zahlreichen Stellen aufgefächert und durch Konzepte, Erfahrungen und Vorschläge konzeptionell ausgestaltet werden. Der Fokus der Entwicklungsorientierung fordert jedoch auch die Hochschulen und Universitäten dazu heraus, sich selbst zu verändern und gezielter auf die Lernenden einzustellen, statt

---

22 Diese „Lernerorientierung" wird u. a. in der Zeitschrift „Forschung&Lehre" zum Ausdruck gebracht, wenn z. B. zur Frage „Lehre in der Krise?" festgestellt wird: „Erforderlich ist ein Umdenken von der Lehr- hin zur Lernorientierung. Die Studierenden und ihre Lernprozesse müssen im Mittelpunkt der Lehrplanung und Lehrgestaltung stehen. (…) Wir Lehrende müssen unsere innere Einstellung verändern. Die Studierenden geraten dann in den Mittelpunkt unserer Einstellung zur Lehre, wenn wir uns als Unterstützer studentischen Lernens verstehen. Der beste Weg zur Bildung der Urteilsfähigkeit der Studierenden sind die vielfältigen Ansätze kompetenzorientierten Lernens. Sie erlauben es, Wissenserwerb und Kompetenzförderung zu kombinieren. Zudem führen sie bei einer gelungenen Umsetzung Lehre und Forschung wieder näher zusammen, als es derzeit in vielen Fächern der Fall ist" (Koller/ Klatt 2012, S. 449).

ausschließlich irgendwelchen abstrakten Anforderungen und Standards „ihrer Fächer" zu folgen. In diesem Sinne begründet der Psychologe Rudolf Kretschmann z. B. die „Studierwerksatt", wie sie an der Universität Bremen eingerichtet wurde:

> „Statt zu fordern oder darauf zu warten, die Studierenden geliefert zu bekommen, die man haben will, kann es einfacher und nachhaltiger sein, den Studierenden im Studium die Möglichkeiten zu geben, sich die noch fehlenden Kompetenzen anzueignen, wobei die Bedarfe der Studierenden höchst unterschiedlich sein können. (...)
>
> Bislang hatten wir immer die Studierenden im Blick und unterstellt, dass es vornehmlich an ihnen und ihren fehlenden Kompetenzen liegt, wenn es zu einem Studienabbruch oder zu Studienzeitverlängerungen kommt. Die entwicklungsökologischen und die systemischen Theorien haben uns gelehrt, dass das eine höchst einseitige Betrachtung ist. Erfolg und Versagen manifestieren sich in einem Zusammenspiel von individuellen Voraussetzungen einerseits und den Bedingungen des sozialen Settings andererseits – in diesem Fall der Universität mit ihren Studienangeboten, ihren Anforderungen, der Workload, dem räumlichen Umfeld und den zeitlichen Abläufen" (Kretschmann 2010, S. 29 und 31).

Es ist deshalb die absichtsvoll gestaltete und professionell begründete Unterstützung, welche für den Aneignungs- und Lernerfolg der Lernenden verantwortlich ist. Bildungsanbieter, wie z. B. Hochschulen und Universitäten, können deshalb zu einer nachhaltigeren Kompetenzentwicklung dadurch vorstoßen, dass sie nicht länger ausschließlich vom Inhalt auf die Lernenden und deren Aneignung blicken, sondern vielmehr Kriterien entwickeln, um Kompetenzentwicklung fachlich *und* persönlich wirksam zu gestalten. Denn auch die in der Auseinandersetzung mit der Wissenschaft entwickelten Kompetenzen werden nicht einfach von den Lernsubjekten aus dem Fachwissen heraus übernommen, sie gestalten sich vielmehr als verinnerlichtes Denk-, Beurteilungs- und Verhaltensrepertoir in der Auseinandersetzung mit fachlichen Problemlagen und Lösungsansätzen.

Studieren heißt Transformation zur Professionalität – Eine Fallstudie zur betrieblichen Bildung

Nachhaltige Veränderungsprozesse sind auch und gerade für die betriebliche Bildung und Personalentwicklung – ein Berufsfeld, auf das hier beispielhaft Bezug genommen werden soll – von grundlegender Bedeutung[23]. Diese sahen sich in

---

23 Die im Folgenden berichteten Einschätzungen entstammen aus den Erfahrungen des Autors in der Begleitung der Lernkulturtransformation zahlreicher betrieblicher Kontexte sowie in

den letzten dreißig Jahren einem grundlegenden Wandel der Arbeitsmarktanforderungen ausgesetzt, auch in der beruflichen Bildung wurde die Welt vom Kopf auf die Füße gestellt. Bereits in der Schlüsselqualifikationsdebatte der 1980er Jahre wurde der Fachinhalt als alleiniger Orientierungsgeber für die Planung und Gestaltung der Kompetenzentwicklung deutlich relativiert. Man begann nach wirksameren Strategien und Methoden zu suchen, um die Methodenkompetenzen und die Sozialkompetenzen der Auszubildenden gezielter zu entwickeln – eine „Weiterung" (Arnold/Dobischat/Ott 1997) bzw. „Entgrenzung" (vgl. Arnold 2012b) der bisherigen Praktiken in der Aus- und Weiterbildung, die für viele, die sich stets als Gralshüter fachlicher Standards verstanden hatten, eine grundlegende Kränkung beinhalteten: „Heißt das, dass es auf das Fachwissen in Zukunft nicht mehr ankommen soll?" – fragten die einen. „Hütet Euch vor den Schlüsselqualifizierten!" – polemisierten die anderen. Das einzig Konstante und Berechenbare schien in dieser Welt umbrechender Gewissheiten der Wandel selbst zu sein, weshalb mehr und mehr die Frage nach der Persönlichkeit der Akteure in den Vordergrund trat, d. h. nach ihren subjektiven Fähigkeiten mit sich selbst und der Welt der beständig neu aufbrechenden Anforderungen konstruktiv und produktiv umzugehen.

Auf die erste Kränkung der fachlichen Entgrenzung folgten weitere. Zu nennen sind:

- die *Kränkung der heimlichen Dominanz des Informellen Lernens*: Das, was Menschen in Bildungsinstitutionen lernen, trägt im Rückblick bloß zu ca. 20 % ihrer Erwachsenenkompetenz bei, wie u. a. die Forschungen des Kanadiers Livingston zum informellen Lernen gezeigt haben (Livingston 2006). Das Leben, d. h. der Herkunftskontext, die Milieu- und Schul- sowie Arbeitserfahrungen „bilden" und statten die Menschen mit *den* grundlegenden Kompetenzen aus, die für ein verantwortliches und selbstgesteuertes Handeln von Bedeutung sind, während die Bildungsinstitutionen sich nicht selten in der verstiegenen inhaltlichen Erledigung verlieren.
- die *Kränkung der tragenden Kraft des Emotionalen*: Spätestens seit der Aufklärung waren die Menschen fest davon überzeugt, dass Vernunft und Sachlichkeit die Welt regieren können. Deshalb wurden die Naturwissenschaften vorangetrieben und die Frage nach der Legitimation der gesellschaftlichen Macht nüchtern erörtert. Menschenrechte, Demokratie und Minderheitenschutz verdanken sich dieser Bewegung. Es ist deshalb provozierend, wenn insbesondere die Ergebnisse der neueren Hirn- und Wahrnehmungsforschung

---

der Ausbildung von ca. 1 000 Masterstudierender im Fernstudiengang Personalentwicklung an der TU Kaiserslautern.

einen immer wieder auf die alles prägende – auch den Denkrahmen bestimmende – Macht der emotionalen Muster hinweisen (vgl. Arnold 2009; Roth 2007; Stavemann 2011).

- die *Kränkung der Verunsicherung*: Insbesondere in den technisch-naturwissenschaftlichen Segmenten unserer Gesellschaft waren die Bemühungen um Sicherheit sowie Prognostizierbarkeit und Beherrschbarkeit in den letzten 100 Jahren äußerst erfolgreich: Das Leben wurde sicherer und gesünder, die Risiken wurden geringer oder andere. Deshalb muss es gerade Menschen, die einer solchen Sicherheitskultur entstammen, zunächst erschrecken, verunsichern oder gar entmutigen, wenn man sie nachdrücklich mit dem Sachverhalt vertraut macht, dass Bildung und Kompetenzentwicklung nur ermöglicht, aber nicht erzeugt oder gar gewährleistet werden können. Zwar gibt es auch in den Naturwissenschaften eine „Unschärferelation", doch ist diese in den Bereichen des sozialen Handelns unvergleichbar größer.

Die curricularen und didaktischen Konsequenzen aus dieser mehrfachen Entgrenzung der Kompetenzentwicklung sind für die betriebliche Personalentwicklung, deren professionelle Gestaltung hier als Berufsfeld in den Blick genommen werden soll, grundlegend. Betriebliche Personalentwicklung kann nicht mehr so weiter machen, wie bisher und so tun, als könne nicht sein, was – nach Maßgabe der bisherigen Sicht der Dinge – nicht sein „darf". Sie muss vielmehr nüchtern die Frage beantworten, wie eine Betriebliche Bildungsarbeit beschaffen sein muss, in der

- es nicht bloß um die Entwicklung fachlicher, sondern auch außerfachlicher Kompetenzen geht,
- man nicht mehr länger davon ausgeht, dass die Formalisierung des beruflichen Lernens die beste aller denkbaren Möglichkeiten darstelle und ohne Risiken und Nebenwirkungen zu haben sei,
- man die Kraft des informellen und selbstgesteuerten Lernens erkannt hat und gezielt Räume schafft, um diese Kraft wirksam werden zu lassen, und
- man die Kompetenzentwicklung nicht mehr länger kognitivistisch verengt – im Sinne einer Aneignung von Wissen – sieht, sondern auch Möglichkeiten schafft, um Menschen emotional zu labilisieren und ein tiefenwirksames Kompetenzlernen zu ermöglichen.

Mit diesen Veränderungen gehen jedoch nicht allein Kränkungen (Motto: „Das, was bisher gewesen ist, muss sich wandeln!") einher, sondern auch Herausforderungen und Perspektiven (Motto: „Es geht nicht um Dementierung, sondern um die Professionalisierung!"). Pädagogische Professionalität verläuft über Stufen, von denen nur die ersten beiden Stufen der Auseinandersetzung mit Kränkungen

Raum geben. Ab der dritten Stufe wandeln sich das professionelle Selbstverständnis und die Formen der professionellen Interaktion und Gestaltung in einer Weise, in der Perspektivenvielfalt, vergleichende Beobachtung und Umgang mit Diversity stärker im Fokus stehen, wie Abbildung 13 zeigt.

Abbildung 13   Stufen der pädagogischen Professionalisierung (in Anlehnung an: Uhlmann/ Krewer/Arnold u. a. 2014)

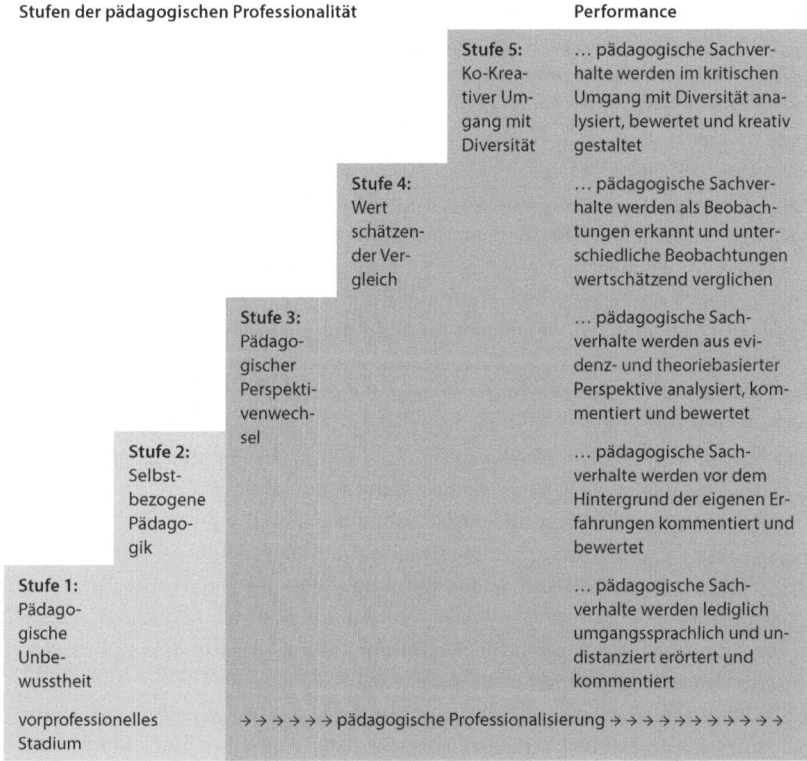

Konkret bedeutet dies, dass betriebliche Aus- und Weiterbildner sowie Personalentwickler sich zunächst selbst in diesem Stufenmodell einordnen lassen müssen bzw. mit Hilfe geeigneter Assessment-Tools eingeordnet werden. Eine pädagogische Professionalisierung der betrieblichen Bildungsarbeit beginnt bei genauerer Analyse erst ab der Stufe 3. Dies ist die Stufe, ab der die Professionals die pädagogischen Kontexte und Sachverhalte, durch die sie sich bewegen, nach Kriterien beurteilen können, die „objektiver" bzw. „verallgemeinerbar" sind. Dabei werden sie zu Studierenden, denn solche Kriterien bedürfen einer wissenschaftlichen Basis, d. h. es müssen entweder Evidenzen (Forschungsergebnisse, Zusammenhangserhellung etc.) und/oder Theorien (Begründungen, Hinterfragungen, Alternativen) in Anspruch genommen werden. Diese wissenschaftliche Basis kann helfen, sich von der eigenen Perspektive soweit zu lösen, dass auch das Erleben und die Gewissheit anderer als möglich angesehen und verstehend nachvollzogen werden können. Schließlich dienen diese Fähigkeiten auch der Gestaltung tragfähiger Netzwerke.

Herr Claussen – der neue Personalentwicklungs-Chef eines Mittelständlers – berichtet nach dem gemeinsamen Workshop: „Also ich muss schon sagen, mich hat das professionelle Niveau der Leute nicht nur erfreut. Sicherlich, sie waren alle sehr engagiert, aber es zeigte sich für mich auch, dass viele noch sehr selbstbezogen argumentieren. Sie sind nicht nur auf ihre Erfahrungen stolz – das ist ja völlig o. k. und nachvollziehbar –, sich wollen vielmehr auch, dass im Kern alles so bleiben kann, wie es gewesen ist. Die Fähigkeit zum Perspektivwechsel ist nur bei einigen wenigen feststellbar. Meine Erwartung, dass wir gemeinsam eine Lernkultur schaffen können, die uns in die Lage versetzt, vielfältiger auf die Welt zu blicken und konstruktiver mit Andersartigkeit, anderen Wegen oder gar anderen eigenen Vorstellungen von Lernen und Veränderung umzugehen, habe ich erst einmal etwas vertagt. Mein Eindruck war, dass wir Schritt für Schritt die Professionalität unserer Leute weiterentwickeln müssen. Die sind wirklich sehr engagiert und auch gut, aber sie sind zu festgelegt und bleiben nach meinem Geschmack auch zu sehr in dem Ja-aber hängen, welches bekanntlich keine wirklich tiefgreifenden Innovationen zulässt.

In dem Buch „Begriffe sind Fenster" ist zum „Ja-aber" zu lesen:

„‚Ja, aber…' ist wohl eine der am häufigsten anzutreffenden Formulierungen in Veränderungsprozessen. Mit dem ‚Ja, aber…' wendet man sich zwar bejahend dem Gegenüber zu, doch nur, um sogleich seine Bedenken oder gar Widerstände zu artikulieren oder den anderen doch noch von der eigenen Position zu überzeugen. So betrachtet steht ‚Ja, aber' meist mehr für die Beharrungstendenzen im Gegenüber als für dessen Aufgeschlossenheit und Veränderungsbereitschaft. Diese haben häufig mit der Sache wenig zu tun, sondern sind Ausdruck der unterschiedlichen kognitiv-emotionalen Vorprägungen der Akteure. (…)

Es ist für Führungskräfte oder Veränderungsbegleiter kein leichtes Unterfangen, mit den Auswirkungen solcher Rekonstellierungen von Bewahren versus Wandel sowie Nähe versus Distanz konstruktiv umzugehen. Nicht selten verfallen nicht nur einzelne Organisationsmitglieder, sondern selbst die Leitungsebene, die eine Innovation angestoßen hat, in projektive Schuldzuweisungen, wenn das System – d. h. die Akteure – mit Widerstand reagieren und die Innovation zu Fall bringen. Dies ist die Stunde, in der externe Berater, Trainer oder Coachs gerne als die ‚eigentlich Schuldigen' geopfert werden, da es viel leichter ist, sich von diesen zu trennen, als sich in einer gründlichen Analyse den systeminternen oder gar persönlichen Ursachen des Widerstands zuzuwenden. In solchen Reaktionen kommt bei den Akteuren eine Tendenz zur *Dissonanzvermeidung* um jeden Preis zum Ausdruck, wie sie für vorprofessionelle Formen von Führung und Organisationsgestaltung typisch ist. ‚Da halte ich doch lieber zu meinen Leuten, als den Hinweisen des Beraters auf die problematischen Seiten der kollegialen Entwicklung wirklich nachzugehen!' (…)

Gelingende Veränderung bedarf zunächst einer nüchternen Prüfung der jeweiligen Fortschrittsfähigkeit des Systems, mit dem es Berater, Organisationsentwickler oder Schulentwicklungsbegleiter, aber auch Führungskräfte zu tun haben. Dabei gilt es, sich der Anfangsmotivation und Offenheit des Systems, mit dem man arbeiten soll, zu vergewissern. Eine solche Diagnose dient auch der Beurteilung der Frage, ob und inwieweit eine organisationale Veränderung tatsächlich gewollt und auch möglich ist" (Arnold 2014a, S. 72 f. und S. 75 f.).

Professionen unterscheiden sich von anderen Berufen insbesondere dadurch, dass für sie eine wesentliche Grundlage die wissenschaftliche Klärung und Begründung ihrer Wirkungsbedingungen darstellt. Ob eine Maßnahme (z. B. Methodenwahl) als sinnvoll und angemessen angesehen werden kann oder nicht, bleibt dabei nicht länger den persönlichen Erfahrungen und Möglichkeiten des einzelnen vorbehalten, sondern bemisst sich vielmehr an der empirischen Klärung der tatsächlichen Gegebenheiten – soweit das geht und möglich ist. So kann z. B. ein Arzt – nehmen wir einen der klassischen Professionen (neben z. B. Juristen) in den Blick – keineswegs tun und lassen, was er will. Er ist vielmehr in seiner Praxis zur Erbringung des Nachweises, dass alles mit rechten Dingen und „nach den Regeln der Kunst" abläuft, verpflichtet – eine Anforderung, die mittlerweile auch einer relativ engmaschigen Kontrolle unterliegt. So können nachgewiesene Kunstfehler mit Haftungs- und Schadenersatzanforderungen einhergehen, und kein professioneller Mediziner lässt sich zur Geisterbeschwörung oder zu schamanischen Reisen überreden, bloß weil seine Patienten dies von ihm verlangen bzw. bei ihm bestellen.

Anders die Lehr- und Ausbildungstätigkeiten. Hier sind die Grenzlinien des expertenschaftlich Gebotenen noch nicht so gefestigt. Wie auch in anderen Bildungsbereichen gelangen auch in der betrieblichen Bildung und Personalentwicklung immer noch Verfahrensweisen zur Anwendung, deren Wirksamkeit überliefert, nicht belegt ist. Auch ihre mögliche Nebenwirkungen wurde nie tiefgreifend analysiert, obgleich sie unübersehbar sind. Es gibt ihn somit durchaus den *pädagogischen Schamanismus:* das Festhalten an Ritualen, denen man nicht deshalb verpflichtet ist, weil ihre Wirkung erwiesen ist, sondern deshalb, weil man sie hat.

Pädagogische Professionalisierung bezeichnet eine Fachlichkeit im Umgang mit pädagogischen Sachverhalten, Fragen und Problemen, deren Interventionen sich weniger durch Routine, sondern durch das Bemühen um Evidenzbasierung, Wirksamkeit und Nachhaltigkeit begründen.

Eine pädagogisch professionelle betriebliche Bildungsarbeit und Personalentwicklung ist deshalb zunächst darum bemüht, genau zu (er)klären, was Lernen und Kompetenzentwicklung sowie Transformation und Nachhaltigkeit tatsächlich bedeuten, durch welche Argumente sowie empirischen Klärungen sie ihre Konzepte und Theorien begründen und welche Gestaltungsempfehlungen sie daraus ableiten. Pädagogische Professionalität bedarf somit einer – kontinuierlichen – fachlichen Aufklärung, um zu wissen, was wirkt. Dieses Wirkende ist die Wirklichkeit bzw. das, was diese uns über sich und die in ihr wirkenden Mechanismen verrät, wenn wir sie differenziert mit wissenschaftlichen Methoden befragen. Ob und inwieweit sich aus dieser fachlichen Klärung tatsächlich Hinweise für eine nachhaltiger wirksame Gestaltung betrieblicher Lern- und Transformationsprozesse ergeben (können), bedarf einer genaueren Betrachtung. Nicht von ungefähr spricht die pädagogische Debatte von einem Technologiedefizit der Pädagogik (vgl. Luhmann/Schorr 1979; Tenorth 1999), womit sie darauf Bezug nimmt, dass die Pädagogik zwar Sachverhalte und Wirkungszusammenhänge tief auszuloten vermag, aber kaum in der Lage ist, wirkungssichere Tools zur erfolgreichen Gestaltung der Praxis bereit zu stellen.

Eine wichtige, aber ungeklärte Frage: Was ist Wissen?

Der Wissensbegriff hat sich in den letzten Jahren mehr und mehr zu einer Schlüsselkategorie der Zeitdiagnostik entwickelt. So ist u. a. die Rede von der „Wissensgesellschaft", womit ausgedrückt werden soll, dass in der modernen Gesellschaft der Zugang zu Wissen, die Anwendung von Wissen sowie Besitz und Teilung von Wissen zu zentralen Elementen des Erfolges von Individuen und Betrieben geworden sind. Im Hinblick auf die Individuen ist dies nichts Neues. Bildungserfolg wurde schon immer daran gemessen, in welchem Umfang und mit welcher Tiefe die Lernenden sich in kanonisierte Wissensbestände einzuarbeiten vermögen. Vergleichsweise „neu" ist allerdings der Blick auf die Wissensdimension in Organisationen bzw. Betrieben. Es wird versucht, den Zugang zu Wissen bzw. die Bereitstellung von Wissen reibungsloser zu gewährleisten, da darin eine Wettbewerbsdimension zum Tragen kommt, die für Einzelne wie für Unternehmen für die Frage, welche Lebens- oder Überlebenschancen entwickelt und gesichert werden können, von grundlegender Bedeutung ist.

Daraus ergeben sich für die betriebliche Personalentwicklung grundlegende Folgerungen, welche sämtlich um die Fragen kreisen, wie viel Wissen der Mensch – an konkreten Arbeitsplätzen und in konkreten Lebensweltsituationen – benötigt und wie aus Wissen Kompetenz wird. Beide Fragen hängen innigst miteinander zusammen, und sie führen auch die didaktische Debatte auf ihren eigentlichen Kern zurück. Was in der Didaktik als „Inhalt" bezeichnet wurde, rückt heute auch unter dem Wissensbegriff mehr und mehr in den Blick. Dabei verschränken sich wissenspsychologische, wissenssoziologische sowie curriculare Fragestellungen. Während die Wissenspsychologie zu erklären versucht, wie Menschen sich kohärente und komplexe Informationen nachhaltig anzueignen vermögen und in welcher Weise dabei interne Strukturierungen der Wissensaufbereitung lernförderlich wirken, beleuchtet die Wissenssoziologie eine andere Seite des Problems. Ihr geht es um die Frage der gesellschaftlichen Erzeugung von Wissen, wozu auch die Frage zählt, aus welchen gesellschaftlichen Gründen Interessengruppen Wissensbestände erzeugen und monopolisieren. So vermag sie auch zu erklären, dass nicht alles Wissen, welches als relevant für einen Berufseintritt definiert ist, auch wirklich für die Ausübung des Berufes nachvollziehbar notwendig ist. Wissenserwerb und Wissensmonopolisierung haben auch unübersehbar die gesellschaftliche Funktion, Zugang zu Positionen und Lebenschancen zu regeln.

Doch was ist „Wissen"? Zu dieser Frage finden sich mehr verwirrende als klärende Beiträge. Einigkeit herrscht weitgehend darüber, dass „Wissen" etwas anderes und mehr sei als „Information". Zudem wird im Blick auf die noch vorherrschenden Verhältnisse von „materialem", „explizitem" und „passivem" Wissen gesprochen, demgegenüber es gelte, vermehrt dem „reflexiven", „impliziten" sowie „aktiven" Wissen Geltung zu verschaffen. Wissen sei heute weniger ein „Besitz" als ein „Prozess". In diesem Sinne gehen neuere Konzepte der Kompetenzentwicklung davon aus, dass

> „kompetentes berufliches Handeln auch aus individueller Perspektive nicht wissenschaftlich ableitbar (ist), es beruht mithin auf einem Lern- und Entwicklungsprozess, der nicht vollständig in wissenschaftlichen Inhalten abzubilden ist" (Bremer 2005, S. 80).

Dies bedeutet, dass auch die Personalentwicklung vielerorts umdenken muss. Insbesondere gilt es, die bisherige Auffassung zu überwinden, „Wissen" sei ein Besitz, den man – von anderen – erwerben könne. Dem liegt die Annahme zugrunde, dass dieses Wissen irgendwo bereitliegt und darauf wartet, von den Menschen angeeignet zu werden, um Kompetenz zu entwickeln. Demgegenüber geht die betriebliche Kompetenzentwicklung heute stärker davon aus, dass es darum gehe, die in den Arbeitsabläufen „schlummernden" und bei expertenschaftlicher

Problemlösung zutage tretenden Wissenselemente in den Blick zu rücken. Man spricht deshalb auch von Arbeitsprozesswissen und meint damit Wissensformen, die mehr dem Typ B als dem Typ A des Wissensmanagements entsprechen.

Abbildung 14   Wissensarten

	Wissen als Besitz (Typ A)	Wissen als Prozess (Typ B)
Aspekte	material	reflexiv
	explizit	implizit
	passiv	aktiv
Wissens- management	Wissensmanagement als Dokumen- tation und „Teilung" des vorhandenen bzw. notwendigen Wissens	Wissensmanagement als Befähigung zur Teilhabe an der Mitgestaltung des Wissens

Betriebliche Personalentwicklung ist als vorbereitende und begleitende Maßnahme eines Wissensmanagements zu verstehen. Zum einen geht es darum, die Mitarbeiter zu einem bewussteren Umgang mit dem Betriebs- und Arbeitswissen im Unternehmen zu sensibilisieren. Hierfür ist vieles, was fraglos vorausgesetzt wird, zu explizieren. Mitarbeiter müssen lernen, „nicht alles für sich zu behalten", sondern wesentliche Einsichten, Informationen, Erfahrungen und Klärungen zu dokumentieren. Ziel solcher Informationssysteme ist es, Betriebe weniger anfällig dafür zu machen, dass mit dem Ausscheiden von Mitarbeitern häufig auch viel Wissen verloren geht. Handbücher, Intranetze sowie spezielle Software zur Dokumentation sind Möglichkeiten, die Erfahrungen über betriebliche Abläufe stärker losgelöst von den Personen zu konservieren. Dies ist jedoch nur die eine Seite eines betrieblichen Wissensmanagements. Andererseits muss betriebliche Personalentwicklung die Mitarbeiter auch auf den Umgang mit solchen Systemen des Wissensmanagements vorbereiten und sie in die Lage versetzen, ihre erworbenen Wissensbestände zu „teilen" und das dokumentierte Wissen aktiv werden zu lassen. Die Einarbeitung neuer Mitarbeiter sowie die Versetzung von Mitarbeitern in neue Abteilungen ist leichter möglich, wenn diese „wissen", wie sie mit den konservierten Beständen umgehen und diese weiterentwickeln können.

Wenig ausgeleuchtet ist bislang die Frage nach der kompetenzbildenden Wirkung von Wissensaneignung. Zwar ist unbestritten, dass berufliche Handlungskompetenz auch ein spezialisiertes Know-how voraussetzt, doch ist offen, welche Arten von Wissen dabei mit welcher Wertigkeit „zu Buche schlagen". So ist im Zusammenhang mit den Bemühungen, das Wissensmanagement in komplexen und sich schnell entwickelnden Einrichtungen zu optimieren, viel über die Be-

deutung des sogenannten „impliziten Wissens" (Polany 1985) nachgedacht worden, bei welchem es sich um ein kompetenzrelevantes Wissen handelt, welches
eher unsichtbar bleibt, weshalb „wir mehr wissen, als wir zu sagen wissen" (ebd.,
S. 14). Wissensmanagement kann nun als das Bemühen bezeichnet werden, diese
verborgenen Wissensbestände und Wissensformen zu dokumentieren und zu
„teilen", damit auch andere auf dieses Wissen zurückgreifen können. Mit entsprechenden Softwarelösungen wird versucht, eine solche Dokumentation benutzer-
freundlich zu implementieren, wobei zahlreiche Fragen aufbrechen, mit denen
sich die Debatten schon immer beschäftigt haben. So ist z. B. nicht alles Wissen
gleichermaßen relevant, und „relevant" ist auch nicht nur das Wissen, welches
häufig „abgefragt" wird, vielmehr gibt es auch stillschweigendes Voraussetzungs-
wissen, welches allen Beteiligten „bekannt" ist, einem Berufsanfänger allerdings
nicht. In diesem Zusammenhang ist deshalb auch die Rede von passivem und ak-
tivem Wissen. Die interne Strukturierung des Wissens ist deshalb auch beim Wissensmanagement das eigentliche und zentrale Problem.

Seit einigen Jahren verbreitet sich auch in den Debatten über Lernen und
Kompetenzentwicklung unter der Bezeichnung „Konstruktivismus" eine wissenschaftliche Sicht von Wirklichkeit, die diese als „konstruiert" und „beobachter-
abhängig" darstellt. Wir können – so die konstruktivistische These – nicht mehr
länger in einem naiven Realismus davon ausgehen, dass unsere Sinneseindrücke
und unser Denken jemals mit einer absoluten, objektiven Wirklichkeit überein-
stimmen können. Der radikale Konstruktivismus postuliert deshalb eine grundsätzlich andersartige Beziehung zwischen dem Beobachter und der beobachteten
Welt. Der Mensch bildet demnach als Beobachter der Welt diese nicht einfach ab,
sondern er konstruiert und erschafft das, was er zu erkennen glaubt, im Akt der
Beobachtung selbst.

Wissen ist somit aktiv, d. h., es entsteht durch eine aktive Handlung dessen, der
beobachtet, bewertet bzw. Erfahrungen sammelt und diese interpretiert.

Welche Folgerungen lassen sich aus diesem neuerlich geschärften Bewusstsein von
der Relativität und der Subjekthaftigkeit allen Wissens für das Lernen und die
Kompetenzentwicklung insgesamt ziehen?

Der Weg in die Wissensgesellschaft scheint paradoxerweise mit einem Gestal-
tungswandel und einer Bedeutungsrelativierung des Wissens selbst verbunden zu
sein, ein Trend, von dem auch das Schulwissen grundlegend betroffen ist. War
dieses bislang ein in den Lehrplänen kodifizierter Bestand von Inhalten bzw. Bil-
dungsgütern oder besser: Bildungsmaterie, der fachdidaktisch-curricular aufbe-
reitet und von den Lernern angeeignet und „behalten" werden musste, so stellen
wir heute fest, dass solche materialen Wissensbestände nahezu in allen Fachge-

122 Bildung neu denken 2: Die Reifung von Identität und Kompetenz

bieten kaum noch mittel- und langfristig „verbindlich" definiert werden können. Zwar sind von dieser Erosion des Wissens weiterführende Schulen und Weiterbildungseinrichtungen sicherlich stärker als die Grundschulen betroffen, doch stellt sich auch für die wissenschaftliche Aus- und Weiterbildung die Frage, ob „Behaltensschulung" in Zukunft wirklich noch das Leitmotiv unseres Bildungswesens bleiben kann, zumal dann, wenn Wissen immer rasanter veraltet und auch immer leichter außerhalb der Subjekte gespeichert und abgerufen werden kann.

Diese Frage muss verneint werden. Das Konzept der Behaltensschulung muss vielmehr durch eines der Kräfteschulung bzw. eines der Förderung der Methoden- und Sozialkompetenzentwicklung abgelöst werden. An die Stelle eines kurzfristigen Behaltens (aber mittel- und langfristigen Vergessens) muss die nachhaltige Kompetenzentwicklung treten. In diesem Sinne schreibt der Schweizer Reformpädagoge Andreas Müller:

> „Das Wissen verlangt nach einer Gebrauchsanweisung: Arbeitstechniken, Lernen-lernen, Strategien für kreative Problemlösung, Denken und Handeln in Zielen und Wegen, Sensibilisieren für Vernetzung und Zusammenhänge, Selbstdisziplin, Team- und Konsensfähigkeit, zupackendes Handeln. Eigenverantwortung, Eigeninitiative, Eigenaktivität lösen das Belehrt-Werden ab. (…)
>
> Nachhaltiges Lernen öffnet Wege in die Zukunft. Das Prinzip der Nachhaltigkeit zielt dabei in zwei verschiedene Richtungen. Auf der einen Seite geht es um die Nachhaltigkeit des Lernverhaltens. Gemeint ist das lebenslange Lernen als persönliches Grundkonzept moderner Lebensgestaltung. Zum anderen geht es um die Nachhaltigkeit der Lernergebnisse. Gemeint ist die permanente Erweiterung der Handlungskompetenz im Hinblick auf den persönlichen Lebenserfolg" (Müller 1999, S. 11).

Eine klassische pädagogische Denkfigur, welche auch die Debatten um die berufliche Aus- und Weiterbildung lange Zeit bestimmte, ist die, dass Schule und Aus- und Weiterbildung diejenigen Kenntnisse, Fähigkeiten und Fertigkeiten an die nachwachsende Generation „weiterzureichen" habe, die von den bisherigen Generationen erarbeitet wurden, um die Weiterentwicklung der Gesellschaft zu sichern. Schule und Ausbildung ermöglichen dadurch gewissermaßen eine „Abkürzung" der individuellen Entwicklung und garantieren, dass die individuelle und gesellschaftliche Entwicklung von Generation zu Generation fortzuschreiten vermag. Diese Denkfigur war so lange gültig, so lange es einen mehr oder weniger stabilen „Bestand" an Kenntnissen, Fähigkeiten und Fertigkeiten gab, welcher weitergegeben werden konnte. Mit der fortschreitenden Akkumulation und Veralterung von Wissen, ist jedoch die Frage mehr und mehr in den Vordergrund getreten, bei welchen Kompetenzen denn überhaupt noch einigermaßen zuverlässig davon ausgegangen werden kann, dass sie auch in fünf, zehn oder fünfzehn Jahren noch relevant sein werden. Zudem ist heute die Fähigkeit zur Kommunikation und unmittelbaren Problemlösung mindestens ebenso entscheidend wie das zur Verfügung stehende fachliche Know-how. Fachwissen und Fachkompetenz können in den neuen Arbeitsbezügen zumeist nur über Kooperation sowie selbstgesteuertes und vernetztes Arbeiten produktiv wirksam werden.

Damit setzt sich ein Trend fort, der schon seit vierzig Jahren auf den modernen Arbeitsmärkten beobachtet wird. Dieser Trend markiert eine deutliche Ausweitung der Qualifikationsanforderungen auf extrafunktionale bzw. außerfachliche Fertigkeiten und Kenntnisse. Das Verhältnis von Allgemeinbildung und Berufsbildung bestimmt sich dabei neu, da viele dieser Qualifikationen allgemeiner, d. h. berufsfeldunspezifischer Art sind, selbst wenn sie in beruflichen Prozessen am nachhaltigsten erworben werden können. Gleichzeitig verändern sich die Führung und Kooperation. So reift im betrieblichen Management vielerorts die Einsicht, dass mit den autoritären und hierarchischen betrieblichen Herrschaftsmustern nicht mehr ein für das Überleben auf dynamischen und hochkompetitiven Märkten ausreichender Kooperations- und Qualitätserfolg erzielt werden kann.

Bei diesen Entwicklungen kann nicht übersehen werden, dass sich die Betriebe mit einer Erweiterung betrieblicher Qualifikationen in Richtung „ursprünglicher" Bildungsziele, wie z. B. Selbstständigkeit, Mündigkeit und Kritikfähigkeit, wenn sie denn wirklich als Notwendigkeit angesehen und angestrebt werden, auf eine neue Dimension der Personalentwicklung einlassen (müssen), die auch den Gegensatz von Allgemein- und Berufsbildung aufzuweichen vermag. Personalentwicklung (bzw. Aus- und Weiterbildung) nimmt Züge der Persönlichkeitsentwicklung an, deren Ausdruck sich der betrieblichen Kontrolle tendenziell entzieht. Die Unteilbarkeit von Bildung findet dabei darin ihren Ausdruck, dass es „ein bisschen" Selbstständigkeit – ähnlich, wie „ein bisschen Schwangerschaft" – nicht geben kann. Betriebe, die sich auf den Weg einer erweiterten Qualifizierung einlassen, müssen deshalb – wenn sie die für sie funktionalen Seiten einer solchen Qualifikation nutzen wollen – auch *die* Seiten der Selbstständigkeit fördern und entwickeln, die dem Subjekt nutzen und die das Subjekt auch gegen betriebliche Ziele zur Verbesserung seiner betrieblichen Situation einsetzen kann – eine gesellschaftspolitisch überaus folgenreiche Dimension des Wandels der Lernkulturen in der beruflichen Bildung. Dabei sind es keineswegs alle Betriebe, die sich auf eine solche erweiterte Qualifizierung voll und ganz einlassen und auch ihre Kooperationsformen entsprechend weiterentwickeln, weshalb es auch wenig weiterführend ist, über das prozentuale Ausmaß dieser veränderten Realität betrieblichen Lernens zu mutmaßen. Es sind eben gerade die Potenziale an den Rändern des empirisch Belegbaren, welche Veränderungsdynamiken aufzuzeigen und auch auszulösen vermögen.

Diese Dynamiken sowie insbesondere die sich in immer engeren Zyklen wandelnde durchschnittliche Veralterungszeit des Fachwissens stellen das für die

Lernkulturen in unserer Gesellschaft kennzeichnende *Vorbereitungs- und Behaltenslernen* grundlegend infrage. Besonders betroffen sind dabei die Institutionen der *berufs*vorbereitenden Fachbildung (Berufsschulen, Hochschulen, betriebliche Aus- und Weiterbildung usw.). Deren Leitkonzept der „Vermittlung von Spezialkenntnissen auf Vorrat" wird von den Füßen auf den Kopf gestellt. Ähnliches gilt für die überlieferte Abgrenzung von Allgemeinbildung und Berufsbildung. Die Substanz, aus welcher die erweiterten Kompetenzen bestehen, um die es zunehmend geht (Problemlösungs-, Selbststeuerungsfähigkeit usw.), ist deutlich eine allgemein- bzw. persönlichkeitsbildende Substanz. Die Erosion der Fachbildung auf Vorrat und das Entstehen offenerer Formen von kooperativer Problemlösung im Prozess der Arbeit setzen an die Stelle von – vermeintlicher oder tatsächlicher Sicherheit (Motto: „Wir wissen schon, worauf es ankommt") – *Unsicherheit* bzw. *Ungewissheit.* Zwar gibt es Prognosen der Arbeitsmarkt- und Berufsforschung, doch sind deren Aussagen sehr allgemein und wenig konkret im Hinblick auf mittel- und langfristige Entwicklungen. So erfahren wir, dass der Trend in die Dienstleistungsberufe *zunehmen* und die Zahl der Arbeitsplätze für Ungelernte *abnehmen* wird, doch wir erfahren nicht oder nur sehr mutmaßend, *welche* Tätigkeiten in welcher Art und in welchem Umfang in einem mittelfristigen Rahmen zu erwarten sind, und noch weniger erfahren wir, welche der – bis dahin teilweise erst noch zu entwickelnden – Technologien an diesen Arbeitsplätzen angewendet werden, so- dass wir auch nicht eindeutig bestimmen können, welches Fachwissen wir *heute* an Schüler, Auszubildende und Studenten sowie Mitarbeiter vermitteln müssen, um sie möglichst konkret auf ihre berufliche Zukunft vorbereiten zu können.

Das Zerbrechen der Illusion der Curricularisierbarkeit wird weitgehend ignoriert. Fachwissen ist nur sehr eingeschränkt curricularisierbar, d. h. unter begründeter Vorwegnahme der zu erwartenden „späteren Verwendungssituationen" (Robinson) wirklich begründet für heutige Lehr-Lernprozesse zu identifizieren und zu bündeln. Dadurch wird uns in ganz ähnlicher Weise auch das Scheitern unserer traditionellen bildungspolitischen „Mehr-desselben-Konzepte" nachhaltig vor Augen geführt. Und die Frage ist, ob wir bei der Reform und Weiterentwicklung der Bildungssysteme die Lösungen möglicherweise nicht auch „woanders" suchen sollen – dort, wo es hell ist, und nicht dort, wo wir unsere Lösungen verloren haben oder verloren zu haben glauben. *D. h., möglicherweise liegt auch die Lösung der durch das Obsolenzproblem ausgelösten Desillusionierung der Curricularisierbarkeit der Fachbildung überhaupt nicht in der Fachbildung selbst, sondern außerhalb der Fachbildung.* Möglicherweise benötigen wir in Anbetracht der Veralterungsraten des Fachwissens überhaupt nicht ein „Mehr an Fachbildung", sondern mehr „Persönlichkeitsbildung" sowie mehr Gelassenheit, mehr Tiefgang, mehr Selbsttätigkeit, mehr Zeit für Suchbewegungen und für das Heranreifen von Fähigkeiten? In diese Richtung zielen die Versuche, Schlüsselqualifikationen als ernsthafte Zielgrößen in der beruflichen Bildung anzuvisieren und über entsprechende handlungsorientierte bzw. lernfeldorientierte Ansätze anzubahnen. Gleichzeitig löst man sich mehr und mehr von dem Vollständigkeitsanspruch traditioneller Curriculumkonzepte und rückt stärker den Gedanken einer prozessorientierten Ausbildung in den Vordergrund.

Die moderne betriebliche Personalentwicklung ist darauf angewiesen, dass es ihr gelingt, einen Lernkulturwandel einzuleiten, der wirklich mit einem Mentalitätswandel einhergeht. Ein wichtiger erster Schritt ist es dabei, den betrieblichen Bildungskräften (Instruktoren, usw.) handlungs- und erfahrungsorientierte Lernmethoden erlebbar und zugänglich zu machen und sie für eine weniger lehrerzentrierte „Handhabung" solcher Methoden zu qualifizieren. Übergreifende Qualifikationen, wie z. B. die Schlüsselqualifikationen „Problemlösungsfähigkeit", „Selbstständigkeit" etc., sperren sich nämlich gegen eine fremdgesteuerte Vermittlung. Sie können eigentlich nicht *entwickelt* werden, sie können *sich* nur – in geeigneten Lernarrangements – selbst *entwickeln*. Es kommt deshalb darauf an, erstens geeignete Lernarrangements zu schaffen und zweitens solche Methoden verstärkt „ins Spiel zu bringen", die ein in diesem Sinne selbsterschließendes Lernen ermöglichen. „Neu" sind dabei jedoch nicht nur einige methodische Lernformen und die gesamte Lernkultur, die mit diesen „transportiert" bzw. entwickelt werden soll, „neu" – und zwar in einer persönlich revolutionären Weise – sind vielmehr die Anforderungen, die sich in einem solchen Kontext für die Berufspädagogen selbst ergeben: *Sie müssen lernen, loslassen zu können.*

Zusammenfassend ist festzustellen: Infolge der sich verstärkenden „Offenheit" der Anforderungsentwicklung müssen curriculare Illusionen einer vorauseilenden Qualifizierung zunehmend aufgegeben werden. Gleiches gilt für die Illusion, dass gelernt werde, was gelehrt wird, und nur gelernt werde, wenn gelehrt wird. Notwendig ist eine andere Lernkultur, die auch mit einem Wechsel des Fokus der betrieblichen Personalentwicklung einhergeht: Es kann nicht mehr in erster Linie darum gehen, das einzelne Individuum an den Wandel anzupassen, es muss vielmehr darum gehen, die qualifikatorischen Voraussetzungen für eine Wandlungsfähigkeit der Subjekte zu entwickeln und zu fördern. Diese müssen deshalb bereits im Lernprozess selbst ihren eigenen Potenzialen Ausdruck verleihen können. Deshalb gewinnt die didaktisch-methodische Seite des Qualifikationsprozesses ergänzend zur inhaltlichen Seite, die bislang im Vordergrund stand, an Bedeutung: Der Weg ist das Ziel. Aus diesem Grund müssen die Lernkulturen der Betriebe und der Schulen in unserer Gesellschaft methodischer und pädagogischer werden. An die Stelle einer oben-unten-Strukturierung müssen in den betrieblichen Sozialisationskontexten Erfahrungen einer eigenkompetenten Wirklichkeitserschließung systematisch ermöglicht werden, damit überhaupt

Mitarbeiterqualifikationen entstehen können, die den Einzelnen in die Lage versetzen, auch in betrieblichen Ernstsituationen ein entsprechendes Verhalten an den Tag zu legen, d. h. bei anstehenden Problemen nicht auf die Lösung „von oben" zu warten, sondern selbst – von unten – zu handeln, Lösungsmodelle vorzuschlagen und eigene Lösungen zu versuchen.

Wissenschaftliche Bildung
ist auch Weiterbildung

Die Erwachsenenpädagogik als die Wissenschaft von der Bildung Erwachsener war – anders als die Schul- und Hochschulbildung – stets schon um einen „Blick vom Teilnehmenden her" bemüht. Während Schule und Berufsbildung sich bis zum heutigen Tag vornehmlich als Institutionen eines gesellschaftlichen Anspruchs entwickelt haben, verstanden sich die seit dem letzten Drittel des 19. Jahrhunderts aufkommenden Bildungsvereine, Akademien und Volkshochschulen als Orte der Aufklärung und Selbsthilfe: Menschen kamen in ihnen zusammen, um ihr Leben und ihre gesellschaftliche Situation zu verstehen und sich neue Optionen der Lebensbewältigung zu erarbeiten – ein Grundanliegen, das bis zum heutigen Tag das Selbstverständnis zahlreicher Träger der Allgemeinen Erwachsenenbildung bestimmt. Der früh verstorbene Berliner Bildungsforscher Enno Schmitz charakterisierte dieses Grundanliegen als einen „lebensweltbezogenen Erkenntnisprozess" (Schmitz 1984) – eine Formulierung, die das Persönlich-Biographische der Suchbewegung erwachsener Lerner treffend beschrieb. *„Erwachsene sind lernfähig, aber unbelehrbar"* – wie es Horst Siebert (2015) ausdrückte, d. h. sie treten nicht als Schüler in erneute Lernprozesse ein, sondern suchen – ausgestattet mit biographisch eingespurten und vielfach bewährten Deutungs- und Emotionsmustern – neue (Er-)Klärungen für die Anforderungen und Fragen, mit denen sie in Lebenswelt und Beruf konfrontiert sind. Diese „bewährten" Orientierungen können sie transformieren und auch alte Gewissheiten und Kompetenzen aufgeben, aber sie tun dies stets selbst und in einer Art und Weise, die es ihnen erlaubt, ihre Identität fortzuschreiben, d. h. sich selbst und anderen plausibel zu erzählen.

Sicherlich, es gab auch in der Entwicklung der Erwachsenenbildung eine curriculare Wende, d. h. das Bemühen, auch den sogenannten „Quartären Sektor" vergleichbar verbindlich und unter öffentlicher Verantwortung zu gestalten, wie sich dies für eine Bildungspolitik im Sinne einer Daseinsvorsorge zu „gehören" scheint. Und vereinzelt gab es sogar Bemühungen, eigene WeiterbildungslehrerInnen auszubilden, um so das Anliegen eines institutionalisierten Erwachsenenlernens zu einem festen Bestandteil eines modernen System des lebenslangen Lernens, in dem Bildungsabschlüsse nachgeholt und anerkannte Zertifikate erworben werden können, zu entwickeln; und auch die seit den 1970er Jahren beginnende universitäre Ausbildung von Diplompädagogen mit dem Schwerpunkt Erwachsenenbildung zielte auf eine *Professionalisierung durch Institutionalisierung.* Gleichwohl hat dieser Trend das Erwachsenenlernen als einen „lebensweltbezogenen Erkenntnisprozess" nicht überformen oder gar kolonialisieren können, wie es zahlreiche frühe Kritiker im Anschluss an die Gesellschaftstheorie von Jürgen Habermas befürchteten: Die Dichte der lebensweltlichen Erfahrungen, die sich im fortgeschrittenen Lebenslauf als deutlich identitätstragender darstellt als bei Kindern und Jugendlichen, ließ die didaktischen Bemühungen um ein „erwachsenengemäßes Lehren und Lernen" sowie um eine Balance des Verhältnisses von „Identitäts- und Qualifikationslernen" niemals zum Erliegen kommen.

Aus diesem Grund präsentiert sich das Erwachsenenlernen in der heutigen Zeit als ein semi-institutionalisiertes Geschehen, in dem Lernende nicht nur auf Lehrende treffen, sondern es mit einem zunehmend komplexeren, „offenen" Angebot von „neuen Lerndienstleistungen" bzw. „Lernservices" zu tun haben. Diese sind darauf gerichtet, die Autonomie der erwachsenen Lerner „ernst" zu nehmen und „Belehrung" durch professionelle Formen der „Begleitung" und „Beratung" zu ersetzen. Wendet man sich der neueren erwachsenendidaktischen Debatte zu, so findet diese Akzentverschiebung in folgenden Konzepten ihren Ausdruck:

- **Informelles Lernen:** Erwachsene lernen nicht nur in Bildungsinstitutionen, sondern vielmehr am Arbeitsplatz und in der Lebenswelt. Die dabei realisierten Suchbewegungen eines *informellen Lernens* können anerkannt und begleitet werden, ohne sie durch zentralisierte Angebote zu ersetzen. Die Erwachsenenbildung ist deshalb in vielen Bereichen sichtbar darum bemüht, aufsuchende und begleitende Strategien zu entwickeln, wobei auch die neuen Bildungstechnologien bislang ungeahnte Formen der Entgrenzung und Begleitung ermöglichen.
- **Konstruktivistische Didaktik:** Das Lernen Erwachsener folgt den Mechanismen der Konstruktion der Wirklichkeit. Dies bedeutet, dass Erwachsene ihre Deutungsroutinen und Emotionsmuster sowie die auf ihnen aufruhenden Handlungskompetenzen nur selbst verändern können. Man kann ihnen deshalb „Wissen" und „Kompetenzen" auch nicht vermitteln – eine durch die Ergebnisse der neueren Hirnforschung nachdrücklich nahegelegte Einschätzung – wobei zu Formulierungen und Beschreibungen gegriffen wird, wie sie von der Konstruktivistischen Erwachsenenbildung in den letzten Jahren in die erwachsenendidaktische Debatte eingeführt wurden (vgl. Arnold/Siebert 2006).

- **Metakognitive Bildungsarbeit:** Die Lernfähigkeit Erwachsener kann durch metakognitiv wie reflexiv unterfütterte Formen der Lernbegleitung optimiert werden (vgl. Kaiser/Kaiser 2012). In diesen werden den erwachsenen Lernenden zwar ebenfalls Zugänge zu Inhalten und Kompetenzen gestiftet, gleichzeitig wird aber auch der Lernprozess selbst als eine effektiv zu gestaltende Aneignungsbewegung in den Blick genommen. Erwachsene lernen dann nicht mehr nur „etwas", sondern sie lernen auch, wie man lernt, sich mit sich selbst und anderen in Phasen der Auseinandersetzung und Aneignung in Beziehung bringt und auch das Ziel sowie die Formen des Lernprozesses stärker in der eigenen Verantwortung gestaltet.

- **Kompetenzorientierung:** Im Zuge der europäischen Bildungspolitik gewinnen die erwähnten Trends vom Input zum Outcome eine zusätzliche Bedeutung, wobei die Erwachsenenbildung wohl der Bildungsbereich ist, der sich am wenigsten schwer damit tut, das Belehren vollständig aufzugeben und zu Formen einer nachhaltigen Kompetenzentwicklung vorzustoßen. Gefragt sind kreative Formen eines aufsuchenden, überraschenden, bisweilen auch perturbierenden (verstörenden) Arrangements von Aufgaben und Lernanforderungen in neuen didaktischen und auch architektonischen Settings. Die „Lernlandschaften", die das „Deutsche Institut für Erwachsenenbildung" (DIE) 2011 mit dem Innovationspreis Weiterbildung ausgezeichnet hat, sind die derzeit vielleicht spektakulärste Ausdrucksform einer ermöglichungsdidaktischen Inszenierung des Lernens Erwachsener (Krewer/Uhlmann 2011). Selbstgesteuerte, aber begleitete und präzise kompetenzorientiert ausgerichtete Lernbewegungen durch die virtuellen Räume der Open-Content-Welt eine andere (vgl. Pape 2012).

Was ist wissenschaftliche Weiterbildung?

„Wissenschaftliche Weiterbildung" bezeichnet ein Feld mit unklaren Konturen und markiert zudem ein Thema, welches sich seit den 80er Jahren des 20. Jahrhunderts weitgehend theorielos entwickelt hat, anders als in den Jahren und Jahrzehnten zuvor (vgl. Dikau 1982), in denen sich die wissenschaftliche Weiterbildung mehr oder weniger deutlich

- als ein wesentliches Element des Nachholens versäumter Bildungschancen,
- als eine Strategie zur Professionalisierung bestimmter Berufsbereiche oder
- als Angebot zur reflexiven Selbstvergewisserung für berufs- und lebenspraktisch eingebundene Menschen zu begründen suchte.

Ihr Profil im Kontext des Bolognaprozess hat die wissenschaftliche Weiterbildung noch nicht gefunden, und es gibt auch kaum wirkliche Debatten zu den damit einhergehenden Fragen. Ursprünglich verbunden mit dem Anspruch einer *sozialen Öffnung* der Hochschulen für Studierende ohne Hochschulerfahrung und vielfach auch ohne Hochschulzugangsberechtigung, welchen man – bisweilen mit bildungsbürgerlicher Gönnerhaftigkeit – auch einen Zugang zu wissenschaftlichem Denken und Argumentieren eröffnen wollte, nehmen die Weiterbildungsaktivitäten der Hochschulen seit einigen Jahren und Jahrzehnten mehr und mehr die Form einer *Aktualisierungsbildung* für Hochschulabsolventen an – mit deutlichen Grenzüberschreitungen in das Feld der Zusatz- und Weiterbildungsstudiengänge. Es gibt sogar bereits Vorschläge, die überlieferte Trennung von Aus- und Weiterbildung generell aufzugeben und das Feld gänzlich neu zu ordnen: in einen Bereich des Erststudiums (Abschluss: Bachelor) und einen anderen Bereich postgradualer Angebote (Abschluss: Master) – eine hilfreiche Blickveränderung, die zudem dem allgemeinen Trend entspricht, in der Gesellschaft des Lebenslangen Lernens Bildungsbiographien neu zu strukturieren.

Abbildung 15   Diskursmuster zur wissenschaftlichen Weiterbildung

	gesellschaftspolitische Begründung	realistische Wende		
Zertifizierung		für Hochschulabsolventen		Berechtigung
	„Hinführung"		„Aktualisierung"	
Soziale Öffnung		für Menschen ohne Hochschulerfahrung		Professionalisierung
	Bildung/Emanzipation	Technologietransfer/ Lebenslanges Lernen		

Die traditionellen *Bildung- und Emanzipations-Konzepte* zur wissenschaftlichen Weiterbildung sind heute zwar nicht vollständig verschwunden, sie haben aber deutlich an Tragfähigkeit eingebüßt. Nimmt man die aktuelle Szenerie der wissenschaftlichen Weiterbildung in Deutschland in den Blick, so stellt sich uns diese zum einen sehr disparat dar – es finden sich gar Angebote, die zwar von Hochschulen und Universitäten angeboten, aber für diese keineswegs typisch sind –, zum anderen ist ein Trend zu beobachten, der zeigt, dass von den tertiären Einrichtungen zunehmend marktgängige Weiterbildungsangebote für die Klientel der Hochschulabsolventen entwickelt und angeboten werden, mit denen auch eine Refinanzierungs- oder gar Gewinnerwartung verbunden ist. Leitidee ist dabei oft die eines „Technologietransfers", womit die Hochschulen sich auch deutlich in einem Prozess des lebenslangen Lernens zu positionieren beginnen. Mit ihrem Abrücken vom Paradigma der „Hinführung" zum Paradigma der „Aktualisierung" vollziehen diese eine realistische Wende eigener Art: Sie lösen sich von gesellschaftspolitischen Begründungen – welche jedoch durch die Hintertür wieder hereinkommen, wie wir noch sehen werden – und werden im Weiterbildungssegment zu „Bildungsunternehmen", d. h. zu Anbietern von markgängigen, d. h. nachgefragten Produkten, womit sie sich bisweilen auch auf einen Berufsbezug einlassen, mit dem sie sich zugleich bei der Einführung von Bachelor-Studiengängen so schwer tun.

Bereits diese überblicksartigen Strukturierungen zeigen, dass wir heute von wissenschaftlicher Weiterbildung nur dann sprechen sollten, wenn wir die Weiterbildungsaktivitäten von Hochschulen und Universitäten in den Blick nehmen. Dies bedeutet jedoch nicht, dass dadurch die gesamte wissenschaftliche Weiterbildung abgebildet sei, kann man doch davon ausgehen, dass auch Berufsverbände, Akademien, Betriebe usw. ihre Angebote für Hochschulabsolventen und Nicht-Hochschulabsolventen vielfach nach wissenschaftlichen Maßstäben durchführen. Nimmt man nur einmal das Auftreten von HochschullehrerInnen als Dozenten in Fort- und Weiterbildungsangeboten zur Kenntnis, so zeigt sich, dass Wissenschaftler in der Weiterbildung eine deutlich größere Rolle spielen als die, sich in wissenschaftlicher Weiterbildung zu beteiligen.

Nichts ist mehr, wie es einmal war

„Wissenschaftliche Weiterbildung" ist gleichwohl kein wirklich eingeführter Begriff in der erwachsenenpädagogischen oder hochschulpolitischen Debatte. Er ist zudem eine Wortkombination, welche ihrerseits auf bedeutungsunsichere Elemente zurückgreift: Was ist das Wissenschaftliche der wissenschaftlichen Weiterbildung? Was ist Bildung, was gar Weiterbildung und was schließlich wissenschaftliche Weiterbildung? Worin unterscheiden sich wissenschaftliche Erstausbildung und wissenschaftliche Weiterbildung, wenn beide es mit Erwachsenen zu tun haben? Fragen über Fragen, die in diesem Rahmen auch nicht wirklich abschließend geklärt werden können, zumal ihre Beantwortung auch noch dadurch erschwert wird, dass Hochschulen nicht nur Institutionen der Wissenschaft bzw. der angewandten Wissenschaft sind, sondern auch gesellschaftliche Regulierungsinstanzen für den sozialen Aufstieg bzw. die Reproduktion der sozialen Ungleichheit. Deshalb vertreiben Hochschulen auch niemals bloß thematische Bildungsangebote, sie verwalten vielmehr auch Aufstiegsversprechen bzw. Aufstiegsillusionen,

was ihnen – dort, wo in der Weiterbildung Berechtigungen verliehen werden, ein-
deutige Marktvorteile gegenüber anderen Mitbewerbern am Weiterbildungsmarkt
zu verschaffen vermag.

Welches sind die bedeutungsunsicheren Gehalte der Rede von der wissenschaftlichen Weiterbildung?

(1) Da ist zunächst die Frage, was wir unter Wissenschaft verstehen und wie
sich die wissenschaftliche Erkenntnis zu den praktischen Belangen der Gesellschaft verhält. Folgt sie einem objektivistischen Erkenntnisideal, einem geisteswissenschaftlichen Verstehenskonzept, einer Kritischen Erkenntnistheorie oder
einer konstruktivistischen Entwurfslogik. Dies ist die mittlerweile gar nicht mehr
so populäre *Frage nach den Erkenntnisinteressen bzw. die nach dem Referenzpunkt
wissenschaftlicher Forschung und Theoriebildung.* Ihre Beantwortung hat Auswirkungen auf die Ausrichtung wissenschaftlicher Weiterbildungsangebote: Dort, wo
diese sich zunehmend als „Technologietransfer" versteht, gerät sie in eine große
Nähe zu objektivistischen Positionen, die zudem übersehen, dass man in komplexen Systemen Erkenntnisse, Fähigkeiten oder wissenschaftliche Problemlösungen
nicht einfach transferieren kann, ohne den Anwendungskontext oder die Motive
und Handlungsbedingungen der Empfänger wirklich zu „verstehen".

Wissenschaft weist gleichwohl eine große Nähe zur Innovation auf. In ihr werden neue Erkenntnisse, aber auch Kritiken bisheriger gesellschaftlicher Praxis erarbeitet, man denke z. B. nur an die Schulvergleichsuntersuchungen, die Studien
zum Weiterbildungsverhalten und zur Weiterbildungsteilnahme der Deutschen
oder zu Fragen der Schulentwicklung. In diesen werden etablierte Routinen kritisiert, und es ist die Wissenschaft, welche Anregungen und Konzepte stiftet, welche einen Wandel der Realität anzuleiten vermögen. So kann Wissenschaft inno-
vativ werden, indem sie nicht auf die Praxis vorbereitet, sondern Praxis kritisiert
und neu erfindet – ein Schritt, in welchem kritische Theorie und Konstruktivismus sich berühren.

(2) Auch Bildung ist ein bedeutungsunsicherer, wenn auch vornehmer und
traditionsreicher Begriff. Er zielt auf einen Zustand der gebildeten Person, welcher
durch Besonnenheit, Informiertheit, Gelassenheit sowie Reflektiertheit nur grob
beschrieben ist. *Da die Bildungstheorien nur sehr unpräzise sind, wird neuerdings
stärker mit Kategorien der Kompetenzentwicklung gearbeitet,* was zu begrüßen ist.
Damit wird transparenter, worum es wirklich geht, und was geleistet werden kann.

Markierungspunkte einer kompetenzorientierten tertiären Aus- und Weiterbildung

In der Lifelong-Learning-University sind die üblichen Trennungen zwischen grundständigem und weiterbildendem Studium ebenso zu überdenken, wie die zwischen Präsenz- und Fernstudium sowie zwischen Lehren und Lernen. Aus der aufbrechenden Diffusität des Begrifflichen ergeben sich allerdings neue Orientierungen, die im Folgenden als „Man-sollte-Regelungen" im Sinne von *„Geboten einer Kompetenzdidaktik"* aufgelistet werden, ohne, dass damit allerdings irgendwelche dogmatischen Absichten transportiert werden sollen. Die zukünftige Struktur der Lifelong-Learning Universität gewinnt erst Gestalt, und diese beginnt, sich aus den Klauen vertrauter Denkschablonen und überlieferter Formen allmählich zu lösen! Diese Markierungspunkte einer inneren – lernkulturellen – Reform der tertiären Aus- und Weiterbildung, wurden bereits in dem Buch mit dem provozierenden Titel „Wissen ist keine Kompetenz" (vgl. Arnold/Erpenbeck 2014, S. 123 ff.) erwähnt, aber nicht detailliert begründet, was im Folgenden nachgeholt wird:

1) **Man sollte in der Life-long-University die Lernangebote grundsätzlich multimodal vorhalten (z. B. Blended Learning) und dadurch auch die überlebte Trennung zwischen Präsenz- und Fernuniversitäten aufheben![24]**

---

24 Auch der Studierende, der bestimmte Module im Selbstlern-Modus studiert, ist ein Fernstudent. Er steht zwar in einer engeren räumlichen Beziehung zu „seinem" Campus, indem er z. B. am Universitätsstandort lebt, ist aber im Selbstlernstadium in derselben Situation, wie der Studierende, der sein gesamtes Studium in diesem Modus absolviert. Die Problematik der Distanzüberbrückung, welche das Entstehungsmotiv der Distance-Learning-Universities auf der ganzen Welt war, ist in der digitalen Welt, in der die Ferne mehr und mehr verschwindet, keine tragfähige Begründung mehr; es bedarf deshalb in jedem einzelnen Fall einer didaktischen Bestimmung der für die Aneignung, Übung und Kompetenzentwicklung des Lernenden notwendigen didaktischen Nähe.

Hochschulen und Universitäten, die sich um die Gestaltung wirksamer Lernkulturen bemühen, sollten sich bei der Studienorganisation die didaktischen Leitfrage stellen: *Welche Vielfalt der Distribuierungsformen ist im Interesse eines notwendigen Scaffolding*[25] *und der erforderlichen Transparenz des Lernprozesses möglich und sinnvoll?* Diese Leitfrage löst die hochschuldidaktische Perspektive von der überlieferten Annahme, der didaktische Input sei ausreichend, um eine nachhaltige Aneignung der Studierenden und deren Kompetenzreifung zu gewährleisten. Demgegenüber wird das Lernen als das Ernst genommen, was es nach allem, was wir derzeit wissen können, zu sein scheint: eine spontane Form des Umgangs mit Welt, d. h. eine Inside-out-Aktivität des Menschen, die angeregt, beraten und unterstützt, aber durch noch so liebevoll aufbereitete Inputs nicht wirkungssicher gestiftet werden kann. *Menschen lernen zwar auch, wenn sie belehrt werden, sie benötigen aber das Lehren nicht, um nachhaltig zu lernen.* Ob und in welcher Form Lernende sich auseinandersetzen, in ihren Kompetenzen erweitern und neue Lösungen erproben, ist letztlich ihre autonome Entscheidung. Diese hat sicherlich sehr viel mit ihrer bisherigen Lernerfahrung in und außerhalb der Bildungsinstitutionen zu tun.

> Wer jahrelang belehrt worden ist, bei dem haben sich auch innere Bilder der notwendigen Lehrabhängigkeit des Lernens entwickelt, von denen er sich nur schwer – oder eben nur im Rahmen eines expliziten Trainings seiner Selbstlernkompetenz – zu lösen vermag.

Ob und wann der Lernende sich mit anderen versammelt, ist für seine selbstgesteuerte Nutzung der vorbereiteten Formen eines Scaffoldings nicht maßgeblich; entscheidend ist vielmehr, dass er über *die* Erschließungs- und Selbstlernstrategien verfügt, die er benötigt, um sich nachhaltig mit den Lernanforderungen und Lernaufgaben seines Studiums auseinanderzusetzen. In diesem Zusammenhang weisen die Fernstudien-Ansätze (vgl. Peters 1997) eine deutlich größere Nähe zu der Scaffolding-Logik des Lehrens auf als so manche als Seminare angekündigte,

---

25 Der Begriff des Scaffolding (= Gerüst), wie ihn die konstruktivistische Lerntheorie benutzt, verweist darauf, dass man den Lernkontext sehr wohl intentional gestalten kann, indem den Lernenden eine geeignete Umgebung (z. B. eine Bibliothek) zur Verfügung steht oder man für sie eine thematische Lernlandschaft gestaltet und in dieser auch Lernbegleiter bereitstellt, denen vor allem die Aufgabe zukommt, die Lernbewegungen der Lernenden zu beraten und mit ihnen nach den Bedingungen, Wegen und Formen zu suchen, die ihnen helfen können, ihre Lernprojekte erfolgreich zu durchschreiten. Die Lehrverantwortlichen sind nach dieser Lesart für die Ermöglichung und das Unterstützen der Aneignungsarbeit der Lernenden zuständig (vgl. Kleickmann u. a. 2010).

aber als Marathon studentischer Referate ablaufende Frontallehre. Zwar verdankt die Fernstudiendidaktik ihre Formen nicht in erster Linie einer gehaltvollen lerntheoretischen, didaktischen oder gar erwachsenenpädagogischen Begründung, sondern schlicht der Notwendigkeit zur lernortunabhängigen Ermöglichung wissenschaftlicher Qualifizierung. Dabei musste sie sich jedoch vom Lernort als dominanter Konstitutionsvariable von institutionalisierten Lehr-Lernprozessen lösen, wobei sie mehr oder weniger unfreiwillig auch zu entgrenzten Formen eines selbstgesteuerten Lernens gelangte und dadurch ihrer Zeit weit voraus war. Die Fernstudiendidaktik antizipierte Formen eines institutionell vernetzten Lernens, wie sie in der modernen Cyberwelt mit ihrer verschwundenen Ferne mehr und mehr in den Vordergrund rücken: Wenn die beste Vorlesung der Welt bloß noch einen Mausklick weit entfernt ist, dann sind andere Argumente erforderlich, will man Studierende nach wie vor für ein Lernen „on campus" gewinnen.

2) **Universitäten und Hochschulen sollten darauf achten, dass sie überflüssige Lehre einstellen, und auch die didaktischen Formate der Präsenzlehre überdacht werden, denn auch Studierende sind „lernfähig, aber unbelehrbar" (Siebert 2015)!**

Lehre ist heute kaum noch als Stoffdarbietung hochschuldidaktisch begründbar; es gibt mittlerweile zu fast allen Studienfächern eine Fülle von Studienbüchern, und auch im Internet bzw. bei Youtube sind die Vorlesungen der weltweit führenden Fachvertreter leicht zu finden. Hochschulen und Universitäten sind deshalb gehalten, ihr Lehrpersonal anders als nur für die Stoffdarbietung zu nutzen. Es bedarf verstärkt Formen einer unterstützenden Begleitung und Beratung der Studierenden, um sie schon sehr früh und nachdrücklich als die eigentlichen Verantwortlichen für das Gelingen ihres Studiums anzusprechen und zu fordern. Indem so das Lehr-Lerngeschehen auch offiziell als das genommen wird, was es schon stets gewesen ist, nämlich eine studentische Verantwortung, können sich auch die Lehrenden stärker auf das besinnen, was ihnen de facto zu tun bleibt: Sie sind ansprechbar für individuelle Lernfragen, treten in Beziehung mit den lernenden Subjekten und gestalten eine Mentorenfunktion für die komplexen Prozesse der akademischen Kompetenzreifung.

Die Lehr-Lernformate der Hochschulen und Universitäten werden zunehmend pluraler: Sie reichen mittlerweile von der traditionellen Vorlesung über entdeckende bzw. forschende Lehrverfahren eines kooperativen Lernens bis hin zu differenzierten Formen des Selbstlernens und des reflexiven Lernens in realen und virtuellen Lernumgebungen (vgl. Bremer u. a. 2006; Heyse 2014). Diese Formen erweitern und verändern sich nicht nur durch die Socialmedia und das Cloud-Computing; es ist aber auch nicht vollständig auszuschließen, dass die Computer zukünftig selbst zu „aktiven Lernpartnern, die Kompetenzentwicklungsprozesse ermöglichen und begleiten", werden:

> „Die Zukunft hat schon begonnen. Bereits heute nutzen vor allem große Unternehmen kompetenzorientierte Lernsysteme mit Blended Learning und Web 2.0. Die zunehmende Akzeptanz von Social Software in der Gesellschaft wirft für betriebliche Lernsysteme die Frage auf, wie künftige Netzwerke des Web 3.0, des Web 4.0 usw. Lernende Organisationen ermöglichen können, in denen sich die Kernkompetenzen der Organisation und die Kompetenzen der Mitarbeiter systematisch weiterentwickeln. (…)
> In den nächsten zehn, fünfzehn Jahren werden Human Computer von Dienern zu Partnern des Menschen, auch zu Partnern im menschlichen Lernprozess. Der Lernpartner Computer wird in naher Zukunft zur Realität. Bis vor kurzem waren Computer nicht viel mehr als technische Hilfsmittel. Bald stehen Großrechner mit der Kapazität des menschlichen Gehirns zur Verfügung. In den zwanziger Jahren unseres Jahrhunderts wird es massenhaft in Clouds verankerte Computer und Computersysteme geben, die diese Kapazität besitzen. Human Computer werden Tandempartner in selbstorganisierten Lernprozessen" (Erpenbeck/Sauter 2013, S. VIII).

Man kann sich nicht wirklich substanziell über die Zukunft des deutschen Hochschulwesens Gedanken machen, ohne diese Entwicklungen mit im Blick zu haben. Gleichzeitig ist aber auch vor einer allzu vordergründigen Virtualisierung des akademischen Lehr-Lerngeschehens zu warnen. Die Nutzung pluraler Lehr-Formate allein stiftet noch kein kompetenzbildendes Lernen; entscheidend ist ihre didaktisch begründete Auswahl und Nutzung:

> „Erst wenn wir uns wirklich darüber verständigt haben, welche Ziele Bildung und insbesondere Hochschulbildung verfolgen und welche didaktischen Vorkehrungen für die Entwicklung einer umfassenden und wissenschaftsbasierten Handlungskompetenz in der universitären Lernkultur geschaffen werden müssen, sind wir auch erst wirklich in der Lage, die didaktische Relevanz multimedialer Lernarrangements zu beurteilen und dabei auch – auf der Basis empirischer Befunde – nüchtern zu beurteilen, ob es eigentlich stimmt, dass multimediales Lernen – wie oft behauptet wird – nicht nur eine komfortablere Inhaltspräsentation, sondern auch ein selbsterschließendes und auch nachhaltigeres Lernen ermöglicht" (Arnold 2006, S. 23 f.).

Dies bedeutet, dass Fachbereiche, Studiendekane sowie Modulverantwortliche sich differenziert zu der Leitfrage äußern sollten: *Welche Kompetenzanliegen erfordern zwingend die persönliche Begegnung mit einem Lehrenden?* Basis für eine didaktisch begründete Wahl der jeweiligen didaktischen Formate ist auch hierfür die Vorlage detaillierter Kompetenzprofile.

3) **Man sollte keine Zusammenkunft der Lernenden zu Themen veranlassen, die sich jeder Lernende selbst aneignen muss und die bereits im Lehrbuchmarkt oder bei Youtube „erhältlich" sind!**

Die Versammlung wird als didaktisches Setting überschätzt. Heutige wissenschaftliche Bildung setzt Selbstlernkompetenzen notwendig voraus. Diese können durch ein Festhalten an überlebten Präsentationsdidaktiken nicht erzwungen werden, sie können sich aber über die systematische Nutzung von „Selbsttechnologien" (Foucault) professionell entwickeln. Hochschulen und Universitäten müssen sich deshalb heute der Leitfrage stellen: *Für welche Kompetenzentwicklungs-Anliegen ihres Kompetenzprofil sind welche didaktischen Inszenierungsformen angezeigt?* Schon längst können auch Hochschulen und Universitäten ihre Lernkulturen aus didaktischer sowie kompetenztheoretischer Abwägung heraus vielfältiger und wirksamer – als Selbststudium in der Vernetzung – gestalten, was sie aber erst in Ansätzen tun.

In seinem Buch „Die Kultur des neuen Kapitalismus" charakterisiert Richard Sennett die individuellen und gesellschaftlichen Folgen der gewandelten Modernisierungsformen mit der Formulierung „Aus dem Gehäuse befreit" (Sennett 2005, S. 34 ff.), wobei es u. a. die neuen Kommunikationsformen seien – „die Kommunikationsrevolution", wie Sennett sie nennt –, von denen gewaltige Veränderungen des bislang Gültigen ausgingen: „Die weltweite Kommunikation wurde zu einer Frage des Augenblicks" (ebd., S. 37) schreibt er und fokussiert damit auf den Sachverhalt, dass die Orte in den modernisierten Gesellschaften ihre Bedeutung verlieren – Standorte ebenso, wie Lernorte. An die Stelle der „räumlichen Manifestation" (Castells 2004, S. 472) der sozialen Handlungslogiken treten netzwerkartige Verknüpfungen zwischen Subjekten und Institutionen – eine Tendenz, welche sowohl die innere wie auch die äußere Seite der Bildungsinstitutionen bereits grundlegend zu verändern beginnt. Horst Siebert nimmt diese beiden Seiten einer Bildung in der Netzwerkgesellschaft in den Blick und spricht von einem „Vernetzten Lernen", welches nicht nur durch eine neue Institutionalität, sondern auch durch eine veränderte Didaktik des Lehrens und Lernens gekennzeichnet sei:

> „Vernetztes Lernen erfordert didaktisch nicht nur eine Verzahnung unterschiedlicher Lernorte und Lerngelegenheiten, sondern auch eine Verknüpfung von drei Logiken: nämlich der Psychologik, der Sachlogik und der Handlungslogik" (Siebert 2003, S. 60).

Erstaunlich ist jedoch die Macht, mit der sich etablierte Lernkulturen selbst dann noch am Leben erhalten, wenn die Funktionen, denen sie dereinst ihre Entstehung verdankten, schon längst lernwirksamer und in einer für die Lernenden nicht nur komfortableren, sondern auch aktivierenderen Weise bereitgestellt werden können. Diese neuen Wege des Lehrens und Lernens können sich im Schatten unserer lernkulturellen Gewohnheiten jedoch nur schwer entfalten. Dies erstaunt, verdanken sich die vorherrschenden Formen der Darlegung und Auslegung vor einer Zuhörerschar doch letztlich der banalen Gegebenheit, dass andere Wege der Distribuierung und auch der Popularisierung des Wissens zum Zeitpunkt ihrer Entstehung noch nicht verfügbar waren. Erst in der Mitte des 15. Jahrhunderts wurde der Buchdruck erfunden. Bis dahin bestimmte die mündliche Darlegung und Auseinandersetzung quasi als Monokonzept die akademische Lernkultur – es gab zwar Bibliotheken, in denen Handschriften gesammelt wurden, doch spielten diese als Lernmedium für die Aneignung der Studierenden keine wirklich tragende Rolle. Es galt das gesprochene Wort. Mit der Erfindung des Buchdruckes begann sich auch die Praxis des Lernens an den Universitäten zu verändern: Das Vorlesen als Distribuierungsform verlor mehr und mehr seine Berechtigung, und doch blieb das didaktische Gehäuse – der Hörsaal – erhalten. Gleichzeitig konnte sich das Buch als Leitmedium der akademischen Lehre weltweit etablieren, und die Google-Library stellt die neueste Radikalisierung der mit dem Buchdruck eskalierenden Popularisierung bzw. Inflationierung des aufgeschriebenen Wissens dar.

> Während seit der Verbreitung des Buches und der sich eskalierend erweiternden Zugänglichkeit des Wissens längst schon alle Voraussetzungen für eine postgutenbergische Lernkultur vorliegen, bleiben die Hörsäle vielerorts so, wie sie in ihren didaktischen Grundmustern schon stets gewesen sind: Vorlese-Räume.

4) **Man sollte ggf. neue Distance-Learning-Materialien in angemessener Didaktisierung als Selbstlernmaterialien bzw. als Kompetenzerschließungsmaterialien mit deutlicher Situationsorientierung – ergänzt um Reflexions-, Anwendungs- oder Transfer-Tools entwickeln!**

Eine weitere Leitfrage, der sich Hochschulen und Universitäten auf dem Weg zu Institutionen eines nachhaltigen Lernens m.E. stellen sollte, lautet: *Wie können Theorien und Forschungsergebnisse einerseits sowie Anwendung und Selbstreflexion andererseits auf der Ebene von Lernmaterialien bzw. Lernarrangements gestaltet werden?* So gibt es z.B. Fernstudienanbieter, die darum bemüht sind, ihre Studienmaterialien durchgängig situationsorientiert zu gestalten. Sie bestehen dann aus einer komplexen Ausgangssituation, auf die im Material selbst immer wieder Bezug genommen wird, theoretischen Kommentaren und der Darstellung von relevanten Forschungsergebnissen sowie aus einem Tool-Teil, in dem den Lernenden nach Möglichkeit Checklists, Algorithmen oder Einschätzungs- und Empfehlungs-Tools für ihre eigene Transferpraxis an die Hand gegeben werden. Einer solchen situationsorientierten Lehre geht es darum, das Selbstlernen zu initiieren, nicht ausschließlich darum, Informationen weiter zu geben, und es geht auch nicht allein darum, die Studierenden an Fällen lernen zu lassen, sondern darum, sie zu aktivieren und zu eigenen Lösungen zu motivieren – ganz so, wie John Erpenbeck dies vorschlägt, wenn er ernüchternd feststellt:

> „Sach- und Fachwissen, Wissen im engeren Sinne lässt sich vielleicht noch mittels traditioneller Lehrprozesse aufbauen. Erfahrungen, Werte, Kompetenzen können wir uns nur durch emotions- und motivationsaktivierende Lernprozesse aneignen. Informationsveranstaltungen, Vorträge, Planspiele, Fallbeispiele helfen da nicht weiter. Es sind neue Inhalte und Formen gefragt, wenn es um Kompetenzentwicklung geht" (Arnold/ Erpenbeck 2014, S.)

Diese situationsorientierten Formen des Lehrenes und Lernens sind keinesfalls auf das Fernstudium beschränkbar. Das häufig hart abgegrenzte[26] Gegenüber des Präsenzstudiums, das Fernstudium, welches sich über viele Jahre nur in der Nische eigens geschaffener Fernuniversitäten entwickeln konnte, hat sich bereits mehr und mehr verflüchtigt; auch die bisherigen Präsenz-Hochschulen und -Universitäten suchen nach geeigneten Formen eines entgrenzten Lernens. Ihnen ist nicht entgangen: Nähe versus Distanz taugen nicht mehr als institutionenprägende Leitdifferenzen im Luhmannschen Sinne, sie tendieren dazu, die Blicke auf die Gestaltung des Studiums „festzustellen" und in alter Weise auf das sich wandelnde Geschehen zu blicken – ein nicht nur erkenntnistheoretisches, sondern auch praktisches Problem. Indem wir vorgefundene Institutionalisierungen fortschreiben, tragen wir dazu bei, dass die Zukunft so bleiben wird, wie die Vergangenheit schon gewesen ist. Doch dabei übersehen wir, dass uns wichtige Begründungen, denen wir die getrennten „Gehäuse" von Präsenzstudium einerseits und Fernstudium andererseits verdanken, mittlerweile abhanden gekommen sind. Dies gilt für die bereits erwähnte – zähe – Fortdauer der Wissensdistribuierung durch das gesprochene Wort ebenso, wie für die Überwindung von Distanz durch Fernstudienarrangements, obwohl die Distanz, die da überbrückt werden soll gar keine mehr ist.

---

26 So konnte man auf den Jahrestagungen des International Councils for Distance Education (ICDE) häufig von Vertretern der Fernuniversitäten unterschiedlicher Länder den Satz vernehmen: „We do not teach in the University classroom!" – eine Selbstbeschreibung, welche die Identität der in den Fernstudienuniversitäten Tätigen aus der institutionellen Abgrenzung bezog und dadurch auch mentale Barrieren errichtete, die einer zukunftstauglichern anderen – möglicherweise integrativeren – Verortung der Fernstudienangebote entgegenstand.

In der globalisierten Welt verliert nicht nur das Fern-, sondern mit ihm auch das Präsenzstudium seine ursprünglichen Alleinstellungsmerkmale. An ihre Stelle tritt ein Mix aus unterschiedlichen Formen der Darlegung und diskursiven Kritik des Inhaltlichen wissenschaftlicher Bildung, dessen Zustandekommen sich aus einer jeweiligen Prüfung der Fragen

- nach den zielgruppengemäßen Distrubierungswegen,
- der zeitlichen und örtlichen Verfügbarkeit der Studierenden sowie
- nach den didaktisch jeweils sinnvoll begründbaren Formen des Face-to-Face- oder virtuellen Interagierens zwischen Lehrendem und Lernenden bemisst.

Monomodelle, die immer auch Ausdruck einer Verlegenheit im Sinne der Nicht-Verfügbarkeit über andere Wege der Eröffnung von Aneignungschancen in Lernprozessen sind, verlieren ihre Berechtigung; das bildungspolitische Entweder-Oder-Denken öffnet sich zu einem „Und-Paradigma", dessen erkenntnis- und systemtheoretische Bedeutung schon früh erkannt, aber in den Alltagsdiskursen von Bildungstheorie und Bildungspraxis oft durch Entweder-Oder-Argumentationen selbst außer Kraft gesetzt wurde.

5) **Man sollte sich gezielt um die Förderung der Selbstlernkompetenzen der Lernenden bemühen!**

Hochschulen und Universitäten können ihren Zukunftsauftrag nur erfüllen, wenn ihre Studierenden zu einem selbstgesteuerten und eigenverantwortlichen Lernen in der Lage sind. Für sie ist deshalb eine kontinuierliche Auseinandersetzung mit der Leitfrage grundlegend: *Welche Selbstlernkompetenzen lassen sich unterscheiden und wie kann man diese gezielt und wirksam trainieren?* Dabei sollten sie auch an die in der Führungskräfte- und Organisationsentwicklung praktizierten Formen der angeleiteten Selbstführungs-Förderung, die in den letzten 20 Jahren zahlreiche reflexive Strategien entwickelt und erprobt hat, anschließen und ähnliche Frames für ihre Studierenden gestalten. Diese Forderung markiert eine wesentlich konkretere Perspektive als die Forderung, mit Humboldt in die Zukunft zu starten. Es gibt mittlerweile Selbstreflexionstechniken sowie Formen der Förderung der Selbstführungskompetenz, die es zu Humboldts Zeiten noch nicht gegeben hat.

In der internationalen Debatte war es vor allem der Systemiker Peter Senge, der mit seinem Konzept des „Personal Mastery" den Blick auf die tragende Bedeutung der Selbstführung gelenkt hat und damit – unbeabsichtigt – die Diskussion um die Selbstbildung, einem alten Thema der Pädagogik (vgl. Arnold 2013a), wieder aufgriff. Senge schreibt:

„Personal Mastery' ist der Begriff, mit dem meine Kollegen und ich die Disziplin der Selbstführung und Persönlichkeitsentwicklung bezeichnen. Menschen, die einen hohen Grad an Personal Mastery erlangen, erweitern beständig ihre Fähigkeit, die Ergebnisse zu erzielen, die sie wahrhaft anstreben. Ihr kontinuierliches Streben nach Selbstschulung und Selbstführung prägt den Geist der lernenden Organisation" (Senge 1996, S. 173).

Nimmt man die einzelnen Facetten des Konzeptes des „Personal Mastery" in den Blick, so kann man feststellen, dass die im Folgenden genannten Dimensionen von grundlegender Bedeutung sind. Diese bilden sowohl die Basis für eine selbstkritische Prüfung der eigenen Selbstführungsfähigkeit, als auch für die Skizzierung einiger praktischer Ansatzpunkte zu ihrer Verbesserung:

- Kreativität: *„Ich kann neue und ungewohnte Lösungen schaffen!"*
- Achtsamkeit bzw. Präsenz: *„Ich kann mich ganz auf die Menschen und Aufgaben einstellen!"*
- Transparenz (der Zielerreichung): *„Ich weiß, was noch zu tun ist!"*
- Holistische Eingebundenheit: *„Ich fühle mich als Teil eines Ganzen!"*
- Aktivität: *„Ich bemühe mich, das Notwendige zu tun!"*
- Relevanzbewusstsein: *„Ich weiß, worauf es ankommt!"*
- Selbstgenügsamkeit (Bescheidenheit): *„Es geht mir um die Aufgaben, nicht um mich!"*
- Intentionalität: *„Ich bin mir meiner Ziele bewusst!"*
- Selbstbewusstsein: *„Ich weiß, wer ich bin und was ich kann!"*

Diese Dimensionen – deren Anfangsbuchstaben das Akronym KATHARSIS[27] bilden – sind weitgehend deckungsgleich mit den von Günther F. Müller und Walter Braun entwickelten Aspekten des Konzeptes der Selbstführung (vgl. Müller/Braun 2009, S. 27f.), was u. a. in folgender Definition zum Ausdruck kommt:

„Selbstführung kann als eine Kernkompetenz des (der) self organizing (wo)man betrachtet werden. Sie verbessert die Nutzung und Entwicklung psychischer Ressourcen und Potenziale, so dass berufliche Ziele, Aufgaben und Tätigkeiten mehr als bisher auch zur Selbstverwirklichung im Arbeitsleben beizutragen vermögen. (…) Selbstführung impliziert, dass Personen fähig und in der Lage sind, einen unerwünschten Ausgangszustand in einen erwünschten Endzustand zu überführen. (…) Selbstführung

---

27   „Katharsis" – ein Begriff aus der griechischen Tragödientheorie – bezeichnet so viel wie Reinigung oder Läuterung – eine für den Selbstführungskontext nicht ganz unwichtige Parallele (vgl. Glasl 2007).

(kann) dazu beitragen, Handlungsoptionen zu eröffnen, physiologische Energien und Willenkräfte zu mobilisieren, Absichten abzuschirmen und das Vorhaben voranzutreiben" (ebd., S. 15, 22 und 31).

Das Konzept der Selbstführung rückt einen Aspekt der Handlungskompetenz in den Mittelpunkt des Interesses, dem in den hochschuldidaktischen Debatten allenfalls eine zusätzliche, aber keineswegs eine tragende Bedeutung zugemessen wird. Geprägt durch die Traditionen sind wir meist der Auffassung, dass die vielfältigen Komponenten einer wirklichen beruflichen Handlungsfähigkeit sich vornehmlich um die Fachkompetenz herum ranken, während z. B. die „Personal-Mastery-Konzeption von Peter Senge ein Verständnis nahe legt, bei dem die persönliche Kompetenz grundlegend ist für die Herausbildung und Handhabung der fachlichen, methodische, sozialen und emotionalen Kompetenzen. Insbesondere für Führungskräfte ist dabei für Senge die These von der Führung durch Selbstführung leitend – eine Einsicht, die er – angesichts der schier unlösbaren Probleme unseres Planeten – in anderem Zusammenhang mit der leidenschaftlichen Formulierung beschreibt:

„If all of us were able to get to the highest in ourselves, we'd be able to see through these problems" (Senge u. a.2008, S. 382)[28].

In diesem Sinne beschreibt Senge das „Personal Mastery" als eine professionell notwendige Disziplin, die man intensiv studieren, üben und sich aneignen sollte, wenn man es, wie die meisten Hochschulabsolventen, mit der Gestaltung komplexer und ungesicherter Kontexte zu tun hat. Diese Disziplin umfasst eine ganze Reihe von Themen, Fragen und auch persönlichen Lern- oder Entwicklungszielen, mit denen sich insbesondere Führungskräfte systematisch auseinandersetzen sollten. Denn letztlich – so der Grundgedanke – werden die Systeme auf dieser Welt nicht überleben können, wenn wir nicht verstehen lernen, durch welche Nachlässigkeiten im alltäglichen Denken und Handeln wir selbst am Fortdauern der bedrängenden oder gar bedrohenden Probleme beteiligt sind. Das bekannte systemische Motto von Kurt Lewin „You can not understand a system unless you try to change it" muss demnach abgewandelt werde zu dem Satz: „You can not understand a system unless you try to change yourself!"

---

28 „Wenn wir alle in der Lage sind, das Höchste in uns selbst zu erreichen, dann würden wir auch fähig sein, diese Probleme zu lösen."

6) Man sollte die hypertextuale Strukturierbarkeit der neuen Technologien gezielt für die Individualisierung des akademischen Lernens nutzen (z. B. durch Nachschlage-, Vertiefungs- und Veranschaulichungsebenen im Sinne eines didaktischen Additum)

Neue Medien sind u. a. dadurch gekennzeichnet, dass Sie Vielfalt, Lernerkomfort sowie vernetzte Recherche- und Vertiefungsmöglichkeiten in einer bislang unbekannten Dichte bereitstellen; sie sind zu einem Erfahrungsraum sui generis geworden (vgl. Schiefner-Rohs 2013), für den das ermöglichungsdidaktische Kriterium der Vielfalt bzw. der vielfältigen Nutzung charakteristisch ist (vgl. Arnold/ Goméz Tutor 2007). Dadurch ermöglichen sie eine Lernerorientierung im Sinne einer umfassenden Individualisierung durch innere Differenzierung. Fakultäten, die in diesem Sinne ihre Lehre didaktisch zu pluralisieren beginnen, sollten u. a. folgende *Leitfrage* prüfen: *Welche standardisierten Kenntnisse zählen unabdingbar zu dem Mindestinventar einer professionellen Gruppe und welche sind ergänzend oder vertiefend?*

Herkömmliche Formen der Gestaltung universitärer Lernprozesse setzen an die Stelle der Selbstorganisation der Lernenden meist eine methodische Fremdorganisation. Dieses fremdorganisierte Lern-Arrangement lässt wenig Raum für die subjektive Kreativität, für Suchbewegungen, Spiel, Verweilen und Abwege sowie Umwege. Zugrunde liegt diesem Arrangement ein Lernkonzept, welches von den Annahmen eines *pessimistischen Menschenbildes* nicht ganz frei ist. Es basiert vielfach auf folgenden im Hinblick auf das „Lernen an der Universität" formulierten „Überzeugungen" (nach: Dauber/Weber 1976, 86 f.; Rogers 1979, 156 ff. und 167 ff.):

- **Erstens:** Den Studenten kann keine Verantwortung für ihren eigenen (wissenschaftlichen und beruflichen) Lernprozess anvertraut werden.

- **Zweitens:** Prüfungen sind ein geeignetes Mittel, um herauszufinden, welche beruflichen Qualifikationen Studenten erworben haben.

- **Drittens:** Die Präsentation von Informationen führt automatisch zum Lernen (und man trifft auch die Steigerung dieser zwar verbreiteten aber abwegigen Einschätzung an: Die Präsentation von „noch mehr Informationen" führt zu „noch mehr Lernen").

- **Viertens:** Die zu lernenden Inhalte können nicht hinterfragt werden; die Wahrheit ist bekannt.

- **Fünftens:** Wissenschaftliches Lernen besteht vor allem in der Aneignung der Methoden wissenschaftlichen Arbeitens.

- **Sechstens:** Studenten betrachtet man am besten als manipulierbare Objekte und nicht als Personen.

Die Klagen häufen sich. Steven Muller, gebürtiger Deutscher und langjähriger Präsident der Johns-Hopkins-Universität in Baltimore (USA) beklagte bereits vor über 20 Jahren, in der ZEIT vom 10. Juli 1992, die – von den deutschen Universitäten – „vergessene Bildung" – so der Titel seines Artikels. Und u. a. kritisierte auch er die *tote Lernkultur"* mit den Worten:

> „Auf der Universität werden die Studenten (…) eher belehrt als unterrichtet. Die Hochschulerziehung beruht vornehmlich auf passivem Zuhören zu vieler Teilnehmer in überfüllten, stickigen Hörsälen. Ein Ende dieser frustrierenden und abschreckenden Erfahrung ist nicht abzusehen" (Muller 1992, 33).

Erst in den letzten Jahren gewinnen Theorien, welche das „lernende Subjekt" wiederentdecken, zunehmend an Bedeutung und konzentrieren sich auf die selbständige Aneignung der Lernenden.

Die Ansicht, dass man Menschen nicht „etwas" lehren, sondern dass man sie lediglich bei ihrem Lernen unterstützen kann, gewinnt immer mehr an Bedeutung. Lernen ist folglich eine innere Bewegung und Tätigkeit des Lernenden selbst, die von außen allenfalls unterstützt werden kann – eine Argumentation, die – wie bereits dargelegt – auch von Erkenntnissen der neueren Hirnforschung unterstützt wird. Diese besagen unisono, dass kognitive Systeme nicht eine objektive Umwelt erkennen können, sie erzeugen vielmehr aufgrund der physiologisch-neurologischen Beschaffenheit der menschlichen Wahrnehmungsorgane sowie aufgrund der von den Lernenden biographisch erprobten und bewährten Deutungsmuster – selbstorganisiert – ein Bild der Realität, welches aber kein Abbild, sondern eine „Konstruktion" ist. So stellt der Bielefelder Hirnforscher Hans J. Markowitsch fest:

> „Es setzt sich immer mehr die Haltung durch, dass unser Gehirn ein operativ geschlossenes, selbstorganisierendes System ist, in das man letztlich nur zu den Bedingungen des Hirns hineinkommt. Nach dieser Anschauung würde das, was das Hirn aus den Anregungen macht, in hohem Maße vom Hirn selbst abhängen" (Markowitch 2012, S. 28 f.).

Entsprechend kann Lernen nicht länger vornehmlich als Ergebnis von Lehren verstanden werden, Lehr-Lernprozesse müssen vielmehr didaktisch „ermöglicht" werden. Deshalb gilt:

Die Vermittlung zieht aus den Bildungs- und Lerngebäuden aus, und diese wandeln sich mehr und mehr zu professionellen Einrichtungen, in denen Menschen ihre eigenen Fähigkeiten stärken können, um sich im Prozess des lebenslangen Lernens selbstgesteuert und kompetenzbildend mit den Lernanforderungen und Lernaufgaben auseinandersetzen zu können – eine Veränderung, welche auch die Lernkulturen des tertiären Bildungsbereichs zu transformieren beginnt.

An die Stelle der Lehrperspektive tritt dabei in zunehmendem Maße die Lernperspektive, d. h. eine Perspektive, die sich auch darum bemüht zu erklären, worauf es zurückzuführen ist, dass Lernende

> „(…) vielfach nicht das lernen, was gelehrt wurde, dass etwas gelernt wurde, was nicht gelehrt wurde oder dass gelernt wird, wenn gar nicht gelehrt wird" (Schäffter 1994, S. 6).

Eine solche Perspektive unterscheidet sich deutlich von den grundlegenden, aber vielfach unausgesprochenen Annahmen der Modelle lehr-zentrierten Lernens, dass nämlich erstens gelernt werde, was gelehrt werde, und zweitens, dass die Vermittlung zwischen Subjekt und Objekt im Lernzusammenhang gewissermaßen professionell „erzwingbar" bzw. steuerbar sei. Dies bedeutet, dass sich Wissen nicht „vermitteln" lässt, sondern vielmehr in konkreten Situationen immer erst aus der eigenen Erfahrung heraus aufgebaut und konstruiert werden kann bzw. muss. Auch die Hochschulidaktik muss sich deshalb von solcher Schlichtheit didaktischer Vermittlungsillusionen lösen und sich zu einer Ermöglichungsdidaktik wandeln. Deren Kennzeichen sind

- Das Arrangement offener Gelegenheiten für selbstgesteuerte Aneignung,
- die Gestaltung inhaltlicher und architektonischer Vielfalt durch die Schaffung von Lernlandschaften und Netzwerken mit realen und virtuellen Zugänge zu einschlägigen „Hypertexten" und Angeboten der Youtube-University (vgl. Arnold/Faber 2011),
- die bevorzugte Anwendung von aktivierenden Methoden sowie Methoden eines „reflexiven Lernens" (vgl. Siebert 2011b),
- die bewusste und gezielte Förderung der Selbsterschließungskompetenzen bei den Lernenden zur Förderung ihrer persönlichen Meisterschaft („Personal Mastery").

In diesem Sinne zeichnet Bernhard Pörksen in seinem Konzept einer „konstruktivistischen Universität" (Pörksen 2013) eine auf Selbststeuerung, Selbsterfahrung und Selbsterkenntnis setzende Form akademischen Lernens. An anderer Stelle schreibt er:

> „Insbesondere für den Bereich der universitären Didaktik und Pädagogik haben zentrale Postulate und Prämissen des Konstruktivismus (Orientierung am Lernenden, Eingeständnis der Autonomie des Erkennenden) vielfältige Konsequenzen: Sie legen eine paradigmatische Umorientierung nahe; das Konzept des Wissenstransfers muss durch die Anregung zum Selbstlernen ersetzt werden, es gilt, sich an der Realität der Studierenden zu orientieren, Lernumgebungen zu schaffen, die fertige Antworten primär als Fragen und Lösungen vor allem als Probleme erkennbar und erfahrbar machen. Formelhaft gesagt, verläuft die sich ergebende Veränderung von der Instruktionsdidaktik zur Inspirationsdidaktik" (Pörksen 2012, S. 1).

In den Vordergrund treten bei einer solchen konstruktivistischen Universität die persönlichen Dimensionen des Umgangs mit Lerninhalten und nicht die Lerninhalte selbst. Diese verlieren keineswegs ihre Bedeutung, sie werden aber erst kompetenzwirksam durch die Fähigkeiten der Lernenden zur selbsttätigen Erschließung des Wissens und zur selbständigen und verantwortlichen Nutzung desselben bei der Lösung neuartiger Problemlagen. Lernende einer in diesem Sinne „konstruktivistischen" Universität benötigen somit einerseits den Zugang zu Forschungsergebnissen, Theorien und Methoden der Disziplinen, andererseits aber auch Gelegenheiten zur nachhaltigen persönlichen Aneignung, Anwendung und Weiterentwicklung dieses „Bestandes" im Sinne der angepassten und nachhaltigen Gestaltung von Lösungswegen.

7) **Man sollte die Räume der Begegnung und Interaktion so gestalten, dass diese sich didaktisch rechtfertigen (z. B. Begegnung mit Ressourcepersonen, welche die Lernenden befragen, provozieren und auf ihre Reise mitnehmen können)!**

Hochschulen und Universitäten sind auf ihrem Weg zu Lifelong-Learning-Institutionen gehalten, sich auch selbstkritisch mit der Leitfrage auseinanderzusetzen: *Insistieren die praktizierten Formen der Lehre auf dem Ownership der Lernenden und ermöglichen dieses?* – eine Leitfrage, welche nicht nur die Notwendigkeit einer (hochschul)didaktischen Analyse der inhaltlichen Dimension der Hochschullehre berührt, sondern auch die räumliche Dimension der Auseinandersetzungen. Ein solches Lernen braucht nämlich keine Räume, die beabsichtigte Bildung durch wissensbasierte Begegnung schon. Diese Bildungsräume benötigen allerdings eine andere Herleitung und Begründung. Die bloße Fortsetzung der gewohnten Formen des verräumlichten Lernens genügt nicht, da die ursprünglichen Funktionen und Bedeutungen der gewohnten Räume den Bildungsanspruch überlagern und auch konterkarieren. Lernen als autonome Aneignungsleistung des Subjektes sieht sich im Räumlichen häufig mit den Imperativen einer als einengend und nicht selten auch zwanghaft erlebten und erinnerten Anpassung konfrontiert, die dem Lernen viel von seiner selbstgesteuerten Substanz nimmt. Man lernt dann nicht mehr so beiläufig, wie man atmet, kommuniziert und kooperiert, sondern in geregelten und meist institutionalisierten Räumen. Diese Räume sind nicht bloß architektonische Gebilde, sondern auch „soziale Räume" (vgl. Bourdieu 1985), in denen die Zugänge zum kulturellen Kapital so geregelt sind, dass „die verborgenen Mechanismen der Macht" (Bourdieu 1992) fortdauern können. Diese wirken nach Piere Bourdieu durch die Erzeugung eines Habitus in Feldern der sozialen Erfahrung, zu denen auch die räumliche Erfahrung zählt. Diese prägt nicht nur durch das, was dem lernenden Subjekt möglich ist, sie prägt auch durch das, woran sie es erinnert. Michel Foucault schreibt:

„Dass das Zellengefängnis mit seinem Zeitrhythmus, seiner Zwangsarbeit, seinen Überwachungs- und Registrierungsinstanzen, seinen Normalitätslehrern, welche die Funktionen des Richters fortsetzen und vervielfältigen, zur modernen Strafanlage geworden ist – was ist daran verwunderlich? Was ist daran verwunderlich, wenn das Gefängnis den Fabriken, den Schulen, den Kasernen, den Spitälern gleicht, die allesamt den Gefängnissen gleichen?" (Foucault 1976, S. 292).

Eine grundlegende Frage an die Wirkung pädagogischer Räume ist deshalb die nach den Erinnerungen, die sie erzeugen, bzw. nach den überraschenden neuen Erfahrungen der Autonomie, die sie ermöglichen. Gibt es Räume, von denen irritierende, schützende und anregende Impulse ausgehen können? Ist es vorstellbar, dass Menschen zwar mit den Erinnerungen, die das konkret Räumliche in ihnen auslöst, Bildungsräume betreten, in diesen aber durchkreuzende Anregungen und alternative Erfahrungen durchleben – Erfahrungen, welche die eigene Innerlichkeit berühren, d. h. die Dimensionen eines selbstwirksamen Handelns und eines autonomen Lernens?

In diesem Sinne soll im folgenden mit groben Pinselstrichen der Bildungsraum als ein alternativer Erfahrungsraum skizziert werden, der nicht durch die überlieferten Elemente einer Überwachungsgesellschaft geprägt ist, sondern gewissermaßen von den Anforderungen einer Autonomie, Identität und Kompetenz stärkenden Lernerfahrung her redesigned wird. Diese vermag zwar die subtilen Wirkungsgefüge der soziale Reproduktion durch Bildung nicht unmittelbar zu transformieren, sie könnte diese aber durch die gezielte Ermöglichung neuartiger didaktischer Erfahrungen und persönlicher Kompetenzreifungen unterminieren (vgl. Azaola 2012). Bei diesem Versuch werden drei Dimensionen eines

alternativen, vom einzelnen und seinen kognitiven sowie emotionalen Kompetenzentwicklungen ausgehenden Raumkonzeptes vorbereitet, nämlich

- der pädagogische Raum als Möglichkeit zur Begegnung und Auseinandersetzung mit den fachlichen, sozialen und emotionalen Wissens(be)ständen einer
  professionellen Domäne,
- der pädagogische Raum als Möglichkeit, innerhalb und außerhalb von Classrooms zu lernen und
- der pädagogische Raum als Möglichkeit der Eigentumsgewinnung im Lernprozess beim Nachvollzug, der Konstruktion und der Selbstbildung.

Eine Übersicht über das Zusammenwirken dieser Raumdimensionen zeigt auch,
wie unterkomplex die vielfach als fachliches Classroomteaching inszenierten akademischen Lernkulturen des Nachvollzugs (noch) konzipiert und gestaltet sind.
Ihnen fehlen pädagogisch wirksame Räume der sozialen und emotionalen Kompetenzentwicklung ebenso, wie Kontexte einer konstruktiven Selbstbildung, in
denen die grundliegenden Fähigkeiten eines lebenslangen Lernens sich entfalten
und perfektionieren können. Gelernt wird in diesen unterkomplexen Lernkulturen so, wie seit Jahrhunderten: die sozialen und emotionalen Erfahrungen des
Lernalltags bleiben weitgehend ausgeklammert und artikulieren sich in den Sub-
kulturen des studentischen Alltags, ohne jedoch substanziell in demselben aufgegriffen, beraten und gestaltet zu werden. Ähnlich basiert auch der Prüfungserfolg
auf dem kompakten Selbstlernen vor den Prüfungen, ohne dass dieses jedoch
durch Selbstlerntrainings oder komplexere Ansätze einer – angeleiteten – Selbstbildung tatsächlich angebahnt, gerahmt und unterstützt wird. Es bleibt letztlich
schleierhaft, wie Sachkenner der akademischen Lernkulturen zu dem Urteil gelangen können, diese Unterkomplexität der akademischen Lernkulturen läge einzig und allein an dem Bolognaprozess (vgl. Lenzen 2014a). Es spricht vielmehr
einiges dafür, dass die vorherrschende Unterkomplexität auch etwas mit der leich-
teren Kontrollierbarkeit einer unwirksamen Stoffvermittlung zu tun hat. Demgegenüber ist es riskant und anstrengend, auf eine selbstorganisierte Kompetenzentwicklung „mit all den Problemen, die das mit sich bringt" (Arnold/Erpenbeck
2014, S. 13) zu setzen.

Diese konzeptionelle Perspektive setzt den pädagogischen Raum einer Multi-
perspektivität aus, die sich daraus ergibt, dass es in ihm nicht um die Herstellung
eines Produktes oder um die Zuflucht vor einer Bedrohung, sondern um das Lernen und die Kompetenzreifung nach einheitlichen Standards gehen soll. Sicherlich: Menschen können nicht *nicht* lernen, ihr Lernwille kann aber gelangweilt,
erschöpft oder gar gebrochen werden; sie torkeln dann bloß noch von Erwartungsmuster zu Erwartungsmuster durch ihr Leben, ohne selbsttätig und selbst-

wirksam nach neuartigen Lösungen zu suchen und sich um diese zu bemühen. Es spricht einiges dafür, diese ursprüngliche Lernaktivität des Menschen zum Maßstab dessen zu nehmen, was ihm möglich ist:

8) „Lernen erfolgt nicht passiv, sondern ist ein aktiver Vorgang, in dessen Verlauf sich Veränderungen im Gehirn des Lernenden abspielen" (Spitzer 2007, S. 4).

Es ist deshalb naheliegend, pädagogische Räume nicht als solche der Verpflichtung und Kontrolle zu gestalten, sondern als Kontexte, in denen Menschen aktiv werden und eigene Entscheidungen treffen können. Dies bedeutet, dass fachliche sowie soziale und emotionale Wissens(be)stände, mit denen sich die Lernenden auseinandersetzen soll(t)en, lediglich bereitgestellt, zugänglich gemacht und emotionalisiert werden können – Vorbereitungen, die nicht per se eine Lehrperson oder gar Lehre erfordern. Man kann sogar soweit gehen, Bildungsräume prinzipiell als Räume der Lernenden zu gestalten, in denen für Lehrende kein eigener Platz vorgesehen ist. Diese kommen als Lernbegleiter und Lernberater hinzu; sie prägen aber nicht das didaktische Setting und auch nicht die architektonische Gestaltung.

Bildungsräume als Möglichkeit(en) zur Begegnung und Auseinandersetzung mit den fachlichen, sozialen und emotionalen Wissens(be)ständen einer professionellen Domäne zu gestalten, bedeutet u. a.

- *die Berücksichtigung der kompetenztheoretischen Erkenntnis, dass auch Wissen sich über eine „emotionale Labilisierung" (Arnold/Erpenbeck 2014) der Lernenden erschließt:* Bildungsräume benötigen deshalb Platz für ästhetische Inszenierungen und Gestaltungen zum jeweiligen Thema, Arbeitsnischen für eigene Vertiefungen von Projektarbeiten allein und in Gruppen- und Besprechungsräumen, in denen Sachverhalte besprochen, geklärt und vertieft werden können,
- *die glaubwürdige Umsetzung der Einsicht, dass jeder Lernende für sich allein lernt – „Learning together apart!" ließe sich dieses Modell nennen:* Bildungsräume müssen deshalb Gelegenheiten bereit halten, um den einzelnen in der Lernberatung mit den erwarteten Lernanforderungen (Kompetenzprofilen) zu konfrontieren, seinen eigenen Kompetenzstand mit ihm zu besprechen und seine Suchbewegung durch die thematischen Lernlandschaften zu coachen,
- *die Optimierung des Selbstlernens:* Bildungsräume müssen dem angeleiteten Selbstlernen der Lernenden Raum geben. Diese benötigen eine Stärkung ihrer Selbstlernkompetenz, für deren Förderung reale und virtuelle Gelegenheiten zugänglich sein sollten, und sie benötigen den Zugang zu den thematischen Selbstlernmaterialien und Selbstlerngelegenheiten.

Bildungsräume sind nicht bloße Lern- oder Trainingsräume. In ihnen steht vielmehr die Individualität des Lernenden selbst im Mittelpunkt, d. h. seine Fähigkeit zum selbstgesteuerten Lernen und zur selbstwirksamen Sorge um den eigenen Kompetenzfortschritt. Deshalb drücken Bildungsräume in ihrer Architektur auch keine Präsentationslogik aus, sondern eine Entdeckungs- und Erfahrungslogik. Lernende finde in ihnen Ansprache, Begleitung und Unterstützung – nicht nur in persönlichen und lernstrategischen, sondern auch in fachlichen Fragen.

Bildungsräume als Möglichkeit zu gestalten, innerhalb und außerhalb von Classrooms zu lernen, bedeutet u. a.:

- Für sie ist zwar der Fokus auf den Lernenden prägend, gleichwohl inszenieren sie fachliche Lernlandschaften und ermöglichen Zugänge zu fachspezifischen Selbstlerngelegenheiten – auch durch Zugänge zu den weltweit vernetzten Angeboten virtueller Lehre.
- Bildungsräume sind offene Räume. In ihnen können die Lernenden ein- und ausgehen. Sie können didaktisierte Angebote der fachlichen und persönlichen Vertiefung ebenso nutzen, wie Beratungen im Hinblick auf die Planung und Gestaltung von Selbstlernphasen außerhalb des Bildungsraumes. Ihre Lernbewegung wird nicht durch den Raum, sondern durch die bewusste Gestaltung des eigenen Lernprozesses auf der Basis ihre Kompetenzportfolios gelenkt.
- Bildungsräume sind Räume, in denen fachliche Expertise ebenso zuhause ist, wie Lernberatungs-Know-How. Die fachliche Expertise kann und will jedoch nicht vollständig sein; sie beschränkt sich auf die Erreichbarkeit sogenannter „fachlicher Ansprechpartner", die aufgrund ihrer eigenen Kernausbildung in der Lage sind, die fachliche Domäne des Lernenden zu repräsentieren und ihm Zugänge in einem fachlichen Netzwerk realer und virtueller Angebote zu eröffnen.

Um Bildungsräume auch als Möglichkeit der Eigentumsgewinnung im Lernprozess beim Nachvollzug, der Konstruktion und der Selbstbildung zu realisieren, sollte bei ihrer Gestaltung auf folgende Bedingungen geachtet werden:

- Bildungsräume sollten sich an den Bedürfnissen und Lebenslagen der Zielgruppe orientieren und ihnen auch funktionale Nutzungen nach eigenem Gusto ermöglichen, ohne ihre Kernfunktion dadurch zu relativieren. In detaillierten Zielgruppenanalysen sollten diese beiläufigen Nutzbarkeiten genauer bestimmt werden; auch die Beteiligung der potenziellen Zielgruppen an der Planung und Gestaltung ist sinnvoll.

- Bildungsräume dürfen nicht *nur* um Inhalte herum errichtet werden, wohl aber um die Lernenden herum. Dies bedeutet, dass die Portfolioklärung, die Lernprozessberatung und das Training der Selbstlernfähigkeit zu wesentlichen architektonischen Bezugspunkten werden müssten.
- Schließlich sollten Bildungsräume mehr anbieten können als das, was sie in ihren Mauern lagern, nämlich Zugänge zu virtuellen und vernetzten Möglichkeiten der Selbstbildung.

Räume sind im Zeitalter der informationalen Vernetzung schon lange nicht mehr das, was sie einmal waren – zumindest gilt dies für die Räume, in denen Inhalte verwahrt und inhaltliche Vermittlung organisiert wird. Die äußere Entgrenzung stellt die Wirkung der Mauern, die um sie erreichtet wurden, in Frage. Und auch das Innere des Menschen ist – wie wir heute evidenzbasiert erkennen müssen – in seinen Möglichkeiten freier als es überlieferte Konzepte einer institutionalisierten und verräumlichten Bildung durch Belehrung vorgesehen hatten. Doch nur mühsam sickern diese Hinweise in unsere Raumkonzepte ein und ermutigen uns zu einer Neugestaltung der Bildung und ihrer Räume.

9) **Man sollte den Lernenden bewusst machen, dass sie die Inhaber und Gestalter ihres Lernprozesses im Rahmen der durch das Kompetenzprofil markierten Leitlinien sind – ein To Do, welches die Hochschule – wie bei Fernstudierenden – kommentarlos voraussetzen kann, wenn sie ihren Defizitblick auf die Studierenden zu transformieren vermag!**

Die grundlegenden Leitfrage klautet: *Werden die Studierenden wirksam in die Verantwortung genommen oder nimmt ihnen eine entmündigende Struktur mit Standards, Vorgaben und Erwartungen alle Eigeninitiative ab?* Zwar steht heute die Fernstudiendidaktik angesichts der eLearning- und Vernetzungsbewegungen in den Bildungssystemen vor der Herausforderung, sich in anderer Weise – z. B. stärker lern- und aneignungstheoretisch – als in der Weise einer fortgeschriebenen *Differenz zum Präsenzstudium* zu begründen, doch insbesondere die Präsenzlehre muss sich fragen lassen, ob ihre Ergebnisse in jedem Falle die Zusammenkunft rechtfertigen. Im Kern geht es dabei um eine *Verschränkung* statt um *Besonderung* der beiden Studienmodalitäten. Dies bedeutet, dass der für das Fernstudium schon seit jeher massgeblichere *Selbstbildungsgedanke* – und die mit seiner Umsetzung gewonnenen Erfahrungen aufzugreifen und mit den (erwachsenen)didaktischen Einblicken in die Anforderungen einer transformativen sowie reflexiven Kompetenzentwicklung zu verbinden sind:

> Die Lehr-Lernformen der Zukunft sind pluraler Art, d. h. es ist mit ihrer Hilfe leichter möglich, Lehr-Lernprozesse als Ausdruck einer anderen Logik als der einer Ver-Mittlung im Sinne einer Über-Mittlung zu organisieren.

Insbesondere ermöglichen distantere Formen des Lehrens und Lernens, die Gegebenheit zu berücksichtigen, dass der Distance-Learning-Mode nicht nur eine Form der Lernorganisation ist, in der die Transferstrecke prinzipiell kurz ist – die Lernenden verbleiben häufig in ihren beruflichen und sozialen Bezügen, oftmals werden diese Bezüge auch bewusst aufgegriffen (z. B. in Projekt- und Abschlussarbeiten) –, sondern dass das Distance-Learning durch die Einbeziehung von Chatrooms, Emailing etc. sowie durch die Einbindung von niederschwelligen Vorlesungsaufzeichnungen, Beispielsituationen oder Simulationen auch zunehmend weniger durch ‚Distance' geprägt ist. Im Gegenteil: Die Möglichkeiten zur technologiegestützten Nachfrage und Kontaktaufnahme beim ‚Lehrenden' ermöglicht eine Individualisierung des Lernprozesses, die oft weit über das hinausgeht, was die face-to-face-Kommunikation in Präsenzveranstaltungen zulässt. Nur am Rande sei zudem erwähnt, dass in so manchen Präsenzlehrveranstaltungen (z. B. Massenvorlesung) die Distanz zu den Teilnehmenden größer ist als im Fernlehr- oder Fernstudienbereich. Zudem folgen diese dem didaktisch recht fragwürdigen Konzept eines ‚Lernens im Gleichschritt' und einer Art ‚Einheitskost für alle', die allenfalls zufällig den ‚Appetit des Einzelnen' (= seinen Lernbedarf bzw. seine Lernbedürfnisse) trifft.

Diese Überlegungen sollen gleichwohl nicht so verstanden werden, als sei der *Selbstbildungsvorsprung des Fernlernens vor dem Präsenzlernen* generell gegeben. Vielmehr ist zu berücksichtigen:

- „Fernstudium" ist zwar auf das Selbststudium angewiesen, doch ist dieses meist (noch) eine *Führung durch Vorgefertigtes mit eingeschränkten Freiräumen für tatsächliche Selbstbildungs- und Suchbewegungen der Lernenden*. In dem Maße, in dem dabei *Printmedien als Leitmedien* den Lernprozess beherrschen und prägen, entpuppt sich auch und gerade das Fernstudium zudem als Ausdruck eines Gutenberg-Modells von Bildung, welches strukturell letztlich dem in Didaktik und Lernforschung überwundene Modell einer Inhaltsfixierung verhaftet bleiben muss und kaum über Wege zur Förderung und Stärkung der außerfachlichen Dimensionen des Kompetenzerwerbs zu verfügen scheint.

- Fortgeschrittene Formen des Präsenzstudiums umfassen mehr als eine bloße Wissensmast, und zahlreiche Hochschullehrende sind sich sehr wohl der Tatsache bewusst, dass die wissenschaftliche Bildung, zu der sie verhelfen sollen, mehr und anderes beinhalten muss als Informationsweitergabe. Sie arbeiten bereits mit Formen eines „Indepentent Study Modes" (vgl. Arnold/Lermen

2013), der sie stärker in der Rolle eines Begleiters, Gesprächspartners und Beraters der Lernenden fordert, und weniger in der Rolle desjenigen, der die Inhalte auswählt, darstellt, kommentiert, anwendet und hinterfragt – eine Rolle, um der es auch Humboldt schon früh zu tun gewesen ist[29].

Sowohl das Fern- als auch das Präsenzstudium bleiben somit häufig hinter ihren genuinen Möglichkeiten einer angeleiteten Selbstbildung zurück. Während das Fernstudium durch die Zentralstellung, welche die Printmedien in ihm einnehmen, dem Inhalt – die Rede ist modernistisch von „Content" bzw. „Contentmanagement" – eine dominante Stellung einräumt und damit auf ein didaktisch zunehmend „totes" Pferd setzt, ersticken die Präsenzstudienangebote die spezifischen Vorteile, welche sich aus ihrer prinzipiellen Nähe zwischen Lehrenden und Studierenden für ein wahrhaft transformatives Lernen ergeben, in überfüllten Massenveranstaltungen, in denen Lernende administriert, aber Lernprozesse als wissenschaftliche Suchbewegung und Begegnung didaktisch kaum kompetenzwirksam arrangiert werden können.

Es kommt m.E. deshalb zukünftig verstärkt darauf an, *diese Begrenzungen der Monokonzepte Präsenz- und Fernstudium durch eine Verschränkung zu überwinden.* Dabei entstehen Mixed-Mode-Lernumgebungen, die in autonomen Aneignungsbewegungen genutzt werden können – vorausgesetzt die Lehrenden definieren sich weniger als Vermittler von Wissen, als vielmehr als Begleiter selbstgesteuerter Lernbewegungen im Kontext deutlicher Kompetenzrahmen, und die Distribuierungslogik folgt weniger den durch das Lernmaterial oder Studienordnungen definierten, d.h. eingegrenzten, Schrittfolgen, regt zu individuellen Suchbewegungen und verstehenden Verschränkungen der Lernenden mit dem Sachstrukturellen an.

Indem wir beginnen, Lernen nicht mehr vornehmlich von der *Angebotslogik* her zu denken, sondern auch danach fragen, in welcher Weise sich z.B. Studierende Lerninhalte am nachhaltigsten und am kompetenzwirksamsten aneignen – also der *Nachfragelogik* folgen –, berücksichtigen wir die grundlegenden

---

29 Humboldt schrieb 1809 in seinem Königsberger Schulplan: „Das wesentlich Nothwendige ist, dass der junge Mann zwischen der Schule und dem Eintritt ins Leben eine Anzahl von Jahren ausschliessend dem wissenschaftlichen Nachdenken an einem Ort widme, der Viele, Lehrer und Lernende in sich vereinigt" (Humboldt 1993, S. 170 f.). Für Humboldt ist die wissenschaftliche Bildung der Inbegriff der Selbstbildung. Er schreibt: „Der Universität ist vorbehalten, was nur der Mensch durch und in sich selbst finden kann, die Einsicht in die reine Wissenschaft. Zu diesem Selbst-Actus im eigentlichsten Verstand ist nothwendig Freiheit, und hülfreich Einsamkeit, und aus diesen beiden Punkten fliesst zugleich die ganze äußere Organisation der Universitäten" (ebd., S. 191).

Anforderungen an eine moderne akademische Kompetenzentwicklung im Sinne der systemtheoretischen „Einheit in der Differenz" (Luhmann/Schorr 1988, S. 470). Für eine didaktische Neubestimmung dieses Dritten ist es deshalb m. E. wesentlich, einen Referenzpunkt in den Blick zu nehmen, der außerhalb der bisherigen Denkansätze des Lehrens und Lernens liegt. Dies ist der Referenzpunkt einer nachhaltigen Kompetenzentwicklung durch selbstgesteuerte Aneignung.

10) Man sollte Authentizität leben und diese auch von den Studierenden einfordern, da akademische Kompetenzentwicklung einen „Selbst-Actus" (im Sinne von Humboldt) darstellt und voraussetzt.

Die erwähnten Ergebnisse der neuere Lern- und Hirnforschung, dass sich Menschen bloß zu ihren eigenen Bedingungen Neues aneignen und neue Kompetenzen entwickeln können, legen es nicht nur nahe, komplexere Arrangements und Dienstleistungen der Lernbegleitung zu entwickeln und den Lernenden bereit zu stellen, grundlegend für eine kompetenzwirksame Hochschulbildung ist vielmehr die Leitfrage: *An welchen Stellen kann das Selbst aneignend, reflektierend und gestaltend tatsächlich in Erscheinung treten – virtuell und in realer Begegnung?*

Nachhaltiges Lernen und eine tragfähige Kompetenzentwicklung können nämlich nur *dann* in einem lernenden Subjekt reifen, wenn dieses den Rahmen und den didaktischen Raum erhält, um sich selbstgesteuert, produktiv, aktiv sowie in sozialem Austausch und selbsttätig mit den Anforderungen der jeweiligen Disziplin oder des jeweiligen Berufes, um den es geht, auseinandersetzen zu können. Gerhard Roth drückt dies pointierter und auch poetischer aus, indem er bemerkt:

„Jeder Lehrende (…) hat keinerlei direkte Kontrolle darüber, was in den Gehirnen der Lernenden vor sich geht. Jedoch besteht seine große Chance darin, Rahmenbedingungen zu schaffen und damit konsensuelle Prozesse in Gang zu setzen, die im günstigsten Fall annähernd ähnliche Bedeutungsprozesse ermöglichen – der Lehrer kann mit den Lernenden einen kognitiv-emotionalen Tanz aufführen" (Roth 2011, S. 321).

Auch die Hochschulen und Universitäten können heute nicht länger an diesen und ähnlichen Einsichten vorübergehen und weitermachen wie bisher. Sie müssen vielmehr das Verhältnis von Lehren und Lernen neu justieren, wobei sich das Lehren von seiner *prägutenbergschen Wurzel* in einer pastoralen Lernkultur mehr und mehr lösen muss. Denn wir haben diese Wurzeln, weil sie dereinst sinnvoll waren, aber nicht, weil sie sich nach nüchterner Analyse als auch heute noch notwendige oder gar hilfreiche Vorkehrungen für das Lernen und die Kompetenzentwicklung von lernenden Subjekten erwiesen haben. Eher das Gegenteil scheint der Fall zu sein, wie zahlreiche Studien zeigen. So erlauben traditionelle Vorlesungen und Seminare an Hochschulen vielfach nicht nur, „dass Studierende sich auch zurückziehen konnten und sich nicht aktiv am Lernen beteiligt haben" (Hoidn 2010, S. 146), sie scheinen dieses Rückzugsverhalten auch vielfach regelrecht einzuüben, so dass die Studierenden mehr eine Art Hilflosigkeit gegenüber dem Lernen als das Lernen selbst lernen.

In diesem Sinne hat bereits Carl Rogers in seinen 1979 unter dem Titel „Freedom to learn" veröffentlichten Vorschlägen „zur Bildungsreform in Schule und Universität" festgestellt:

> „Für mich ist die Förderung des Lernens als Ziel (der Bildung; d. Verf.), die Art und
> Weise, wie wir den lernenden Menschen zur Entfaltung bringen können, wie wir lernen können, als Individuen in prozesshafter Entwicklung zu leben. Die Förderung des
> Lernens sehe ich als die Tätigkeit die vielleicht Antworten auf einige der schwerwiegendsten Probleme in sich birgt, die heutzutage den Menschen bedrängen: konstruktive, tastende, sich ändernde, sich prozesshaft entwickelnde Antworten" (Rogers 1979,
> S. 106).

Und doch halten wir immer noch an den überlieferten Konzepten fest, und wir spüren, wie innere Zweifel sich den nüchternen Einsichten der Lern- und Hirnforschung entgegenstemmen – nach dem Motto: „Aber irgendeiner muss es ihnen doch sagen!"

Viele Bildungsanbieter stellen sich heute die Frage, wie sie die Überschätzung der Bedeutung von Lehren bei ihren Lehrenden überwinden können, um differenzierteren Sichtweisen und Praktiken zu den Wirkungszusammenhängen zwischen Lehren und Lernen zum Durchbruch zu verhelfen. Lernen benötigt nämlich keineswegs grundsätzlich das Lehren, um zu gelingen, es gilt vielmehr, sich neu und gründlicher der immer wieder neu zu klärenden Frage zuzuwenden, welche Rahmenbedingungen eine akademische Kompetenzentwicklung zu fördern vermögen und welche eher nicht. „Lehren" wird bei einem solchen didaktischen Neuansatz zum Entscheidungsfaktor und ist keineswegs universal „gesetzt". Dies bedeutet, dass Lehrende immer wieder neu prüfen und entscheiden müssen, ob ihr didaktisches Handeln im konkreten Fall tatsächlich hilfreich und notwendig ist oder ob es sich eher als eine „Lernbehinderung" (Holzkamp 1991) auszuwirken droht.

Wenn das notwendige Wissen über Suchbegriffe selbst erschlossen oder in digitalen Arrangements bzw. „Lernräumen" zugänglich gemacht werden kann, muss der Lernende es nicht länger in einem sozialen Raum „abholen", und er benötigt auch keineswegs ständig einen Experten, der ihm darlegend, erläuternd oder gar „vermittelnd" zur Verfügung steht. Er wird vielmehr selbst in die Lage versetzt, sich die angebotenen Kenntnisse und Fertigkeiten selbst(kritisch), aber kompetenzbildend anzueignen – eine eigenständige Bewegung, die wahrscheinlicher wird, wenn man diesen Lernkulturwandel gezielt in den Blick rückt und gestaltet. Auf dem Weg zu einer Lernkultur der Selbststeuerung verändern sich auch in der Hochschulbildung grundlegende Dimensionen der bisherigen Konstruktion der Lehr-Lern-Wirklichkeit, wie die Abbildung 16 zeigt.

Abbildung 16   Wandel der Lernkultur zu einer Kultur des Selbstgesteuerten Lernens und Kooperierens (vgl. Gairin 2006, S. 16).

Auf dem Weg zur Kultur eines Selbstgesteuerten Lernens wandeln sich ...	bisher...	jetzt...
... die Formen des Lernens	... wurden Informationen hierarchisch und bevorzugt in dekontextualisierter Weise weitergegeben	... wird zur aktiven Konstruktion (der Wirklichkeit) mit Situationsbezug angestiftet
... die Formen des Lehrens	... direkte Transmission	... indirekte Transformation
... das Curriculum	... festgelegt (mit einem flächendeckenden Anspruch)	... offen (für Anreicherungen und Anpassungen)
... die Aufgaben	... isolierte Aufgaben aus sequenzialisiertem Materialien	... authentische Aufgaben zur Verbindung der Repräsentationen
... die soziale Dimension	... individuell, auf Wettbewerb gerichtete „Rezitación"	... Zusammenarbeit der Lernenden in einer diskursiven Weise
... die Werkzeuge	... Papier und Bleistift	.... Integration unterschiedlicher Formen
... die Bewertung	... Proben und Tests	...möglichst individuelle Aufgaben

Diese Dimensionen des Lernkulturwandels verdeutlichen, dass es nicht nur das Lehrverhalten allein ist, welches sich wandelt und von den Akteuren Anpassungen erwartet, es handelt sich vielmehr um einen Organisations- und Kulturwandel im tiefsten Sinne des Wortes, der auch die Hochschulen und Universitäten von Innen heraus zu transformieren beginnt. Dabei wandeln sich die Formen des Vertrauten. Ausgelöst und getragen wird dieser durch das Ineinander- und Durchwirken eines mehrdimensionalen Prozesses der Restrukturierung und Umgestaltung des Lehrens und Lernens, dessen Ausdrucksformen an die technisch möglichen Formen von Selbststeuerung, Vernetzung sowie eigenständigem Lernen anschließen. Dieser Prozess ist nicht nur angebots-, sondern auch nachfragegetrieben:

Es ist das sich modernisierende Bedürfnis der Lernende, auch das eigene Lernen unter Nutzung *der* Mittel zu gestalten, die mehr und mehr ihren Alltag ausmachen und längst schon zu den kulturellen Selbstverständlichkeiten der nachwachsenden Generationen gehören. Deren technologiegetragenen Routinen der ortsunabhängigen Suche sowie der sozialen Kommunikation und Kooperation gilt es gezielt durch geeignete Lernarrangements sowie mentorielle Formen der Selbstführungs- und Selbstlernförderung zu begleiten – ein Hinweis, der einen profunden Wandel der didaktischen Professionalität in den Lernkulturen des selbstgesteuerten Lernens markiert.

11) **Man sollte sich gezielt um die emotionale Kompetenz der Studierenden kümmern, d. h. um ihre Fähigkeiten, frei von Stress oder anderen emotionalen Kontaminierungen mit sich selbst und anderen zielführend umgehen zu können!**

Die letzte Leitfrage, welche die Hochschulen und Universitäten auf ihrem Weg in eine kompetenzbildende Lernkultur zu klären haben, lautet: *Führen wir die Studierenden zu einem entspannten, aber wirksamen Umgang mit sich selbst, mit anderen, mit Organisationen sowie mit Gesellschaft und Kultur?* – Dieser Frage wollen wir uns in einem abschließenden Kapitel widmen. Dabei werden wir insbesondere auf Anregungen der Erwachsenenbildung zurückgreifen, haben es doch die Hochschulen und Universitäten mit jungen Erwachsenen und vermehrt auch mit älteren Lernenden zu tun. Relevant ist auch die Diskussion um eine „Neujustierung des Organisationsgefüges im Bildungs- und Erziehungswesen" (Nittel/ Schütz/Tipplet 2014, S. 17) – Tendenzen, die auch die Hochschulen und deren Angebote einer wissenschaftlichen Aus- und Weiterbildung grundlegend transformieren werden. Im Vordergrund stehen im Folgenden jedoch die Anregungen zu einer akademischen Bildung, welche die Identität und Kompetenz ihrer Lernenden gleichzeitig im Blick hat und sich damit um ein komplexeres Verständnis der in der Wissenschaftsbegegnung möglichen Bildung der ganzen Persönlichkeit bemüht.

Bildung neu denken 3: Anregungen aus der Selbstveränderungspraxis

Die Bildungs- und Sozialwissenschaften kamen über viele Jahrzehnte ohne ein wirklich elaboriertes Konzept von Persönlichkeit aus, das auch der Emotionalität des Selbstausdrucks Rechnung trug. Vorherrschend waren kognitivistische Interpretationen des Subjekts sowie Anleihen aus den Identitätstheorien unterschiedlichster Provenienz, welche das Subjekt als rational denkendes und handelndes Wesen in den Blick nahmen und Persönlichkeitsentwicklung als eine Begleiterscheinung bzw. das Ergebnis kognitiver Selbstdistanzierungs- und Reflexionsfähigkeiten konzipierten. Diese Sichtweise der subjektiven Reifung ist zwar nicht verkehrt, aber unzureichend. Erst zu Beginn des neuen Jahrtausends erreichten die Forschungen zur Emotionalen Intelligenz und Kompetenz auch die Persönlichkeitstheorien. Die Vorstellungen zur biographischen Identitätsentwicklung im Kontext biographischer Reifung begannen sich zu differenzieren und – zumindest ansatzweise – auch der inneren Seite des Erwachsenwerdens zuzuwenden (vgl. Gieseke 2009). Dabei lösten sich auch trügerische Gewissheiten auf, und Zweifel machten sich breit, ob und inwieweit das Erwachsensein unter Zuhilfenahme von Reifungs-, Vernunft- und Autonomiekriterien wirklich hinlänglich definiert werden könne.

Diese Skepsis hatten bereits die psychoanalytisch geprägten Ansätze zur Ichentwicklung antizipiert und nachdrücklich daran erinnert, dass Erwachsene ihre frühen Jahre nicht einfach „hinter sich lassen", sondern als grundlegende Muster des Sich-in-der-Welt-Spürens oft ein Leben lang „mit sich herumtragen" (vgl. Stenger 2012). Zwar nährte auch und gerade die Psychoanalyse gleichzeitig die Hoffnungen, dass die Macht dieser inneren Festlegungen durch ein aufdeckendes und reflektierendes Erkennen gebannt werden und einer autonomen Lebensführung weichen könne, doch blieben Zweifel, ob und inwieweit solche inneren Befreiungen tatsächlich dauerhaft zu haben sind. Die Kenntnis der psychoanalytischen Ichtheorien taugt nämlich häufig eher zu einer argumentativen Verpan-

zerung des gewohnten Ich als zu dessen Transformation im Sinne einer selbstreflexiven Zurücknahme eigener tief eigewurzelter und vielfach „bewährter"
Plausibilitäts-Gewohnheiten.

Neuere Ansätze zur Persönlichkeitstransformation greifen deshalb in ihrer lö-
sungsorientierten Arbeit gerne auf gestalt- sowie feldtheoretische Konzepte zurück, um die Vielfalt und auch die emotionalen Dynamiken *der* Krisensituatio-
nen erlebbar zu rekonstruieren, von deren erfolgreicher Bearbeitung die weitere
Persönlichkeitsreifung abhängig ist[30]. Kern dieser Methode ist es – ganz ähnlich
wie dies für Märchen typisch ist – innere Konstellationen in einem äußeren Geschehen sichtbar und damit „(be)greifbar" werden zu lassen. Dabei begnügen
sich diese aufdeckenden Techniken jedoch nicht damit, bislang nur intuitiv ge-
spürte Konstellationen und Dynamiken in einer räumlichen Anordnung zu verdeutlichen, sie lassen auch die Repräsentanten der inneren Bilder und Stimmen
zu stellvertretenden Akteuren werden, die Auskunft geben können und Verän-
derungsbewegungen in Richtung einer Lösung des in Wahrheit innerlichen Ge-
schehens auslösen können. Bei den mit ihrer Hilfe entstehenden Lösungsbildern
handelt es sich jedoch nicht um eine exakte Beschreibung „objektiver" Notwendigkeiten, sondern lediglich um Möglichkeiten, über deren Viabilität der Akteur
selbst entscheidet. In diesem Sinne ist für die systemische Lösungsarbeit eine Vor-
gehensweise kennzeichnend, die der Erwachsenenbildungstheoretiker Hans Tietgens bereits in den 1980er Jahren als „Relationsbewusstsein" charakterisierte (vgl.
Tietgens 1981, S. 170): Der Einzelne kann mit ihrer Hilfe mehr und mehr lernen,
welche Bilder und Mechanismen der Weltaufordnung in ihm immer wieder zur
Wirkung drängen und seine Wahrnehmung, sein Selbstvertrauen sowie die ihm
mögliche Selbstwirksamkeit bestimmen. Er erwirbt dabei eine reflexive Fähigkeit
zur Handhabung dieser eigenen Mechanismen und kann sich dadurch stärker mit
den tatsächlichen Anliegen der anderen sowie den sich ihm selbst bietenden anderen Möglichkeiten in Verbindung bringen. Insbesondere systemische Persönlichkeitstheorien haben dazu beigetragen, konkrete Verfahrensweisen zu entwickeln, mit deren Hilfe die Relationen zwischen den eigenen inneren Bildern und
den äußeren Möglichkeiten nicht nur denkerisch antizipiert und experimentell
thematisiert, sondern auch in ihren möglichen Wirkungen sichtbar, erlebbar und
bearbeitbar werden können (vgl. Arnold 2015). Sie stiften dadurch weniger Erklärungswissen als vielmehr Transformationstechniken. Es ist deshalb nicht ein-
zusehen, wieso solche Konzepte einer fortgeschrittenen Transformationsdidaktik

---

30 Dabei gelangen häufig Skulpturaufstellungen zum Einsatz – eine Methode, welche auf die
     Psychodrama-Theorie von Jakob Moreno (1889–1974) zurückgeht und von Virginia Satir
     (1916–1988) bereits in den 1960er Jahren erfolgreich bei familientherapeutischen Problem-
     bearbeitungen eingesetzt wurde.

nicht auch in viel stärkerem Maße in den Angeboten einer akademischen Professionalisierung aufgegriffen werden sollten, statt sie vorschnell und pauschal in den Bereich der Psychotechniken zu verbannen.

Sicherlich: Eine akademische Professionalität fußt in erster Linie auf Expertise, aber eben auch auf Selbstkompetenz im beschriebenen Sinne. Es spricht jedoch einiges dafür, dass eine wissenschaftlich angemessene Problemlösung ohne eine entsprechende Selbstkompetenz oft kaum wirksam werden kann – zu groß ist die ständige Gefahr, bei den ausgewählten Lösungsansätzen mehr mit den eigenen Erfahrungen und Vorlieben als mit den zu lösenden Problemen in Verbindung zu bleiben. Die systemischen Klärungen des Ineinanderwirkens von Eigenem und Fremden, mit welchem Fachspezialisten – besonders in Konflikt- und Drucksituationen am Arbeitsplatz- meist nur rekonstellierend – d. h. ganz im Sinne der ihnen vertrauten Konstellationen – umzugehen vermögen, berührt deshalb eine unverzichtbare Dimension einer modernen akademischen Professionalisierung. Sie setzen eine lernende Suchbewegung im Sinne eines „transformativen" bzw. „transformationalen Lernens"[31] voraus. Erst durch eine solche Einbeziehung der Persönlichkeitsbildung in die fachliche bzw. fachwissenschaftliche Ausbildung können auch Hochschulen und Universitäten der doppelten Zielsetzung einer akademischen Professionalisierung wirklich entsprechen:

Wissenschaftliche Professionalisierung ist stets Aneignung einer wissenschaftlichen Expertise sowie Stärkung der Selbst(reflexions)kompetenz.

Die Wirksamkeit eines solchen transformativen Lernens ist – folgt man der etwas in Vergessenheit geratenen Theorie von Jack Mezirow zur „Transformative Adult Education" (Mezirow 1997)[32] – davon abhängig, dass es gelingt, Lernprozesse zu initiieren und zu gewährleisten, die folgende Merkmale aufweisen:

„(…) ein höheres Wahrnehmungsniveau in Bezug auf das Umfeld der eigenen Überzeugungen und Empfindungen, die Kritik der ihnen zugrundeliegenden Annahmen und

---

31 „Transformational learning is defined a learning that induces more far-reaching change in the learner than other kinds of learning, especially learning experiences which shape the learner and produce a significant impact or paradigm shift, which affects the learner's subsequent experiences" (www.lifecircles-inc.com/Learningtheories/humanist/mezirow.html).

32 Es ist eine Besonderheit der Kontingenz wissenschaftlicher Paradigmenentwicklungen, dass z. B. der Begriff „Transformatives Lernen" just in dem Moment als eigener Artikel, wie auch als Begriff im Stichwortregister des „Wörterbuchs Erwachsenenbildung" (Arnold/Nolda/ Nuissl 2010) verschwand, als die „Transformationale Führung" in der Personalentwicklungsdebatte begann, sich zu einem eigenen Konzept zu formieren (vgl. Heidbrink/Jennewein 2011, S. 182 ff.).

insbesondere der Prämissen, eine Bewertung alternativer Perspektiven, eine Entscheidung zur Negierung einer alten zugunsten einer neuen Perspektive oder die Herstellung einer Synthese zwischen beiden, die Fähigkeit zum Handeln aufgrund der neuen Perspektive sowie der Wunsch, die neue Perspektive in den Gesamtzusammenhang des eigenen Lebens einzubeziehen. Perspektiventransformation umfasst demnach a) ein berechtigtes Selbstbewusstsein, b) ein kritisches Verständnis dafür, wie die eigenen sozialen Beziehungen und die kulturellen Voraussetzungen die eigenen Überzeugungen und Empfindungen geformt haben und c) stärker funktionsbezogene Strategien und Hilfsmittel für die Vornahme von Handlungen. Handeln ist ein wesentlicher Bestandteil transformativen Lernens" (ebd., S. 136).

Der Selbstausdruck meint die Summe der Bilder, Lektionen, Geschichten und reflektierenden Deutungen, mit denen Lernende ihre Identität sich selbst und anderen gegenüber darstellen und ihr Verhalten – in Problemlagen, aber nicht nur dort – begründen. In diesen Deutungen wirken verbliebene und aktuelle Bindungen zusammen und finden in Beschreibungen des eigenen Schicksals, der eigenen biographischen Erfolge und Misserfolge sowie der Darstellung besonderer Charakteristika der eigenen Art – mit ihren Vor- und Nachteilen – ihren Ausdruck. Menschen möchten sich – hierauf wies Jürgen Habermas bereits in den 1960er Jahren hin – durch ihren Selbstausdruck von anderen unterscheiden und ihnen doch ähnlich bleiben und dazugehören – mehr eine beständige Balance als eine klare Positionierung: „Identität (ist) eine Reise, kein Ort", wie es der Schriftsteller Sten Nadolny ausdrückt (Nadolny 1996, S. 186). Bei Jürgen Habermas liest sich dies – im Anschluss an Erving Gofman (Goffman 1972) so:

„Die persönliche Identität kommt zum Ausdruck in einer unverwechselbaren Biographie, die soziale Identität in der Zugehörigkeit ein und derselben Person zu verschiedenen, oft inkompatiblen Bezugsgruppen. Während persönliche Identität so etwas wie die Kontinuität des Ich in der Folge der wechselnden Zustände der Lebensgeschichte garantiert, wahrt die soziale Identität die Einheit in der Mannigfaltigkeit verschiedener Rollensysteme, die zur gleichen Zeit ‚gekonnt' sein müssen. (…) Ich-Identität kann als die Balance zwischen der Aufrechterhaltung beider Identitäten, der persönlichen und der sozialen aufgefasst werden. Wir müssen gleichzeitig unsere soziale Identität wahren und ausdrücken, ohne der Gefahr der ‚Verdinglichung' zu erliegen; aber ebenso müssen wir unsere persönliche Identität zugleich wahren, ohne ‚stigmatisiert' zu werden" (Habermas 1973, S. 131).

Habermas spricht in diesem Zusammenhang von einer „phantom uniqueness" (ebd., S. 132) und markiert damit die in die soziale Interaktion eingelagerte strukturelle Paradoxie, sich von anderen unterscheiden zu müssen, um dazugehören zu können. Diesen Unterschied vermögen Menschen bisweilen aber nur durch ein inszeniertes Selbst auszudrücken, welches sie nicht substanziell, sondern bloß intuitiv und instabil zu „füllen" vermögen – ein Sachverhalt, den Erich Fromm u. a. als „falsches Selbst" bezeichneten. Dieser Aspekt, den Erich Fromm (1900–1980) insbesondere in seinem Buch „Escape from Freedom" (Fromm 2000) entfaltet, wurde in der sozialwissenschaftlichen Debatte lange Zeit übersehen; auch die Entwürfe von Goffman und Habermas zeichneten die Identitätsbalance eher als eine Bewusstseinsleistung, deren Emotionsbasierung zumindest undeutlich bleibt. Anders der Ansatz von Ralph Turner, der das „institutionelle" von einem „impulsiven Selbst" unterscheidet (Turner 1976) – eine Dimensionierung, die in der amerikanischen Sozialpsychologie durchaus aufgegriffen und weiterentwickelt wurde (vgl. Vannini/Franzese 2008). In den deutschsprachigen Debatten wurde der Begriff des „wahren Selbst" eher in spirituellen Kontexten verwendet und fand – deshalb? – keinen Eingang in identitätstheoretische Studien der Bildungsforschung. Dadurch entbehrten insbesondere auch die tertiären Bildungsansätze einer wirksamen didaktischen Strategie, um ihre Studierenden in ihrer Suche nach einem authentischen Selbstausdruck durch die Initiierung und Begleitung klärender und aufdeckender Lernbewegungen zu unterstützen. Hochschulen und Universitäten praktizieren Erwachsenenbildung, ohne ihre lernkulturelle Praxis allerdings substanziell an den vorliegenden Ergebnisse der erwachsenendidaktischen Forschungen zu Fragen der Identitäts- und Kompetenzentwicklung zu orientieren.

Diese Selbstbeschränkung ist fatal, bleiben Hochschulen und Universitäten doch dadurch ungewollt einem Paradigma verhaftet, welches kaum zu halten mag, was es verspricht, nämlich durch die bloße „Vermittlung" und Prüfung des notwendigen Wissens sowohl die Aneignung von Expertise, als auch eine Stärkung der Persönlichkeiten zu erreichen. Demgegenüber setzen die insbesondere in der Führungskräftequalifizierung – aber nicht bloß dort – anzutreffenden reflexiven Konzepte der modernen Erwachsenenpädagogik auf die Verbindung des Einen mit dem Anderen. Eine durch die Kraft selbstreflexiver Persönlichkeiten vorgetragene Expertise – so die Integrationsthese – kann nur in akademischen Lernkulturen nachhaltig erworben werden, in denen der personale Selbstausdruck geklärt und die Überformungen eines falschen Selbst durch eine überzogene Bescheidwisserei vermieden und nicht bloß kaschiert werden können. Eine solche tiefenwirksame Persönlichkeitsbildung erweitert das erwähnte zweidimensionale Modell der Identitätsbalance der Sozialphilosophie zu einem *vierdimensionalen Modell des Selbstausdrucks,* indem sie die „im Gefühlsdschungel" (Stavemann 2001) wirkenden Kräfte zur Verfälschung des wahren Selbst aufgreift, sichtbar werden lässt und Veränderungsperspektiven entwickelt. Nur so kann auch gewährleistet werden, dass Professionals im Kontext ihrer akademischen Aus- und Weiterbildung

Abbildung 17   Das vierdimensionale Modell des Selbstausdrucks (nach: Arnold 2013c, S. 175)

Personale Identität

Leitfragen:
„Wer bin ich geworden?
In was bin ich mir ‚treu'?"

Fragen einer akademischen Selbstreflexion:
Wofür brannte ich schon immer?
Was sind meine Stärken?
Wo bringe ich dieses Eigene überwertig zur Geltung?

das wahre Selbst

Leitfragen:
„Wer bin ich eigentlich?
An wen oder was fühle ich mich tief gebunden?"

Fragen einer akademischen Selbstreflexion:
Wem bin ich in dem, was ich tue, tief verpflichtet?
Gegen welchen Wert bzw. welches Prinzip würde ich niemals verstoßen?
Worum geht es mir in Wahrheit?

Identitätslernen
(Persönlichkeitsbildung)

das falsche Selbst

Leitfragen:
„Wer gebe ich vor zu sein?
Wo fühle ich mich vordergründig gebunden?"

Fragen einer akademischen Selbstreflexion:
Wem mache ich wo bzw. womit etwas vor?
Was mache ich mir selbst vor?
Wobei geht es mir mehr um mich selbst als um die Sache oder die Nutzer meiner Expertise?

Soziale Identität

Leitfragen:
„Wer bin ich jetzt?
Welchen aktuellen Erwartungen trage ich Rechnung?"

Fragen einer akademischen Selbstreflexion:
Wer sind meine augenblicklichen Bezugsgruppen?
Was erwarten diese von mir?
Lasse ich mich von diesen Erwartungen beeinflussen/ablenken?

allmählich eine Haltung entwickeln können, welche sie der Sache, um die es geht, sowie der Wahrung (berufs)ethischer Standards zu verpflichten vermag.

Diese vierdimensionale Auffächerung des Identitätsdiskurses ist sicherlich noch sehr grob, und sie lässt kaum sichtbar werden, wie ein solches „Identitätslernen" vertiefter Art auch hochschuldidaktisch aufgegriffen und gestaltet und begleitet werden könnte. In diesem Sinne definierte bereits Horst Siebert das „Identitätslernen" als „reflexives Lernen":

> „Durch das Nachdenken über die eigene Biographie, über Schlüsselerlebnisse, über ‚Gewinne' und ‚Verluste', Freuden und Ängste, Interessen und Vermeidungsreaktionen, Lernstärken und Lernschwächen wird eine biographische Bilanz und eine Lebensplanung für die Zukunft erleichtert. Diese Selbstreflexion wird durch eine Bezugsperson gefördert und angeregt (Siebert 2011a, S. 43)".

Eine in dieser Weise methodisch inszenierte Hochschulbildung ermöglicht Selbstbeobachtung und (selbst)reflexives Lernen. Sie eröffnet Möglichkeiten, um

> „(…) Menschen zu unterstützen, sich selbst dabei zu beobachten, wie sie kommunizieren, und dafür sensibel zu werden, wie sie sich und anderen ihre Geschichten erzählen. Es geht darum, einen Rahmen für Selbstreferenz bereitzustellen, im Sinne des Bonmots des Philosophen Alain: ‚Sich beobachten heißt sich verändern'. Auf möglichst ungewohnte, wenn auch durchaus systematische Weise wird nach Formen gesucht, wie diese ‚Beobachtung zweiter Ordnung' (Luhmann 1998, S. 34) hilfreich nutzbar gemacht werden kann" (ebd., S. 328).

Indem auch das Lernen an Hochschulen und Universitäten sich gegenüber solchen Selbstreflexions-Fragen öffnet, vermag es sich aus den antiquierten Frames einer Lehrdidaktik zu lösen und mehr und mehr zu einer Kompetenzdidaktik zu werden. Diese setzt auf eine selbsteinschließende Bewegung der Lernenden, da sie weiß, dass professionelle Autonomie nur in Lernprozessen entstehen kann, die die Selbststeuerung und die Selbstreflexion herausfordern und zulassen. Eine solche Hochschulbildung setzt glaubwürdig auf die Selbstreflexion des Lernenden, provoziert und begleitet diese und trägt dadurch dazu bei, dass Studierende nicht bloß adaptive, sondern auch reflexive Kompetenzen entwickeln können. Als „reflexive Kompetenzen" lassen sich insbesondere die Fähigkeiten Erwachsener im Sinne „des Überdenkens von Handlungen im Sinne einer kontinuierlichen Überwachung und Regulation" (Hoidn 2010, S. 417) bezeichnen – eine Zielrichtung, die, wie mehrfach gezeigt werden konnte, mehr und mehr zur Kernaufgabe der Gestaltung einer lernenden Gesellschaft wird.

Eine Vision: Wie wir lernen werden

Wir schreiben das Jahr 2074. Die europäischen Länder sind überwiegend von Menschen bevölkert, die über 50 Jahre alt sind; 35 % der europäischen Bürger verfügen über einen Migrationshintergrund. Bereits 2050 sah sich das Europaparlament deshalb gezwungen, die Lebensarbeitszeit auf 78 Jahre auszuweiten – ein Alter, in dem die Menschen so fit sind, wie ihre Großeltern dies mit 50 gewesen waren. Ungläubig lesen die Menschen in den Geschichtsbüchern die Berichte über die Seniorenrevolte, die 2025 von Amsterdam ausgehend ganz Europa erschütterte und den Slogan auf ihre Transparente geschrieben hatte: „Es gibt ein Leben vor dem Tod!" Der bekannte Seniorenführer Gregoris rief in einer Rede vor den europäischen Parlamentariern aus: „Wer 45 Jahre und mehr gearbeitet hat, der hat ein Recht darauf, sein Leben durch Lernen, Erproben und Erleben neu zu erfinden! Europa ist verpflichtet, die älteren Generationen bei ihren Versuchen, erneut zu sich selbst zu entwachsen durch aufsuchende Formen der Begleitung, Beratung und Bildung zu unterstützen! Dies ist die öffentliche Verantwortung der Bildung in Europa!"

Solche u. ä. Statements gehörten bereits seit Jahren zu den Gemeinplätzen der Politikerreden. Vorausgegangen waren in den 2030er Jahren grundlegende Umstrukturierungen auf den europäischen Arbeitsmärkten und in den Lebenswelten und Gesellschaften. Der Bevölkerungsrückgang hatte in vielen Ländern zu einer radikalen Ausweitung der Einwanderungspolitik geführt und die Gesellschaften vor Integrationsaufgaben bislang ungeahnten Ausmaßes gestellt. 2035 wurde – wieder einmal – zum Jahr der „European Diversity" ausgerufen, und die vereinzelt noch aufflammenden nationalistischen Bewegungen spielten politisch im Vereinten Europa kaum noch eine Rolle: Vielfalt war endlich zu einem Merkmal der europäischen Kultur geworden. Und zahlreiche Bildungseinrichtungen widmeten sich der Bemühung, Menschen mit unterschiedlicher Lebenserfahrung dabei zu begleiten, ihr Denken, Fühlen und Handeln zu reflektieren und zu verändern. „Bildung" – so stellte einer der bedeutenden europäischen Bildungstheoretiker bereits 2042 fest – „wird zur Behinderung der eigenen Persönlichkeit, wo sie aufhört, Suche zu sein und bereits zum Wissen geworden ist!" „Wissen ist keine Kompetenz!" zitierte er in diesem Zusammenhang ein 2014 erschienenes Buch, das die Erwachsenenbildungsdikussion zu seiner Zeit erheblich zu provozieren vermochte.

Diese Vielfalt betraf alle. Auch die individuellen Schicksale wurden im 21. Jahrhundert riskanter und vielfältiger: Man lebte zwar deutlich länger als die eigenen Vorfahren, aber man lebte in größerer innerer und äußerer Unsicherheit. Die Bildungs- und Berufsverläufe der Menschen waren kaum noch mit den relativ stabilen Mustern der Vergangenheit zu vergleichen; bereits in den 2040er Jahren hatte man sich in nahezu allen gesellschaftlichen Schichten daran gewöhnen müssen, dass der moderne Lebenslauf immer wieder durch Phasen der Neuorientierung sowie durch soziale Auf- und Abstiegsbewegungen geprägt ist. Endlich hatte es die europäische Schulpolitik geschafft, den engen Zusammenhang zwischen sozialer Herkunft und gesellschaftlicher Position zu überwinden und allen Bürgern der Mitgliedstaaten die gleichen Bildungschancen einzuräumen. Nachdem man 2052 die europäische Erbschaftssteuer auf 95 % festgelegt hatte, war es auch kaum noch möglich, soziale Lebenschancen zu erben, alle mussten sie erwerben.

Diese Entwicklungen in Richtung Vielfalt, Selbstverantwortung und Lebenslanges Lernen hatten die Bildungssysteme der europäischen Mitgliedstaaten bereits in den 2030er und 2040er Jahren vom Kopf auf die Füße gestellt. Ausgelöst wurde die Aufweichung und Zersetzung einerseits durch die weltweite Verbreitung der Youtube-Universities, in denen vernetzte akademische Programme mit elektronisch gestützten Tutorials und Lerncoachings die akademische Bildung und die mit diesen verbundenen Bildungschancen in jedes Wohnzimmer brachten. Nur wenige der traditionellen Universitäten in Europa hatten diesen Trend bereits früh erkannt und sich an die Spitze der Bewegung zu setzen vermocht. Sie waren die Vorreiter der Lifelong-Learning Universities, die in den 2050er Jahren wie Pilze aus dem Boden schossen. Diese übernahmen auch die Aufgaben der früheren Volkshochschulen, indem sie sich mutig vom Titel- und Abschlussdenken lösten und nüchtern die tatsächlich erworbene Kompetenz der Lernenden zertifizierten – unabhängig davon, wie alt diese waren und wie viel Zeit sie in irgendwelchen Bildungseinrichtungen verbracht hatten. Stolz feierte man 2058 das 50jährige Jubiläum des Europäischen Qualifikationsrahmens und lauschte ungläubig den Zeitzeugen, die von den bildungspolitischen Abwehrgefechten gegen diese Öffnung der Bildungseinrichtung zu Beginn des 21. Jahrhunderts erzählten. An die Debatten um die Bolognareform zu Beginn des Jahrhunderts erinnerte man sich kaum noch.

Literatur

Adorno, T. W.: Marginalien zu Theorie und Praxis. In: Die Zeit Nr. 33. vom 18. August 1969, S. 10.

Adorno, T. W.: Theorie der Halbbildung (1959). In: Ders.: Gesammelte Schriften. Bd. 8: Soziologische Schriften. Frankfurt 1972, S. 93–121.

Arnold, R.: Begriffe sind Fenster. Systemische Pädagogik von A bis Z. Antworten, Algorithmen und Akronyme. Baltmannsweiler 2014a.

Arnold, R.: Die Unzeitgemäßheit der eLearning-Didaktik. In: Ders./Lermen, M. (Hrsg.): eLearning-Didaktik. Baltmannsweiler 2006, S. 11–29.

Arnold, R.: Durch Lernen zum kompetenten Unternehmen. Pädagogische Professionalisierung als Unternehmensstrategie. „Pädagogische Materialien der TU Kaiserslautern". Heft 48. Kaiserslautern 2014b.

Arnold, R.: Ermöglichen. Texte zur Kompetenzreifung. Baltmannsweiler 2012a.

Arnold, R.: Leadership by Personality. Von der Emotionalen zur Spirituellen Kompetenz. Wiesbaden 2015.

Arnold, R.: Selbstbildung. Oder: Wer kann ich werden und wenn ja wie? 2., durchgesehene Auflage. Baltmannsweiler 2013a.

Arnold, R.: Seit wann haben Sie das? Grundlinien eines Emotionalen Konstruktivismus. Heidelberg 2009.

Arnold, R.: Systemische Erwachsenenbildung. Die transformierende Kraft des begleiteten Selbstlernens. Baltmannsweiler 2013c.

Arnold, R.: Wie man lehrt, ohne zu belehren. 29 Regeln für eine kluge Lehre. Das LENA-Modell. 2., unveränderte Auflage. Heidelberg 2013b.

Arnold, R./Erpenbeck, J.: Wissen ist keine Kompetenz. Dialoge zur Kompetenzreifung. Baltmannsweiler 2014.

Arnold, R./Gómez Tutor, C./Kammerer, J.: Selbstlernkompetenzen. Arbeitspapier 1 des Forschungsprojektes „Selbstlernfähigkeit, pädagogische Professionalität und Lernkulturwandel" (Teilprojekt: Selbstlernkompetenz). Bd. 12 der Schriftenreihe „Pädagogische Materialien der TU Kaiserslautern". 3. Auflage. Kaiserslautern 2007.

Arnold, R./Gómez Tutor, C.: Grundlinien einer Ermöglichungsdidaktik. Bildung ermöglichen – Vielfalt gestalten. Augsburg 2007.

Arnold, R./Schüßler, I.: Wandel der Lernkulturen. Darmstadt 1998.

Arnold, R./Siebert, H.: Die Verschränkung der Blicke. Konstruktivistische Erwachsenenbildung im Dialog. Baltmannsweiler 2006.

Arnold, R. (Hrsg.): Entgrenzungen des Lernens. Internationale Perspektiven für die
Erwachsenenbildung. Bielefeld 2012b.

Arnold, R./Dobischat, R./Ott, B. (Hrsg.): Weiterungen der Berufspädagogik. Stuttgart
1997.

Arnold, R./Faber, K. (Hrsg.): Vernetzung schafft Perspektiven. Baltmannsweiler 2011.

Arnold, R./Lermen, M. (Hrsg.): Independent Learning. Die Idee und ihre Umsetzung.
Baltmannsweiler 2013.

Arnold, R./Nolda, S./Nuissl, E. (Hrsg.): Wörterbuch Erwachsenenbildung. 2., überar-
beitete Auflage. Bad Heilbrunn/OBB 2010.

Arnold, R./Schüßler, I. (Hrsg.): Ermöglichungsdidaktik. Erwachsenenpädagogische
Grundlagen und Erfahrungen. Baltmannsweiler 2003.

Arnold, R./Wolf, K. (Hrsg.): Herausforderung: Kompetenzorientierte Hochschule.
Baltmannsweiler 2014.

Autorengruppe Bildungsberichterstattung: Bildung in Deutschland 2006. Bielefeld
2006.

Autorengruppe Bildungsberichterstattung: Bildung in Deutschland 2012. Bielefeld
2012.

Azaola, M.C.: Revisiting Bourdieu: alternative educational system in the light of the
theory of social and cultural reproduction. In: International Studies in Sociology of Education, 22(2012), 2, p. 81–95.

Bachmann, H.: (Hrsg.): Kompetenzorientierte Hochschullehre. Die Notwendigkeit
von Kohärenz zwischen Lernzielen, Prüfungsformen und Lehr-Lernmodellen.
Forum Hochschuldidaktik und Erwachsenenbildung. Band 1. Zürich 2011.

Baecker, D.: Die Universität als Algorithmus. Formen des Umgangs mit der Paradoxie
der Erziehung. In: Berliner Debatte Initial, 3/1999, S. 63–75.

Baethge, M. u.a.: Konzeptionelle Grundlagen für einen Nationalen Bildungsbericht:
Berufliche Bildung und Weiterbildung/Lebenslanges Lernen. Bonn 2003.

Beck, U. (Hrsg.): Kinder der Freiheit. Frankfurt 1997.

Benz, P./Kunz, R.: Peer Tutoring im Zeichen der Bologna-Reform. In: Wehr, S. (Hrsg.):
Aufbruch in der Hochschullehre: Kompetenzen und Lernende im Zentrum.
Bern 2007, S. 163–184.

Blankertz, H.: Die Geschichte der Pädagogik. Von der Aufklärung bis zur Gegenwart.
Wetzlar 1982.

Böhle, F.: Kann die höhere Bildung von der beruflichen Bildung lernen? Die Verbin-
dung von institutionalisiertem Lernen und praktischem Tun eröffnet neue
Lernfelder und -orte. In: Berufsbildung in Wissenschaft und Praxis, 39 (2010), 2,
S. 6–9.

Böhle, F.: Weder rationale Reflexion noch präreflexive Praxis – erfahrungsgeleitet-
subjektivierendes Handeln. In: ders./Weihrich, M. (Hrsg.): Handeln unter Unsicherheit. Frankfurt 2009, S. 203–228.

Bourdieu, P.: Die verborgenen Mechanismen der Macht. Frankfurt 1992.

Bourdieu, P.: Sozialer Raum und Klassen. Frankfurt 1985.

Brandt, S./Bachmann, G.: Auf dem Weg zum Campus von morgen. In: Rummler, K. (Hrsg.): Lernräume gestalten – Bildungskontexte vielfältig denken. Münster 2014, S. 15–28.

Brater, M. u. a.: Berufsbildung und Persönlichkeitsentwicklung. München 1988.

Brater, M./Freygarten, S./Rahmann, E./Rainer, M.: Kunst als Handeln – Handeln als Kunst. Was die Arbeitswelt und Berufsbildung von Künstlern lernen können. Bielefeld 2011.

Bremer, C. u. a. (Hrsg.): Landesinitiativen für E-Learning an deutschen Hochschulen. Münster 2010.

Bremer, R. (2005): Arbeit – Bildung – Qualifikation. In: Rauner 2005, S. 76–82.

Brodkorb, M.: Paradoxien im europäischen Hochschulraum. Für eine wissenschaftsfreundliche Reform des Bolognaprozesses. In: Forschung & Lehre, 8/2014, S. 600–604.

Burckhart, H.: „Bologna ist die angemessene Antwort auf gegenwärtige und zukünftige Herausforderungen an akademische Bildung". In: Nexus. Newsletter der HRK, 4/2014a, S. 2.

Burckhart, H.: Mit Bologna in die Zukunft. Ein Plädoyer für die Fortführung der Reform. In: Forschung&Lehre, 11/2014b, S. 898–900.

Castells, M.: Der Aufstieg der Netzwerkgesellschaft. Das Informationszeitalter. Bd. 1. Opladen 2004.

Dauber, Heinrich/Weber, Heribert Eltern aktiv, Handbuch für eine humane Schule, Reinbek b. Hamburg 1976.

Deuber, L.: Liebe Uni, dieses Studium hätte ich in 30 Tagen geschafft. In: Forschung und Lehre, 21 (2014), 11, S. 905.

Dietze, N./Günther, D./Völpel, A. u. a.: Mit dem Selbstlernzentrum durch das Studium. In: Unispektrum. Das Magazin der TU Kaiserslautern, 4/2014, S. 4–5.

Dikau, J.: Weiterbildungsaufgaben der Hochschulen. Zwischenbilanz der Projektarbeiten des „Arbeitskreises Universitäre Erwachsenenbildung" (AUE). Bad Honnef 1982.

Draheim, S.: Das lernende Selbst in der Hochschulreform: „Ich" ist eine Schnittstelle. Subjektdiskurse des Bologna-Prozesses. Bielefeld 2012.

Elsholz, U./Rohs, M. (Hrsg.): E-Portfolios für das Lebenslange Lernen. Konzepte und Perspektiven. Bielefeld 2014.

Empfehlungen des Europäischen Parlaments und des Rates vom 23. 4. 2008 zur Einrichtung des Europäischen Qualifikationsrahmens für lebenslanges Lernen. In: Amtsblatt der Europäischen Union C 111/1 vom 6. 5. 2008. (Download in: www. eu-bildungspolitik.de)

Erpenbeck, J./Sauter, W.: So werden wir lernen! Kompetenzentwicklung in einer Welt fühlender Copmuter, kluger Wolken und sinnsuchender Netze. Wiesbaden 2013.

Erpenbeck, J./von Rosenstiel, L.: Einführung. Kompetenzbegriff und Kompetenzverständnis. In. Dsbn. (Hrsg.): Handbuch Kompetenzmessung. Stuttgart 2003, S. IX–XIX.

EU: Framework for Qualifications of the European Higher Education Area. Brüssel 2005 (in: www.ecahe.eu).

Fleischer, A./Czachs: Das WIFI-Lernmodell LENA. Kompetenzorientierung in der Erwachsenenbildung. In: Heyse 2014, S. 407–433.

Foucault, M.: Der Mut zur Wahrheit. Frankfurt 2010.

Foucault, M.: Überwachen und Strafen. Die Geburt des Gefängnisses. Frankfurt 1976.

Fromm, E.: Die Furcht vor der Freiheit (1941). München 2000.

Gairín, J.: Cambio y mejora. La innovación en el aula. In: Paredes, J./Herràn, A. (Coords.): La Pràctica de la Innovación Educativa. Madrid 2009, S. 21–48.

Gieseke, W./Nuissl, E./Schüßler, I. (Hrsg.): Reflexionen zur Selbstbildung. Festschrift für Rolf Arnold. Bielefeld 2012.

Gieseke, W.: Lebenslanges Lernen und Emotionen. Wirkungen von Emotionen auf Bildungsprozesse aus beziehungstheoretischer Perspektive. 2., unveränderte Auflage. Bielefeld 2009.

Girmes, R.: Berufsentwicklung – eine neue Aufgabe für die Hochschule. In: Diess. (Hrsg.): Studium, Berufsentwicklung, Persönlichkeitsbildung. Münster u. a. 1997, S. 7–11.

Glasl, F.: Konflikt, Krise, Katharsis und die Verwandlung des Doppelgängers. München 2007.

Goffman, E.: Wir alle Spielen Theater. München 1972.

Gruschla, A.: Das Studium: Für Wissenschaft, Beruf oder allgemeine Menschenbildung? Reflexionen mit Rückgriff auf Wilhelm von Humboldt. In: Essener Unikate, 9/1997, S. 36–48.

Haberer, M./Zhukova, N.: Förderung von Selbstlernkompetenzen mit digitalen Medien. Zur Teilvirtualisierung eines Unterstützungsangebots für Studierende. In: Arnold/Lermen 2013, S. 94–109.

Habermas, J.: Stichworte zur Theorie der Sozialisation (1968). In: ders.: Kultur und Kritik. Verstreute Aufsätze. Frankfurt 1973.

Hammond, J. S.: Learning by the case method. Boston 2002.

Heidbrink, M./Jennewein, W.: High-Performance-Organisationen. Wie Unternehmen eine Hochleistung aufbauen. Stuttgart 2011.

Heinemann, L./Rauner, F.: Begründungsrahmen für ein Ausbildungsmodell. In: Rauner, F. u. a.: Messen beruflicher Kompetenzen. Bd. 1: Grundlagen und Konzeption des KOMET-Projektes. Münster 2009, S. 51–76.

Heller, D.: Die Frankfurter Schule – Das Primat der Theorie. In: Straßner, A. (Hrsg.): Sozialrevolutionärer Terrorismus. Theorie, Ideologie, Fallbeispiele, Zukunftsszenarien. Wiesbaden 2009, S. 125–144.

Herwig, M./Völpel, A./Zwecker, C.: Nachhaltigkeitskompetenzentwicklung: Diemersteiner Selbstlerntage und Lerncoaching als integratives Konzept an der TU Kaiserslautern. In: Arnold/Wolf 2014, S. 371–394.

Heublein, U./Schmelzer, R./Sommer, D./Spangenberg, H.: Studienabbruch 2002. Die Studienabbrecherquoten in den Fächergruppen und Studienbereichen der Universitäten und Fachhochschulen. HIS. Hannover 2003.

Hewlett, C./Kahl-Andresen, A.: Prüfungsökonomie statt Prüfungsqualität. In: Berufsbildung in Wissenschaft und Praxis, 43 (2014), 3, S. 6–9.

Heydorn, H.-J.: Über den Widerspuch von Bildung und Herrschaft. Werke. Bd. 3. Liechtenstein 1995.

Heyse, V. (Hrsg.): Aufbruch in die Zukunft. Erfolgreiche Entwicklungen von Schlüsselkompetenzen in Schulen und Hochschulen. Aktuelle persönliche Erfahrungen aus Deutschland, Österreich und der Schweiz. Münster 2014.

Hinze, U.: Computergestütztes kooperatives Lernen: Einführung in Technik, Pädagogik und Organisation des CSCL. Münster 2004.

Hoidn, S.: Lernkompetenzen an Hochschulen fördern. Wiesbaden 2010.

Holzkamp, K.: Lehren als Lernbehinderung. In: Forum Kritische Psychologie, 27 (1991), S. 5–22.

Honnefelder, L./Rager, G. (Hrsg.): Bildung durch Wissenschaft? Freiburg/München 2011.

HRK: Bologna-Reader III. FAQs – Häufig gestellte Fragen zum Bologna-Prozess an deutschen Hochschulen. In: Beiträge zur Hochschulpolitik, 8/2008. Bonn 2008.

HRK: HRK-BolognaNet: Glossar. http://www.bolognanet.hrk.de/glossar.html. Bonn 2012.

Kaiser, A./Kaiser, R.: Metakognitiv fundierte Bildungsarbeit. Leistungsfördernde Didaktik zur Steigerung der Informationsverarbeitungskompetenz im Projekt KLASSIK. Bielefeld 2012.

Kaiser, A.: Metakognition und Selbstlernkompetenz. Wovon hängt der Erwerb von Kompetenzen zur Durchführung selbstregulierten Lernens ab? In: ders. (Hrsg.): Selbstlernkompetenz. Metakognitive Grundlagen selbstregulierten Lernens und ihre praktische Umsetzung. München 2003, S. 35–82.

Kaiser, R./Kaiser, A.: Denken trainieren – Lernen optimieren. 2. Auflage. Augsburg 2006.

Kaube, J.: Keine Rede von den Studenten. In: FAZ vom 18.Oktober 2014.

Kern, H.; Schumann, M.: Das Ende der Arbeitsteilung, Rationalisierung in der industriellen Produktion. München 1984.

Kerschensteiner, G.: Theorie der Bildung. Leipzig 1926.

Klaverstijn, M.: Practising the Social Dimension of the Bologna Process. A Comparative Study of Ireland and the Netherlands. In: Journal of the European Higher Education, 1/2012, S. 1–18.

Kleickmann, T./Vehmeyer, J./Möller, K.: Zusammenhänge zwischen Lehrervorstellungen und kognitivem Strukturieren im Unterricht am Beispiel von Scaffolding-Maßnahmen. In: Unterrichtswissenschaft, 38(2010), 3, S. 210–228.

KMK (Kultusministerkonferenz): www.kmk.org/wissenschaft-hochschule/internationale-hochschulangelegenheiten/bologna-prozess.html (Aufruf am 29.7.2014).

KMK (Kultusministerkonferenz): Rahmenvorgaben für die Einführung von Leistungspunktsystemen und die Modularisierung von Studiengängen. Beschluss der Kultusministerkonferenz vom 15.09.2000. http://www.kmk.org/fileadmin/pdf/PresseUndAktuelles/2000/module.pdf.

KMK (Kultusministerkonferenz): Überprüfung der Kompatibilität des „Qualifikationsrahmens für deutsche Hochschulabschlüsse" mit dem „Qualifikationsrahmen für den Europäischen Hochschulraum" vom 18.9.2008.

Knobloch, E.: Theoria cum praxi. Leibniz und die Folgen für Wissenschaft und Technik. In: Studia Leibnitiana, 19(1987), 2, S. 129–147).

Knowles, M. S.: Self-directed Learning. A guide for learners and teachers. Englewood Cliffs 1975.

Koller, S./Klatt, M.: Lehre in der Krise. Warum sich die Verhältnisse ändern müssen und nicht die Ideale. In: Forschung & Lehre, 19(2012), 6, S. 448–449.

Kretschmann, R.: Studium als Entwicklungsaufgabe. In: Studierwerkstatt der Universität Bremen (Hrsg.): Festschrift „Lern(fr)lust im Bachelor – dem Lernen Sinn geben". 10 Jahre Studierwerksatt. Bremen 1010, S. 26–35 (www.studierwerkstatt. uni-bremen.de/uploads/Festschrift%2010%20im%20Bachelor%20dem%20 Lernen%Sinn%20geben.pdf.) (aufgerufen am 4. 6. 2012).

Krewer, B./Uhlmann, A.: Die Lernlandschaft – didaktische Innovation in der V-EZ. Gesellschaft für Internationale Zusammenarbeit. Bad Honnef 2011.

Laitko, H.: Theoria cum praxi. Anspruch und Wirklichkeit. In: www.leibnizsocietaet. de/wp-content/uploads/2012/11/01_laitko.pdf.

Leibniz, G. W.: Denkschrift in Bezug auf die Einrichtung einer Societas Scientiarum et Artium in Berlin vom 24./26. März 1700. In: Hartkopf, W./Wangermann, G.: Dokumente zur Geschichte der Berliner Akademie der Wissenschaften von 1700–1990. Heidelberg u. a. 1991. Dokument Nr.18, S. 219 ff.

Lenzen, D.: Bildung statt Bologna. Berlin 2014a.

Lenzen, D.: Lösen die Begriffe Selbstorganisation, Autopoiesis und Emergenz den Bildungsbegriff ab? In: Zeitschrift für Pädagogik, 43(1997), 6, S. 949–967.

Lenzen, D.: Zwischen Gedankenfreiheit und Staatsinterventionismus. Eine systemtheoretische Analyse der Hochschulautonomie. In: Forschung & Lehre, 12/2014b, S. 972–975.

Liessmann, K..P.: Das Verschwinden des Wissens. In: Neue Züricher Zeitung vom 4. 10. 2014 (www.nzz.ch/meinung/debatte/das-verschwinden-des-wissens-1.1838345).

Liessmann, K. P.: Theorie der Unbildung. Die Irrtümer der Wissensgesellschaft. Wien 2006.

Livingstone, D. W.: Informelles Lernen in der Wissensgesellschaft. Erste kanadische Erhebung über informelles Lernverhalten. In: QUEM-Report Heft 60: Kompetenz für Europa. Wandel durch Lernen – Lernen durch Wandel. Referate auf dem internationalen Fachkongress vom 21.–23. 4. 1999 in Berlin. Berlin 1999, S. 65–91.

Livingstone, D. W.: Informal Learning: Conceptual Distinctions and Preliminary Findings. In: Bekerman, Z./Burbules, N. C./Silberman-Keller, D. (Ed.): Learning in Places. The Informal Education Reader. New York 2006, S. 202–226.

Lorig, B. u. a.: Kompetenzbasierte Prüfungen im Dualen System – Bestandsaufnahme und Gestaltungsperspektiven. Forschungsbericht 4.2.333 (JFP 2010) des Bundesinstitits für Berufsbildung. Bonn 2014.

Luhmann, N./Schorr, H.-E.: Strukturelle Bedingungen von Reformpädagogik. Soziologische Analysen der Moderne. In: Zeitschrift für Pädagogik, 34 (1988), 4, S. 463–480.

Luhmann, N.: Die Gesellschaft der Gesellschaft. 2. Bd. Frankfurt a. M. 1998.

Luhmann, N./Schorr, K.-E.: Reflexionsprobleme im Erziehungssystem. Stuttgart 1979.

Mager, R. F.: Lernziele und Unterricht. Weinheim 1972.

Mandl, H./Krause, U.-M.: Lernkompetenz für die Wissensgesellschaft. Forschungsberichte des Lehrstuhls für Empirische Pädagogik und Pädagogische Psychologie der Ludwig-Maximilians-Universität. Nr. 145. München 2001 (= www.kmi. open.ac.uk/download/pdf/12161788.pdf).

Markowitsch, H. J.: Gedächtnis und Erinnerung – Psychologie. In A. Stephan & S. Walter (Hrsg.), Handbuch Kognitionswissenschaften. Stuttgart 2012.

Matthes, E.: Geisteswissenschaftliche Pädagogik: Ein Lehrbuch. Oldenburg 2011.

Maturana, H./Varela, F.: Der Baum der Erkenntnis. Wie wir die Welt durch unsere Wahrnehmung erschaffen – die biologischen Wurzeln des menschlichen Erkennens. 2. Auflage. Bern 1987.

Mendelson, A.: Implementation Havard Business School's Case Method in Distributives Environments. Occasional Paper. No.06/1. IESE Business School. University Navarra. Navarra 2006.

Mezirow, J.: Transformative Erwachsenenbildung. Übersetzt von K. Arnold. Baltmannsweiler 1997.

Mitscherlich, A.: Auf dem Weg zur vaterlosen Gesellschaft. Ideen zur Sozialpsychologie. 10. Auflage. München 1996.

Ministry of Science, Technology and Innovation: A Framework for Qualifications of The European Hihger Education Area. Copenhagen 2005. Online: www.ehea. info/Uploads/Documents/050218_QF_EHEA.pdf (aufgerufen am 8.4.2012)

Müller, G. F.: Selbstführung. Strategien zur Erhöhung innerer Transparenz und äußerer Wirksamkeit für mehr berufliche Selbstverwirklichung. In: ders. (Hrsg): Selbstverwirklichung im Arbeitsleben. Lengerich 2003, S. 171–201.

Müller, A.: Nachhaltiges Lernen. Oder: Was Schule mit Abnehmen zu tun hat. Ein Skizzenheft. Eine Anleitung zum Umdenken. Eine Ideensammlung. Beatenberg 1999.

Müller, G. F./Braun, W.: Selbstführung. Wege zu einem erfolgreichen und erfüllten Berufs- und Arbeitsleben. Bern 2009.

Müller-Dohm, S.: Jürgen Habermas. Eine Biographie. Frankfurt 2014.

Muller, Steven: Vergessene Bildung. In: Die Zeit vom 10.7.1992.

Nadoldy, S.: Ein Gott der Frechheit. 13. Auflage. München 1996.

Nagel, A.-K.: Der Bologna-Prozess als Politiknetzwerk. Akteure, Beziehungen, Perspektiven. Wiesbaden 2006.

Nida-Rümelin, J.: Philosophie einer humanen Bildung. Hamburg 2013.

Nida-Rümelin, J.: Der Akademikerwahn. Hamburg 2014.

Nittel, D./Schütz, J./Tippelt, R.: Pädagogische Arbeit im System des Lebenslangen Lernens – Ergebnisse komparativer Berufsgruppenforschung. Weinheim 2014.

OECD (Organization für Economic Cooperation and Development): Giving Knowledge for free. The Emergence of Open Educational Resources. Paris 2007.

OECD: Bildung auf einen Blick. Bielefeld 2014.

OECD: How many students drop out of tertiary education? In: Higlights from Education a a Clance Paris 2010 (http://dx.doi.org/10.1787/eag_higlights-2010-8-en)

Osel, J.: In der Bedeutung geblieben. Latein ist die Basis aller Sprache, ein Fenster zur Kultur. In: Süddeutsche Zeitung Nr.294 (22. 12. 2014), S. 13.

Pape, K.: „Open Content Academy" – Lerner-Unterstützung pur? (veröffentlicht am 26. 11. 2011). In: www.khpape.worldpress.com/2011/11/26/open-content-academy-lerner-unterstuetzung-pur-cebi11/ (aufgerufen am 19. 5. 2012).

Peters, O.: Didaktik des Fernstudiums. Erfahrungen und Diskussionsstand in nationaler und internationaler Sicht. Neuwied 1997.

Pörksen, Bernhard: Abschied von der Paukmaschine: Die Idee einer konstruktivistischen Universität. In: Lernende Organisation. Zeitschrift für Relationales Management und Organisation. Nr. 72/2013. Wien 2013.

Pohlenz, P./Tinser, K.: Bestimmungsgrößen des Studienabbruchs. Eine empirische Untersuchung zu Ursachen und Verantwortlichkeiten. Potsdamer Beiträge zur Lehrevaluation 1. Potsdam 2004.

Polany, M. P.: Implizites Wissen. Frankfurt 1985.

Rauner, F.: Entwicklungslogisch strukturierte berufliche Curricula: Vom Neuling zur Meisterschaft. In: Zeitschrift für Berufs- und Wirtschaftspädagogik, 95 (1999), 3, S. 424–446.

Rauner, F.: Arbeit – Bildung – Qualifikation. Ein interdisziplinärer Forschungszusammenhang. In: Ders. (Hrsg.): Handbuch Berufsbildungsforschung. Bielefeld 2005, S. 76–82.

Rauner, F.: Multiple Kompetenz – Wege und Irrwege beim Übergang von der beruflichen zur akademischen Bildung. In: Arnold/Wolf 2014, S. 31–73.

Rauner, F. (Hrsg.): Handbuch Berufsbildungsforschung. Bielefeld 2005.

Reinhardt, M.: Öffnung der Hochschulen: nichttraditionelle Studierende und Lehrende. Eine theorie- und empiriegeleitete Untersuchung unter Berücksichtigung kompetenzorientierter Lehr-Lernformate am Beispiel eines berufsbegleitenden Studienganges. In: Arnold/Wolf 2014, S. 430–453.

Reischmann, J.: Es ging auch ohne. Gegenrede: Informelles Lernen – ein eindeutiges Jein. In: Weiterbildung. Zeitschrift für Grundlagen, Praxis und Trends, 5/2014, S. 26–28.

Rhein, R./Kruse, T.: Kompetenzorientierte Studiengangentwicklung an der Leibniz Universität Hannover. In: Nickel, S. (Hrsg.): Der Bolognaprozess aus der Sicht der Hochschulforschung. Analysen und Impulse für die Praxis. Arbeitspapier Nr. 148 des Centrums für Hochschulentwicklung. Güterloh 2011, S. 79–87.

Rogers, Carl: Lernen in Freiheit. Zur Bildungsreform in Schule und Universität. Stuttgart 1979.

Rossmann, E.-D.: Die europäische Hochschule als Leitidee der Zukunft. In: www.frankfurter-hefte.de/upload//2011_12_Rossmann_web.pdf, S. 17–19.

Roth, G.: Bildung braucht Persönlichkeit. Wie Lernen gelingt. Stuttgart 2011.

Roth, G.: Persönlichkeit, Entscheidung und Verhalten. Warum es so schwierig ist, sich und andere zu ändern. Stuttgart 2007.

Roth, G./Lück, M.: Mit Gefühl und Motivation lernen. Neurobiologische Grundlagen der Wissensvermittlung im Training. In: Weiterbildung. Zeitschrift für Grundlagen, Praxis und Trends, 1/2010, S. 40–43.

Schäffter, Ortfried: Bedeutungskontexte des Lehrens und Lernens. In: Hessische Blätter für Volksbildung. 1994, Heft 1, S. 4–15.

Schäffter, L.: Bildungsformate im gesellschaftlichen Strukturwandel. In: von Felden, H. u.a. (Hrsg.): Denken in Übergängen. Weiterbildung in transitorischen Lebenslagen. Wiesbaden 2014, S. 111–136.

Scharmer, C.O.: Theorie U. Von der Zukunft her führen. Presencing als soziale Technik. Heidelberg 2009.

Schiefner-Rohs, M.: Das Social Web als Erfahrungsraum für die Lehrerbildung – Medienbildung zwischen Werkzeug und Raum. In: journal für lehrerinnen und lehrerbildung, 4(2013), S. 6–11.

Schleiermacher, F.: Gelegentliche Gedanken über Universitäten in deutschem Sinn (1808). In: ders.: Sämtliche Werke. Pädagogische Schriften. Bd. 1. Hrsg. Von E. Weniger. Düsseldorf/München 1957, S. 81–139.

Schmidt, M.: Wer ist Mister Bologna? In: Die Zeit vom 18.6.2014, S. 69.

Schmitz, E.: Erwachsenenbildung als lebensweltbezogenen Erkenntnisprozess. In: Ders./Tietgens, H. (Hrsg.): Erwachsenenbildung. Bd. 11 der Enzyklopädie Erziehungswissenschaft. Stuttgart 1984, S. 95–123.

Schultz, T.: Punktejäger im akademischen Dschungel. Universitäten im Umbruch: Der Wettbewerb um Geld und Reputation wird schärfer, das Angebot unübersichtlicher, das Studium straffer und schneller. In: Süddeutsche Zeitung Nr. 185 vom 21. Juli 2009, S. 18.

Schulze, W.: „Mit Humboldt nach Bologna!" – Grundfragen der Neuordnung von Studiengängen. In: Zeitblicke, 4 (2005), 1 (zit. n.: www.zeitenblicke.de/2005/1/schulze/, aufgerufen am 29.7.2014).

Schwerhoff, G.: Willkommen in der Fernuniversität. Über Präsenzpflicht in den Zeiten der Bologna-Reform. In: Forschung & Lehre, 4/2010, S. 248–249.

Seligman, M.E.P.: Helpnessless. On Depression, Development and Death. San Francisco 1975.

Senge, P. u.a.: Das Fieldbook zur Fünften Disziplin. 2. Auflage. Stuttgart 1997.

Senge, P.: Die fünfte Disziplin. Stuttgart 1996.

Senge, P. u.a.: The Necessary Revolution. How Individuals and Organizations Are Working Together to Create a Sustainable World. New York u.a. 2008.

Senge, P./O. Scharmer et.al. : Presence. Exploring profound Change in People, Organizations and Society. London 2005.

Sennet, R.: Der flexible Mensch: Die Kultur des neuen Kapitalismus. Berlin 1998.

Sennet, R.: Die Kultur des neuen Kapitalismus. 2. Auflage. Berlin 2005.

Siebert, H.: Konstruktivismus. Konsequenzen für Bildungsmanagement und Seminargestaltung. Materialien für Erwachsenenbildung des Deutschen Instituts für Erwachsenenbildung (DIE). Nr. 14. Bielefeld 1998 (Online: www.die-bonn.de/esprid/dokumente/doc-1998/siebert98_01.pdf)

Siebert, H.: Lernen und Bildung Erwachsener. Bielefeld 2011a.

Siebert, H.: Erwachsene – lernfähig, aber unbelehrbar? Was der Konstruktivismus für die politische Bildung leistet. Schwalbach/Ts. 2015.

Siebert, H.: Selbsteinschließende Reflexion als pädagogische Kompetenz. In: Arnold, R. (Hrsg.): Veränderung durch Selbstveränderung. Impulse für das Changemanagement. Baltmannsweiler 2011b, S. 9–18.

Siebert, H.: Vernetztes Lernen. Systemisch-konstruktivistische Methoden der Bildungsarbeit. München 2003.

Sorg-Barth, C.: Pädagogische Professionalität betrieblicher Weiterbildner. Dissertation. Universität Kaiserslautern 2000.

Spitzer, M.: Lernen. Gehirnforschung und die Schule des Lebens. München 2007.

Spranger, E.: Berufsbildung und Allgemeinbildung. In: Kühne, A. (Hrsg.): Handbuch für das Berufs- und Fach-Schulwesen. Leipzig 1929.

Stavemann, H. H.: Im Gefühlsdschungel. Emotionale Krisen verstehen und bewältigen. Weinheim 2001.

Stenger, U.: Bildung der Gefühle in der frühen Kindheit. In: Zeitschrift für Erziehungswissenschaft, 15(2012), Sonderheft 16, S. 25–40.

Stifterverband/McKinsey&Kompany: Hochschulbildungsreport 2020. Ausgabe 2014: Schwerpunkt: Lehrerbildung. Berlin 2014.

Straub, E.: Vom Knattermimen zum Talkmaster. In: Wirtschaft und Wissenschaft, 15 (2007), 4, S. 14–17.

Teichler, U.: Mehr oder weniger. Differenzierung im internationalen Vergleich. In: Forschung & Lehre, 1/2015, S. 20–22.

Tenorth, H.-E.: Bildungstheorie angesichts von Basiskompetenzen. Über die Ignoranz gegenüber dem Selbstverständlichen im Prozess des Aufwachsens. In: Zeitschrift für pädagogische Historiographie, 14(2008), 1, S. 26–31.

Tenorth, H.-E.: Technologiedefizit in der Pädagogik? Zur Kritik eines Missverständnisses. In: Fuhr, T. (Hrsg.): Zur Sache der Pädagogik. Bad Heilbrunn 1999, S. 252–266.

Tietgens, H.: Die Erwachsenenbildung. München 1981.

Tietgens, H.: Erwachsenenbildung als Suchbewegung. Annäherungen an eine Wissenschaft von der Erwachsenenbildung. Bad Heilbrunn 1986.

Tough, A.: Learning without a teacher. A study of tasks and assistance during adult self-teaching. Toronto 1967.

Turner, R. H.: The True Self: From Institution to Impulse. In: American Journal of Sociology, 81(1976), S. 986–1007.

Uhlmann, A./Krewer, B./Arnold, R.: Wertschätzender Vergleich. Stufe für Stufe Internationale Diversitätskompetenz entwickeln. Bad Honnef 2014.

Vannini, P./Franzese, A.: The Authenticity of Self: Conceptualization, Personal Experience, and Practice. In: Sociology Compass, 2/5 (2008), p. 1621–1637.

Varela, F. u. a.: Der Mittlere Weg der Erkenntnis. Der Brückenschlag zwischen wissenschaftlicher Theorie und menschlicher Erfahrung. Bern u. a. 1992.

Vereinigung der Bayerischen Wirtschaft (Hrsg.): Bildung neu denken! Das Zukunftsprojekt. Opladen 2003.

Vogel, B./Woisch, A.: Orte des Selbststudiums. Eine empirische Studie zur zeitlichen und räumlichen Organisation des Lernens von Studierenden. HIS: Forum Hochschule. Nr. 7/2013. Hannover 2013.

Vogel, C./Wanken, S.: 4 Schritte zur kompetenzorientierten Studiengangs(weiter)-entwicklung. Das Kern-Modell. Internes Projektpaper. Kaiserslautern 2014 (Projektleitung: Prof. Dr. K. Wolf/Prof. Dr. R. Arnold). Online: http://www.kompetenzregion-rlp.de/

Vogel, C./Wanken, S.: Gesamtübersicht über das Kompetenzprofil MGS („Management von Gesundheits- und Sozialeinrichtungen"). Internes Arbeitspapier des BMBF-Modellversuchs „OK-Westpfalz" (Projektleitung: Prof. Dr. K. Wolf/Prof. Dr. R. Arnold). Kaiserslautern 2013.

von Bruch, R.: Der Vorleser? Historische Streifzüge zur Vorlesung. 2002 (www.forschung-und-lehre.de/archiv/10-02/bruch.html).

von Hentig, H.: Die Schule neu denken. Eine Übung in praktischer Vernunft. München 1993.

von Humboldt, W.: Der Königsberger und der Litauische Schulplan (1809). In: Ders.: Schriften zur Politik und zum Bildungswesen. Bd. 4 der gesammelten Werke. Stuttgart 1993, S. 168–195.

von Humboldt, W.: Schriften zur Anthropologie und Geschichte. Werke. Band 1. 3. Auflage. Stuttgart 1980, S. 234–240.

Voss, R. (Hrsg.): Die Schule neu erfinden. Systemisch-konstruktivistische Annäherungen an Schule und Pädagogik. 3. Auflage. Neuwied 1999.

Wagner, W.: Uni-Angst und Uni-Bluff. Wie Studieren und sich nicht verlieren? Berlin 1977.

Walter, T.: Der Bologna-Prozess. Ein Wendepunkt europäischer Hochschulpolitik. Wiesbaden 2006.

Weinert, F. E.: Concept of Competence: A conceptual Clarification. In: Rychen, D. S./Salganik, L. H. (Ed.): Defining and Selecting Key Competencies. Kirkland et al. 2001, S. 45–65.

Weizsäcker, C. F. von: Der bedrohte Friede. Politische Aufsätze 1945–1981. München 1981.

Willke, H.: Ironie des Staates. Grundlinien einer Staatstheorie polyzentrischer Gesellschaften. Frankfurt 1992.

Wissenschaftsrat: Stellungnahme zum Verhältnis von Hochschulbildung und Beschäftigungssystem. (http://www.wissenschaftsrat.de/texte/4099-99.pdf, Zugriff am 31.12.2014).

The manufacturer's authorised representative in the EU is Springer
Nature Customer Service Centre GmbH, Europaplatz 3, 69115 Heidelberg,
Germany. If you have any concerns regarding our products, please
contact ProductSafety@springernature.com

Printed and bound by CPI Group (UK) Ltd, Croydon, CR0 4YY
30/04/2026
02100216-0002